湛庐CHEERS

与最聪明的人共同进化

HERE COMES EVERYBODY

简·麦戈尼
REALIT
is
BROKEN
start
游戏值得花
3,000,000,000个小时吗?
目标
4 游戏的
大决定性特征
4 游戏化的
大目标
自愿
参与
反馈
系统
规则
更满意、
更强的社
事实上:
孩子们只要玩25分钟
合作类游戏,就可以
在现实生活中
主动帮助他人
25
分钟
游戏的7大
艰苦工作
高风险工作
创造性工作
重复工作
团队工作
脑力工作
探索性工作
体力工作
游戏是这么艰苦的
工作,为什么我们还
乐在其中~
游戏唤起我们
的积极情感
敬畏
热爱
快乐
释然
自豪

格尔

现在，让我们用游戏改变世界吧!!!

示

游戏化的运作机制

全情投入当下 → 游戏化的参与机制
实时反馈 → 游戏化的激励机制
和陌生人结盟，创造更强大的社群 → 游戏化的团队机制
让幸福成为一种习惯 → 游戏化的持续性

的工作
更有把握的成功
社会联系
更宏大的意义

游戏化的现实价值

可持续的参与式经济
伟大的人人时代
认知盈余的红利
超级合作者

游戏化

通往未来的线索……

REALITY IS BROKEN

WHY GAMES MAKE US BETTER AND HOW THEY CAN CHANGE THE WORLD

游戏改变世界

游戏化如何让现实变得更美好

Jane McGonigal

[美] 简・麦戈尼格尔◎著　闫佳◎译

北京联合出版公司
Beijing United Publishing Co.,Ltd.

谢　文　*中国互联网发展的重要参与者，知名IT评论人*

简·麦戈尼格尔说：游戏化，可以重塑人类积极的未来。现在，游戏正从三个方面改变着世界：让人们的生活更平等，更充实，更愉悦；让人际交往更真实，更深入，更多元；让娱乐业有更大的发展空间，有更多的经济收益，有更具想象力的挑战。毫无疑问，作者的论证是有力的、全面的、深入的。

王煜全　*海银资本合伙人，互联网研究者*

麦戈尼格尔告诉我们，游戏的真正目的是让我们在这个无趣的世界中生存下来，因为现实实在是个设计得太糟糕的游戏。但问题是，现在的游戏都在引导我们忘掉现实，可现实是无法逃避的，所以，更加明智的办法是用游戏中学到的经验改造世界，即“游戏化”，让我们的世界和游戏一样引人入胜！

吴　刚　*硕石 WiSTONE CEO*

游戏的世界远比我们想象的精彩，在我们未了解它之前，中国的游戏设计者更多地用了人性之恶，使很多人视游戏为“猛兽”、为“毒品”，而简·麦戈尼格尔为我们展现了游戏之美，这或许就是本书为这个行业带来的一大启迪。

陈昊芝 触控科技 CocoaChina 总经理

《游戏改变世界》不只是写给游戏从业者的，我赞同作者的观点："现实已经破碎，而我们需要创造游戏来修复它。"面对众多对于游戏的误解，很多人并不理解作者提及的"我们真正害怕的不是游戏，而是在游戏结束、现实开始时迷失了方向"，一种现实社会中众多个体无法摆脱的游离感。希望每个读者可以面对也可以理解我们需要的不是游戏本身，而是在他人营造的世界中修复自己，获得力量。

罗振宇 《罗辑思维》创始人

眺望互联网的远方，有两个脉络隐隐呈现：1. 协作的机制从强制变成自由；2. 劳动的动机从自利变成游戏。所以，"游戏"二字正在发生历史性的蜕变。读完这本书你会知道：游戏将不仅是游戏，它可能是我们未来生活的全部图景。

申　音 NTA 创新传播机构创始人

过去数十年的信息革命创造出了一个全新的虚拟世界，而今天这个虚拟世界已经开始深刻影响现实世界的运转。"游戏化"就是其中最重要的影响因素之一。在线游戏为数亿玩家所创造的目标、荣耀、交互和情感，会不会隐含着通向未来的密码？《游戏改变世界》这本书，就在努力证明游戏化如何让现实变得更美好，不管你信还是不信，都无法拒绝这个变革的发生！

王冠雄 知名经理人，社会观察家，@互联网信徒王冠雄

古语说人生如戏，现在看人生更像游戏。在未来世界里，一切行业都是娱乐业，一切遭遇都是打游戏。虚拟游戏和真实生活的边界更模糊，水乳交融。也许我们不得不拥抱现实，以游戏的心态去享受，以侠客的风度去驾驭。

龙　真　*i黑马联合发起人，Tech2IPO联合创始人*

随着新的社会分工的到来，个人而非组织的力量在社会中的地位正被急剧地放大，我们正在迎来一个真正的以“个人为中心”的新“体验经济”时代。在这个时代里，产品的使用价值正在慢慢边缘化，但以“满足人内心欲望”为中心的体验价值正慢慢占据人们日常决策的核心位置。“游戏化”就是在这个时代背景下，基于用户体验而衍生出的一个革命性理念。它通过把游戏中超强的对于人的欲望不断强化并带来效益的机理引入产品或者营销中，将平凡的体验变得不平凡，进而牢牢虏获用户内心，促成交易。游戏化的精髓绝不单单是提供了一种参与机制和激励机制，它更是在推动一个非常强有力的系统革命。简・麦戈尼格尔的新书《游戏改变世界》，就是对于游戏化这种系统革命在执行层面上的一些方法论探索，具有巨大的现实指导意义。

丹尼尔・平克　*畅销书《驱动力》《全新思维》作者*

这部杰作既刺激你的大脑，又扰动你的灵魂。只要读过这本精彩绝伦的《游戏改变世界》，就再也不会像从前那样看待游戏、看待自己。

马丁・塞利格曼　*积极心理学之父，《真实的幸福》作者*

麦戈尼格尔别出心裁的视角和直率的写作风格，让我们得以预见人类的积极未来，并看到游戏将怎样引导我们让现实变得更美好。

索尼娅・柳博米尔斯基　*加州大学心理学教授*

这是我读过的最令人大开眼界的书。作者有着令人拍案叫绝的专业知识和清晰思路，她的写作风格引人入胜，干净利落地打消了我对游戏的误解。如果你认为游戏是小孩子的玩意儿，游戏浪费时间，游戏让人自闭、上瘾、逃避、厌食、丧失活力，那就等着被她颠覆吧！

蒂莫西·费里斯　全球化3.0时代新新人类代言人

变得更快乐、提升自己的事业、拯救整个世界，或许用一种方法就可以实现：充分了解世界上最优秀的游戏是如何运作的。难道你认为《光环》里的学习之道帮不上你的生活或公司的忙？再想想吧。

吉米·威尔斯　维基百科创始人

作者的创新研究为构建强大的社群、实现超大规模的合作提供了令人惊奇的解决办法：玩更大、更好的游戏。对于如何设计改变世界的游戏，没有谁比作者懂得更多。本书值得任何希望参与创建更美好未来的人一读。

谢家华　Zappos网站CEO

只要把游戏想象成“快乐引擎”，想一想我们的生活、学校、企业和社区的种种方式都变得更“游戏”——更满意、更投入、更富生产力，你就能看到以前从未设想过的改造真实世界的潜力。

卡萝·奥诺德　畅销书《慢活》作者

忘了你对在线游戏的偏见吧。《游戏改变世界》就像一股扑面而来的清新之风，吹走了乏味的陈词滥调，它提醒我们：完全可以驾驭人类爱玩的天性，并利用这种天性做好事。在书中，作者将活力、智慧和理想主义融为一体，向我们展示了如何利用游戏来拯救世界。

REALITY
IS
BROKEN

WHY GAMES MAKE US BETTER AND HOW THEY CAN CHANGE THE WORLD

目录

第二部分
游戏化的 4 大目标

第三部分

游戏化的运作机制

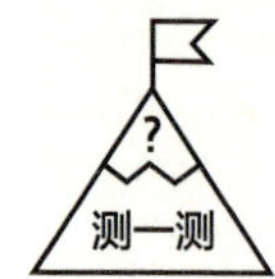

你了解游戏思维的益处吗?

扫码鉴别正版图书
获取您的专属福利

扫码测一测，
获得题目及解析。

- 没有人喜欢失败，但玩家会在游戏中花 80% 的时间来失败，并且依然乐此不疲地玩游戏，这是因为?

  A. 玩家深知“失败是成功之母”

  B. 失败带来了积极的感觉：兴奋、快乐、有趣

  C. 玩家都是乐观主义者

  D. 游戏中的失败不痛不痒

- 有一种理论认为，维基百科就是一款大型多人在线角色扮演游戏，这是因为?

  A. 编写者超过 1070 万

  B. 编写者投入了大量时间和精力

  C. 维基百科允许有捣乱者存在

  D. 维基百科有着良好的游戏机制

- 古吕底亚人发明了骰子游戏，他们用一天来玩骰子游戏、隔天再吃饭，通过这种方式，扛过了持续 18 年的大饥荒。以下哪项不是骰子游戏给古吕底亚人带来的作用?

  A. 让古吕底亚人进化得更聪明了

  B. 提供了积极情感和体验

  C. 塑造了可持续的生活方式

  D. 帮助国王协调了稀缺资源

REALITY IS BROKEN

WHY GAMES MAKE US BETTER AND HOW THEY CAN CHANGE THE WORLD

引言

游戏，通往未来的线索

凡是看出风暴即将来袭的人，都应该提醒别人。而我，正看到了风暴来袭。

下一代或下两代会有数量更多的人，甚至会有好几亿人沉浸在虚拟世界和在线游戏里。一旦我们玩起游戏，在游戏外面，“现实”里的事情就不再发生了，至少，不再以现在这样的方式发生了。数以百万工时的人力从社会中抽离出去，必然会发生点什么超级大事件。

如果这一现象出现在整整一代人里，我认为，21 世纪必将会有一场巨大的社会灾难，其规模之庞大，连汽车、收音机和电视机的出现所带来的巨变加起来也不堪比肩。这些从现实世界出走、脱离了正常生活的人，会引发一场社会气候的巨大变化，相形之下，全球变暖简直像茶杯里的一股乱流罢了。

爱德华·卡斯特罗诺瓦

《向虚拟世界的大迁徙》

游戏玩家们已经受够了现实。他们成群结队地放弃现实，这里抽出几个小时，那里拿出整个周末，有时候甚至把每一天每一分钟的闲暇都投入到了虚拟空间和在线游戏中。也许，你就是这些玩家中的一员。就算你不是，至少也认识几个这样的玩家。那么，他们是什么人？

他们是朝九晚五的上班族，回到家后便把工作中没有得到充分利用的聪明才智全部拿出来，进入诸如《最终幻想Ⅺ》（*Final Fantasy XI*）和《天堂》（*Lineage*）一类的大型多人在线游戏中，规划和协调复杂的突袭和征战。他们是音乐发烧友，花好几百美元购买《摇滚乐队》（*Rock Band*）和《吉他英雄》（*Guitar Hero*）的塑料乐器，整夜整夜地排练，只为了成为视频游戏里的顶级表演大师。

他们是《魔兽世界》的粉丝，一心想完成心爱游戏里的挑战，他们齐心合力在“魔兽世界百科”（WoWWiki）网站上写了25万篇说明文章，造就了仅次于“维基百科”的第二大在线百科全书。他们是《大脑时代》（*Brain Age*）和《马里奥赛车》（*Mario Kart*）的爱好者，走到哪儿都带着掌上游戏机，一有空就偷偷玩起字谜、赛车和各类迷你小游戏，而主动放弃了“精神假期”。他们是美国驻外部队，一个星期要用无数个小时刷新自己在《光环Ⅲ》（*Halo 3*）里的服役记录，赚取虚拟战斗勋章——打《光环Ⅲ》是休班战士最热衷的活动。

他们是年轻的中国人，花了太多游戏币或“Q币”购买魔法剑和其他高端游戏物品，以致银行都要提防人民币贬值。人数更多的，是世界各地的儿童和青少年，他们宁肯花几个小时玩电脑和视频游戏，也不愿意做其他任何事。

破碎的现实

这些玩家并没有完全拒绝现实。他们有工作，有目标，有课业，有家庭，有承诺，有他们关心的现实生活。不过，随着他们在游戏世界里投入的闲暇时间越来越多，现实世界越来越像少了点儿什么。玩家们想知道：

- 在现实世界中，要到哪里才能找到像游戏里那样能完全活出自我、时时刻刻保持专注和投入的地方？
- 要到哪里才能找到游戏里的力量感、英勇无敌的目标感和团结一心的感觉？
- 要到哪里才能找到游戏里那种有了成就之后的振奋和创造悸动？
- 要到哪里才能找到游戏里在成功和团队获胜后心跳加速的快感？

诚然，玩家们在现实中或许只能偶尔体会到这样的愉悦，但在玩自己喜欢的游戏时，他们几乎时时刻刻都能体会到。

现实世界没有办法像虚拟空间一样，轻轻松松就能让人享受到精心设计的快乐、惊险刺激的挑战以及强而有力的社交联系，它没有办法同样高效地激励我们。现实不是设计来最大限度地发挥我们的潜力的，也不可能从头到尾都让我们兴高采烈。因此，游戏玩家越来越多地生出一种感觉：和游戏相比，现实破碎了。

事实上，这不仅仅是一种感觉，而成了一种现象。经济学家爱德华·卡斯特罗诺瓦（Edward Castronova）称之为向游戏空间“大规模迁徙”。从数字上就可以看到它的趋势，全世界数亿人选择了把大块大块的时间投入到现实之外的地方。

REALITY IS BROKEN 游戏化的力量

仅美国就有 1.83 亿活跃的游戏玩家，他们在调查报告中说，自己每周“固定”玩电脑和视频游戏的时间，平均达 13 个小时。全球范围内，在线游戏社区，包括游戏机、电脑和手机上的，在中东有 400 多万玩家、俄国有 1 000 万、印度有 1.05 亿、越南 1 000 万、墨西哥 1 000 万、中南美洲 1 300 万、澳大利亚 1 500 万、韩国 1 700 万、欧洲 1 亿、中国 2 亿。

尽管典型的游戏玩家每天只玩一两个小时的游戏，可如今中国有 600 万人每周至少玩 22 个小时的游戏，相当于做了一份兼职。而英国、法国和德国的“铁杆玩家”每周至少花 20 个小时玩游戏。此外，在这一增长曲线的最顶端，美国有 500 多万“极端”玩家每周平均在游戏里花掉 45 个小时。

基于这样的趋势，到 2012 年，数字游戏，包括电脑、手机和家庭娱乐系统上的游戏，会发展成一门价值 680 亿美元的产业。同时，我们还把认知努力、情感能量和集体关注慷慨地从现实世界转投到游戏世界，创造出一座庞大的虚拟仓库。

有些人观察到，人们耗费在游戏上的金钱和时间不断疯涨，并对此提出了警告。家长、老师和政客们忧心忡忡，而那些打算在游戏热潮里大大赚上一笔的技术从业人员则喜出望外。与此同时，不玩游戏的人们则对此感到困惑和不屑——这可不是少数人，尽管数量正迅速减少，但他们仍然占全美总人口的将近一半，他们中的好多人都觉得，玩游戏无疑是在浪费时间。

我们竞相对游戏的上瘾特性进行价值判断，展开道德辩论，同时又兴冲冲地希望实现游戏产业的大规模扩张，但我们漏掉了其中重要的一点：全世界有那么多年龄各异的人沉溺于游戏世界，这个事实必然预示着某件重要的事情，一个我们迫切需要认清的真相。

游戏化洞察

当前，电脑和视频游戏满足了现实世界无法满足的真实人类需求，带来了现实世界提供不了的奖励。它们以现实世界做不到的方式教育我们、鼓励我们、打动我们，以现实世界实现不了的方式把我们联系在一起。

而且，除非出现重大转折，才会逆转这种人口“迁徙”的趋势，否则，我们很快就会变成这样一个社会：占相当大比例的人口在游戏中投入最多的努力，在游戏环境下创造最美好的回忆，在游戏世界里体验最大的成功。

这一切听起来似乎难以置信。对不玩游戏的人而言，这样的预测似乎太超现实了，有点像科幻小说。人类文明真的会消失在游戏世界吗？我们真的会一头扎进一个大多数人靠游戏来满足自己最重要需求的未来吗？

游戏，人类文明的基本组成部分

如果真是这样，那么它并非人类历史上第一次从现实到游戏的大规模迁徙。确切地说，人类第一部讲述游戏的历史书是希罗多德（Herodotus）的《历史》（*Histories*）[①]，可以追溯到 3 000 多年前，书中描述了近乎相同的场景。尽管已知最古老的游戏是古代计数游戏《宝石棋》（*Mancala*）[②]，但在希罗多德以前，从来没有人想过要记录这些游戏的起源或文化作用。从他的文字中我们可以了解，今天正在发生的以及未来很可能会出现的情况。

从过去的角度思考未来，似乎有些违背直觉。但身为未来研究所（Institute for the Future）[③]的游戏研发总监，我了解到一个重要的诀窍：要有先见之明，就要先有后见之明。科技、文化和气候或许会改变，但人类的基本需求和欲望——生

① 《历史》一书主要讲述了公元前 560—公元前 480 年间希腊与波斯的冲突和战争。——译者注
② 有证据显示，早在埃及帝国时代，即公元前 15 到公元前 11 世纪，人们就在玩这个游戏了。——作者注
③ 位于加利福尼亚帕洛阿尔托市，是一家非营利智库，也是全球资格最老的未来预测组织。——作者注

存、照料家人以及过上幸福、有目标的生活，始终是一样的。所以，在未来研究所，我们最爱说：**"要理解未来，就要回顾历史；而回顾历史的年限，至少是预见年限的两倍。"**好在说到游戏时，我们可以往回看得更远一些，因为游戏成为人类文明的基本组成部分已经有好几千年的历史了。

在《历史》中，希罗多德写道：

> 大约 3 000 年前，阿提斯（Atys）在小亚细亚的吕底亚为王，有一年，全国范围内出现了大饥荒。起初，人们毫无怨言地接受命运，希望丰年很快回来。然而局面并未好转，于是吕底亚人发明了一种奇怪的补救办法来解决饥馑问题。计划是这样的：他们先用一整天来玩游戏，只是为了感觉不到对食物的渴求……接下来的一天，他们吃东西，克制玩游戏。依靠这一做法，他们一熬就是 18 年，其间发明了骰子、抓子儿、球以及其他所有常见游戏。

那么，用羊关节制成的古代骰子跟电脑和视频游戏的未来又有什么关系呢？这远比你意料的要多得多。

希罗多德发明了我们现在所知的"历史学"，他说研究历史的目的是通过经验数据来揭示道德问题和道德真理。不管希罗多德笔下通过游戏熬过 18 年饥荒的故事是真是假，但它蕴含的道德真理揭示了游戏的部分重要本质。

我们常常以为全身心地投入游戏是"逃避现实"，即被动地撤离现实。但通过希罗多德的历史镜头我们可以看到，**游戏也可以是有目的的逃脱、经过深思熟虑的主动逃离，更重要的一点在于，它是极为有益的逃生。**对吕底亚人而言，全天候地展开集体游戏，成了一种高度适应困难条件的行为。游戏把生活变得可以承受，它让饥饿的人群在无力的环境下生出了力量感、在混乱的环境下生出了秩序感；让他们能够忍受本来完全不足以为生、不适合居住的环境。

别搞错了：我们跟古代吕底亚人没有什么不同。今天，巨大而原始的"饥渴感"正折磨着我们中的许多人，但它不是对食物的渴求，而是对更多、更好地投入到周围世界的渴求。和古代吕底亚人一样，很多玩家已经想出该怎样利用玩耍的沉迷力量摆脱饥渴感：**对更满意工作的饥渴、对强烈族群感的饥渴以及对更有意义的人生的饥渴。**

我们“饥渴”，游戏填饱了我们

总的来说，全球每周花在游戏上的时间已经超过 30 亿小时。我们“饥饿”，而游戏“填饱”了我们。因此，2011 年，我们发现自己正处在一个重大的临界点上。

我们可以继续停留在相同的轨道上，可以继续用游戏填饱我们的胃口，也可以坐视游戏行业继续创造出更大、更好、更逼真的虚拟世界，提供一个较现实更吸引人的替代品。如果我们继续朝着这个方向走，那么，从现实“迁徙”的趋势必将持续。事实上，我们已经在这条路上走得很远了，我们中的很多人已经像古代吕底亚人一样，把一半的时间都用来玩游戏了。考虑到现实世界的诸多问题，像吕底亚人一样度过未来数十年，到底会有多么糟糕呢？

要不然，就得尝试掉头。我们可以阻止玩家撤离现实——在文化上羞辱他们，劝说他们多花时间投入现实；让孩子们搞不到视频游戏；或者，像美国的一些政客提议的那样，对游戏课以重税，让玩游戏变成一种寻常人负担不起的生活方式。老实说，这些设想，没有一个是我想要的未来。

游戏化洞察

为什么要把游戏的力量浪费在逃避现实上呢？为什么要镇压这一现象，浪费游戏的力量呢？

也许我们应该考虑第三条出路。如果不再纠结于游戏和现实之间的临界点，而是跳出原有的尺度，彻底尝试新的东西，又会怎么样呢？

如果利用在游戏设计上所知的一切来弥补现实中的不足，那会怎么样呢？如果开始像游戏玩家那样过我们的现实生活、像游戏设计师那样引导真实的企业和社区、像电脑和视频游戏理论家那样思考并解决现实世界中的问题，那又会怎么样呢?

想象一下，在不久的将来，会出现一个大部分事物都像游戏一般运作的现实世界。然而，有可能创造出这样的未来吗？那会是一个我们更乐在其中的现实吗？它能让世界变成一个更美好的地方吗?

在设想这个潜在未来的时候，我并不觉得这只是一个假设性的念头。我已经把它当成一个真正的挑战，一个向启动这一转变的族群发起的挑战，这个族群就是那些靠制造游戏为生的人。我也是他们中的一员。在过去十年，我一直专职从事游戏开发工作。在这个过程中我逐渐相信，**那些懂得如何制造游戏的人有必要开始关注新的任务了：为尽量多的人创造更美好的现实生活。**

我并非生来就确信这一使命。我用了整整十年时间来研究，设计了一系列野心越来越大的游戏项目，才最终得出了这一结论。

人人都是玩家

回首 2001 年，那时我在微型创业公司和实验设计工作室从事游戏设计行业的边缘工作，也正是在那里开始了我的职业生涯。很多时候，我都是免费干活，为低预算的电脑和手机游戏设计谜题和关卡。如果能有几百人，或者运气特别好的话能有几千人玩它们，我就已经很开心了。我尽可能密切地研究这些玩家，在他们游戏时观察他们，又在事后采访他们，在这个过程中，我逐渐开始了解游戏的力量来自哪里。

那些年，我也是一个“饥渴”的研究生，正在加州大学伯克利分校修读绩效研究的博士学位。我先是在自己的院系研究电脑和视频游戏，随着视角的深入，也为了弄清优秀游戏的奥妙，我不得不把心理学、认知科学、社会学、经济学、政治学、绩效理论等多方面的不同发现整合到一起。我对游戏是怎样改变人们的日常思考及生活方式的尤其感兴趣，当时，这个问题还很少有研究人员注意到。

最终，我发表了几篇学术论文，并将之整理成了一份500页的博士论文，探讨我们该怎样利用游戏的力量，重新塑造一切：政府、医疗保健、教育、传统媒体、市场营销、创业精神，甚至世界和平。我还呼吁帮助大型企业和组织以游戏设计作为创新战略，包括世界银行、美国心脏协会、美国国家科学院、美国国防部、麦当劳、英特尔、美国公共广播公司以及国际奥林匹克委员会等。在书中，你将看到很多我为这些组织设计的游戏，这也是我第一次和读者分享我的设计动机和策略。

> 本书灵感来自2008年春天的游戏开发者大会（GDC），这个会议是游戏行业每年最重要的一次聚会。在这个大会上，有一个固定的“抱怨”环节，意在为整个行业敲响警钟，它一直是大会最受欢迎的部分。2008年，大会邀请我在这一环节发表演讲。当天，会议室被1 000多名世界最顶尖的游戏设计师和开发人员挤得水泄不通。我在演讲中所说的和你们在这里读到的一样：**现实已经破碎，而我们需要创造游戏来修复它。**

演讲完毕，掌声和欢呼声经久不息。我原本很担心同行会抵制我的演讲，但恰恰相反，它似乎掀起了整个行业的共鸣。此后的每一天，我都会收到听过我的演讲、在线读过我的演讲稿、希望我能提供帮助的人发来的邮件。其中有些人刚刚入行，还不知道该怎样着手做这件事；也有的人已经是行业里的佼佼者，他们真诚地渴望改变游戏的方向，让它做些好事。似乎在一夜之间，新兴的游戏公司就如雨后春笋般成立，他们筹集到了资金，如今已经开发出数百种旨在让现实变得更美好的游戏。当然，我并不想为这些事情邀功请赏，我只是觉得自己很幸运，能最先预见到它的发生，并为它发出最强烈的喝彩。

2009年，游戏开发者大会再次邀请我做主题报告，阐明游戏开发者需要在未来完成哪些工作来重塑现实。这一回，“致力于个人和社会改变的游戏”“创造积极影响的游戏”“社会现实游戏”“严肃游戏”及“撬动地球的游戏”成为大会最受欢迎的环节，对此，我并不感到意外。因为每当转身，我都会看到证据，证明这场驾驭游戏的力量为人类谋求福祉的运动已经拉开了序幕。突然之间，**我的梦想：在未来 25 年里，见证某个游戏开发员赢得诺贝尔和平奖，似乎并不那么遥不可及了。**

看着游戏开发人员从事的改变世界的伟大工作，我看到了一个为 21 世纪重塑古代游戏史的机遇。

大约 2 500 年前，希罗多德回首过去，看到吕底亚人早期玩游戏就是为了减轻痛苦；而今天，我展望未来，同样清清楚楚地看到，游戏设计将再次回到提高生活质量、预防苦难、创造幸福的道路上。希罗多德回首过去，看到游戏是一个大规模系统，为组织群众、让整个文明更具适应性而设计；而我展望未来，看到大型多人在线游戏再次出于同样的目的而设计，它们以更好的方式重组社会，完成看似不可思议的事情。

- 希罗多德认为，游戏是一种介入社会危机的有效方式，它出人意料，极具创造性；而我则认为，游戏是应对当前最迫切共同问题的一种潜在解决方案。
- 希罗多德认为，游戏可以挖掘出人类最顽强的生存本能；而我则认为，游戏能再次把人类的进化优势发挥出来。
- 希罗多德告诉我们，过去，人们创造游戏，以虚拟的方式解决不堪忍受的饥饿；而我则看到，未来，游戏继续满足着我们的另一种饥渴：接受更强的挑战和奖励，变得更有创造力、更成功，参与到比自己本身更宏大的事业中去。但我同时也看到，未来我们所玩的游戏调动了我们参与其中的胃口，推动、促使我们建立更强的联系，为周围的世界做出更大的贡献。

现代电脑和视频游戏史讲述了这样一个故事：游戏设计师上升到社会极强有力的地位，他们有效地拨动人们的心弦，引导着人们越来越多的精力和注意力。如今的游戏设计师非常善于运用这种力量，他们比人类历史上任何一位游戏设计师都运用得更精彩。30 年来，他们一直磨炼着自己的技艺，完善着自身的手法。所以，才有越来越多的人被电脑和视频游戏所吸引，在游戏里投入越来越多的时间、越来越大限度地延伸着自己的生活。

然而令人惊讶的是，有些人居然没有兴趣了解为什么事情会变成这样，不想搞清楚我们该怎么办。他们绝对不会拿起一本有关游戏的书，因为他们觉得自己早就非常明白游戏到底是干什么的了：浪费时间、自我封闭、丧失真正的生活。

在不久的将来，那些一如既往排斥游戏的人会陷入很不利的位置。那些认为不值得把时间和注意力花在游戏上的人，无法了解如何在社群、企业和个人生活中利用游戏的力量。他们准备不足，无从参与塑造未来。因此，他们会错过一些原本极有把握解决问题、创造新体验以及弥补现实缺陷的机会。

幸运的是，随着时间的推移，游戏玩家和非玩家之前的距离越来越小。在美国这个全世界最大的游戏市场，绝大多数人都属于游戏玩家。最近，娱乐软件协会（Entertainment Software Association）的年度游戏玩家研究报告[①] 提供的统计数据表明：

- 69% 的户主玩电脑和视频游戏；
- 97% 的青少年玩电脑和视频游戏；
- 40% 的游戏玩家是女性；
- 25% 的游戏玩家在 50 岁以上；
- 游戏玩家的平均年龄是 35 岁，而玩游戏的经验已有 12 年；
- 大多数玩家希望以后继续玩游戏。

与此同时，据科学杂志《网络心理学、行为和社会网络》（*Cyberpsychology, Behavior, and Social Networking*）2009 年的报道，在接受调查的 CEO、CFO 及其他高层主管中，有 61% 的人每天在工作休息时玩游戏。

这些数字表明，游戏文化占据上风是何等迅速。此外，从奥地利、巴西、阿联酋到马来西亚、墨西哥、新西兰和南非，各大洲的发展趋势都说明，游戏市场正飞速发展，玩家构成日益多元化。未来 10 年，这些新兴市场会跟如今位于前

① 该报告是同类市场研究中调查规模最大、最受重视的。——作者注

列的游戏国度，比如韩国、美国、日本和英国等的差距将会越来越小，甚至完全追赶上来。正如游戏记者罗布·费伊（Rob Fahey）2008 年发表的名言：**“避无可避：很快，人人都会变成游戏玩家。”**

我们必须开始认真对待日益发展壮大的成年游戏玩家队伍。我们正生活在一个充满游戏和玩家的世界，所以，现在必须做出决定：应该设计什么样的游戏，应该怎样一起玩它们。我们需要一套计划，以确定游戏将怎样影响现实社会和现实生活。我们需要建立一个框架来做出这些决定，安排这些计划。我希望，本书可做框架一用。它为游戏玩家而写，也为日后会变成玩家的每一个人而写，换句话说，它是为了这个地球上的每一个人而写。这是一个大好机会，可以帮助我们理解游戏如何运作、弄清人类为什么受它们吸引，以及游戏可以为现实生活中的我们做些什么。

如果你是游戏玩家，那么现在无须再为自己在游戏上花了太多时间而感到懊悔了。因为你并没有浪费时间。本书的前半部分会向你说明，你拥有了一笔虚拟体验的财富，这笔财富可以让你发现真正的自我：你的核心优势是什么、什么能真正激励你、什么让你感到最快乐。如你所见，你还培养了足以改变世界的思维、组织和行动方式。本书将揭示，你已经有了大量的机会利用它们，为现实世界谋求福祉。

如果你对游戏还没有太多的亲身体验，那么本书能帮助你快速启动，参与到 21 世纪这一最重要的媒介中来。等你读完这本书，眼下最流行的几个游戏就很熟悉了，对于今后几年要设计、玩耍的流行游戏会是什么样，你也能想象出来了。

如果你现在还不是游戏玩家，那么恐怕你也不希望变成在电脑游戏前耗去几个小时的那种人。但阅读本书后，能让你更好地理解他们。就算你从来不玩电脑和视频游戏、没有游戏设计经验，也能从中受益：了解到好游戏是如何运作的，怎样利用它们来解决现实世界里的问题。

游戏开发人员比其他任何人都更了解该怎样激发出极端的努力、奖励辛勤的工作，他们知道该怎样在从前无法想象的程度上促进合作。他们不断创造新的方法，激发玩家参与更大的群体、面临艰巨的挑战时坚持更长时间。这些都是21世纪的关键技能，可以帮助我们找出新的方法，对周围的现实世界产生深刻而持久的影响。

安东尼·德·圣埃克苏佩里（Antoine de Saint Exupery）[1]曾这样写道：**"至于将来，你的任务不是看着它，而是促成它。"**在21世纪，游戏将成为塑造未来的一个主要平台。

> 游戏设计不仅仅是一门技术性的技艺，它是21世纪的思维和领导方式；玩游戏也不仅仅是为了消遣，它是21世纪携手工作、实现真正变革的方式。

游戏化，重塑人类潜在的未来

好了，让我来描述一下我想创造的未来吧！

- 我希望为玩家提供更好、更逼真的现实替代品，还希望我们所有人都负起责任来，为这个世界提供一个更好、更令人投入的现实世界。
- 我希望人人都参与到游戏中来，因为他们懂得，游戏也可以解决真正的问题、带来真正的幸福。
- 我希望游戏能成为一种人人都能学会并设计和开发的东西，因为他们懂得，游戏是实现改变、做好事情的真正平台。
- 我希望家庭、学校、企业、产业、城市、国家，甚至整个世界都能携手玩游戏，因为我们最终要让游戏来解决现实的困境、改善现实的生活。

如果让所有游戏开发人员都学会优化人类体验、组织协作社区，并将之应用到现实生活，那么：

① 法国作家，最著名的作品为《小王子》。——译者注

- 我预见，我们会开发出能让人高高兴兴起床、精力充沛地开始新一天的游戏；
- 我预见，游戏减少了我们工作时的压力，大幅提高了工作满意度；
- 我预见，游戏修正了我们的教育系统；
- 我预见，游戏治好了抑郁、肥胖、焦虑和注意力缺陷；
- 我预见，游戏帮助老人感觉到了社会的关怀和联系；
- 我预见，游戏提高了民主参与度；
- 我预见，游戏解决了诸如气候变化和贫穷等全球范围的问题；
- 我预见，游戏增强了我们身为人类最重要的能力：快乐、灵活和创造力，赋予了我们以意义非凡的方式改变世界的力量。事实上，就在不久的明天，你便会见到这样的游戏出现。

在我看来，这里描述的未来既值得向往，也真实、合理。但为了创造未来，还需要下面几项一一就绪。

- 我们务必要克服对游戏的长期文化偏见，以便让全世界接近一半的人不会与来自游戏的力量隔绝开来。
- 我们需要建立混合产业和非传统的伙伴关系，以便让游戏研究人员、游戏设计师、游戏开发人员能跟各行各业的工程师、建筑师、政策制定者合作，驾驭游戏的力量。
- 最后一点，可能也是最重要的一点：我们需要发展核心游戏竞争力，以便在改变生活、促成未来的过程中扮演主动的角色。

本书专为达成此目的而设计。它能帮助你提高自身技能，更充分地享受生活，解决更为棘手的问题，在世界变革大业中领导他人。

游戏化洞察

归根结底，我们的未来，要靠那些懂得驾驭游戏的力量和潜能，能让我们变得更快乐，也能改变现实的人去创造。等读完这本书，你就会变成一个了解优秀游戏运作过程的专家。有了这些知识，对玩什么游戏、什么时候玩，就能做出更明智的选择。更重要的是，你也可以着手开发设计自己的新游戏了。你能为自己和家人，为学校、公司和邻里，或者

> 任何你喜欢的社群，为你钟情的事业、为整个行业，或是为全新的社会运动创造出强大的现实替代品。

我们可以去玩任何我们想玩的游戏，我们可以创造任何符合我们想象的未来！让我们投身游戏吧！

REALITY IS BROKEN

WHY GAMES MAKE US BETTER AND HOW THEY CAN CHANGE THE WORLD

第一部分

游戏化，互联时代的重要趋势

伯纳德·苏茨

哲学家

是游戏，让我们在无事可做时有事可做。所以，我们才把游戏当作“消遣”，视为填补生活空隙的调剂，但它们远比这些重要得多。它们，是通往未来的线索。它们此刻辛勤培育的东西，或许正是我们日后唯一的救赎。

REALITY IS BROKEN

第 1 章
提升人的幸福感

- 与游戏相比，现实太容易了。游戏激励我们主动挑战障碍，帮助我们更好地发挥个人强项。

- 所有优秀的游戏都是艰苦工作，它是我们主动选择且享受其中的艰苦工作。而当我们从事自己喜欢的艰苦工作时，就点燃了头脑里的那根快乐雷管。

如今，几乎所有人都对游戏心存偏见，哪怕游戏玩家也不例外。我们身不由己，情不自禁。这种偏见部分源自我们的文化、我们的语言，甚至交织在我们日常使用“游戏”“玩家”这两个词的方式之中。

> 就拿一个常见的说法来举例好了：玩弄制度（gaming the system）。如果我说你在“玩弄制度”，我的意思就是，你在利用制度谋取私利。诚然，从技术的角度看，你遵守了规则，但却以不应该的方式在玩弄它。一般而言，我们并不欣赏此类行为。但矛盾的是，我们又经常给人这样的建议：“你最好开始玩这个游戏。”在这里，我们的意思是，要想方设法出人头地。我们在说“玩这个游戏”的时候，其实是说要放弃自己的道德和伦理准则，依照别人的规矩做事。
>
> 同时，我们还频频使用“玩家”这个词来形容操纵他人、达成自己目的的人。我们真的不信任“玩家”。我们要警惕周围“玩游戏”的家伙，这就是我们为什么会出言警告别人“少跟我玩游戏”的原因。我们不喜欢有人跟我们玩计谋或者把操纵我们当作消遣，我们不喜欢“被人玩”。当我们说“这不是玩游戏”时，我们的意思是，有人行事太过莽撞、不够严肃。这样的警告是在暗示，游戏鼓励并训练人们以不适合现实生活的方式做事。

一旦留心，你就会意识到，我们对游戏持有多大的集体怀疑态度。光看我们使用的语言，你就能发现，对于游戏鼓励我们怎样行事、玩游戏会让我们变成什么样的人，人们是格外警惕的。但这些比喻并不能准确地反映出玩一个精心设计的游戏到底是什么意思，它们只不过反映了我们对游戏的最大忌惮。事实证明，**我们真正害怕的不是游戏，而是在游戏结束、现实开始时迷失了方向。**

但是，如果真的准备用游戏来修补现实，我们就必须克服这种恐惧，我们必须看清游戏实际上是如何运作的，我们一起玩同一个游戏时是如何行动和互动的。让我们先从游戏的真正定义开始。

游戏的4大决定性特征

较之人类历史上的其他任何时期，现在的游戏有着更多的形式、平台和类型。

- 有单人游戏、多人游戏和大型多人在线游戏；
- 有能在个人电脑、电视机、手持设备和手机上玩耍的游戏，也有能在操场上、球馆里玩的游戏，还有棋牌和桌游；
- 有 5 秒钟一轮的迷你小游戏、10 分钟一回的休闲游戏、8 小时通关的动作游戏，以及一年 365 天、一天 24 小时都无休无止的角色扮演游戏；
- 有有故事线索的游戏，也有无故事情节的游戏；
- 有可计分的游戏，也有不计分的游戏；
- 有挑战大脑的游戏，也有挑战身体极限的游戏，当然，还有这两者相结合的游戏。

但不知什么原因，哪怕游戏有如此多的种类，只要我们一玩起来，就知道它是游戏。游戏塑造体验的方式，在本质上有一些独特的地方。抛开类型的差异和复杂的技术，所有的游戏都有 4 个决定性特征：**目标、规则、反馈系统和自愿参与。**

目标（goal），指的是玩家努力达成的具体结果。它吸引了玩家的注意力，不断调整他们的参与度。目标为玩家提供了“目的性”（sense of purpose）。

规则（rules），为玩家如何实现目标做出限制。它消除或限制了达成目标最明显的方式，推动玩家去探索此前未知的可能空间。规则可以释放玩家的创造力，培养玩家的策略性思维。

反馈系统（feedback system），告诉玩家距离实现目标还有多远。它通过点数、级别、得分、进度条等形式来反映。反馈系统最基本也最简单的形式，就是让玩家认识到一个客观结果："等……的时候，游戏就结束了。"对玩家而言，实时反馈是一种承诺：目标绝对是可以达到的，它给了人们继续玩下去的动力。

自愿参与（voluntary participation），要求所有玩游戏的人都了解并愿意接受目标、规则和反馈。了解是建立多人游戏的共同基础。任意参与和离去的自由，则是为了保证玩家把游戏中蓄意设计的高压挑战工作视为安全且愉快的活动。

游戏化洞察

游戏的定义或许会让你吃惊，因为它完全没有提到交互、图形、叙事、奖励、竞争、虚拟环境，甚至"获胜"的概念，而这些都是我们如今谈到游戏时最常想到的东西。诚然，它们是许多游戏的共同特点，但并非决定性特征，定义游戏的只有目标、规则、反馈系统和自愿参与这 4 个核心要素，其他的一切都只是起到强化和巩固这些要素的作用。

精彩的故事让目标变得更诱人；复杂的评分指标让反馈系统更能激发人的兴趣；成就和等级大大增加了感受成功的机会；多人游戏和大型多人游戏体验能让漫长的游戏过程变得难以预知，带来更多愉悦；如临其境的图形效果、声音效果和 3D 环境，提高了我们在游戏中完成任务所需的持续关注度；随着游戏的深入而提高游戏难度的算法，只是重新定义目标、引入更多挑战性规则的方式罢了。

已故的伟大哲学家伯纳德·苏茨（Bernard Suits）对游戏下了一个定义，将上述 4 个决定性特征涵盖在内。在我看来，这是有史以来最有用也最具说服力的游戏定义：**玩游戏，就是自愿尝试克服种种不必要的障碍。**

一言以蔽之，这一定义解释了有关游戏带给人类动力、奖励和乐趣的一切，也为我们带来了游戏对现实的第一重修补：

REALITY IS BROKEN

1号补丁：主动挑战障碍

与游戏相比，现实太容易了。游戏激励我们主动挑战障碍，帮助我们更好地发挥个人强项。

要了解这 4 个特征为何成为每一种游戏的关键特征，不妨对其略加检验。以高尔夫、拼字游戏和俄罗斯方块这 3 种截然不同的游戏为例，上述 4 个特征能有效描述它们的魅力吗?

游戏化实践

在高尔夫游戏中，身为球手，你有一个明确的目标：用比别人更少的次数，把一个球打进一连串非常小的洞里。如果不是为了玩游戏，你大可以采用效率最高的方式达成这一目标：径直走到每一个球洞跟前，用手把球放进去。但高尔夫之所以是游戏，恰恰在于你心甘情愿地站在远离每个球洞的地方，用一根球杆将球打入洞内。高尔夫引人入胜，完全是因为你和其他所有球手（也即玩家）同意提高这一任务的挑战难度。

除了挑战高难度，高尔夫还有一套可靠的反馈系统——有两条客观衡量标准：球是否进洞，以及几杆才能击球入洞。有了这一标准，你不仅仅知道自己什么时候能达成目标，还有了更圆满地达成目标的希望：杆数更少或迎战更多球手。

事实上，高尔夫是伯纳德·苏茨所列举的一个典型游戏：它确实简洁明了地解释了我们玩要时如何投入，以及为什么会这么投入。可如果游戏里包含的挑战障碍形式更为微妙，又该怎么分析呢?

在拼字游戏中，你的目标是用字母块拼出长而有趣的单词。你有很大的自由度：可以拼出字典里找得到的任何单词。平常，我们把这种活动称为“打字”。可拼字游戏通过若干重要条件限制了你的自由，把打字变成了游戏。

游戏化实践

在拼字游戏中，每次只能使用 7 个字母，但不能随意选择可用字母；还要根据其他玩家已经拼出的单词来创建你的单词；每个字母只能使用有限的次数。我想，如果没有了这些硬性限制，用字母块拼单词也不会变成多么有意思的游戏吧！以尽量最合乎逻辑和最有效的方式完成任务，与玩游戏的宗旨恰恰相反。但在设置了重重障碍，又增加了一套能说明你到底有多擅长克服障碍、拼出复杂长单词的反馈系统之后，这套完全不必要的任务系统在过去 70 年里让 121 个国家的 1 500 多万人玩得如痴如醉。

高尔夫和拼字游戏有明确的获胜条件，但获胜并非游戏必需的决定性特征。被称为“有史以来最了不起的电脑游戏”的俄罗斯方块，就是一个绝佳的例子：它是一场你赢不了的游戏。

如果你玩的是传统的 2D 版俄罗斯方块，你的目标是堆积下落的方块，让它们之间留出的空隙尽量小。方块的下落速度越来越快，游戏也随之越来越难。这个游戏永无止境，或者说，它只是等着你失败。只要玩俄罗斯方块，你就一定会输。

表面上看，这似乎没什么好玩的。任务越来越难，难得让你输掉，这有什么意思呢？但实际上，俄罗斯方块是有史以来最受人追捧的一个电脑游戏。较之其他任何单机游戏，“上瘾”这个词用在它身上再贴切不过了。俄罗斯方块让人欲罢不能，除了“不可能赢”这一点之外，还在于它提供的反馈力度。一旦你成功地把俄罗斯方块堆叠起来，就能得到三种反馈：

- 一是视觉上的，你看到一排又一排的方块“噗噗”地消失；
- 二是数量上的，屏幕上的分数不断上涨；
- 三是性质上的，你感受到了持续上升的挑战性。

反馈的种类和力度是数字和非数字游戏之间最重要的区别。在电脑和视频游戏中，互动循环异常紧密，玩家的行动和游戏的反应似乎不存在时差。你可以从画面和记分牌的分数上直观地看到你对游戏世界的影响，也可以感受到游戏系统对你的表现有多么敏感。你打得好，它就变得更难，由此在艰巨的挑战性和目标的可实现性之间达成完美的平衡。

换言之，在优秀的电脑和视频游戏中，现象要随时发挥出技能的最高水平，并一直游走在濒临失败的边缘。但等你真的失败了，会产生一种重新攀登高峰的冲动。这是因为人在能力极限下进行工作时所达到的投入状态，是没有什么能够比得上的，这种状态就是游戏设计师和心理学家所谓的“心流”（flow）。**一旦进入了心流状态，人们就想长久地停留在那里，不管是放弃还是获胜，两种结果都同样无法让你心满意足。**

像俄罗斯方块这样无法获胜的游戏大受欢迎，颠覆了人们从前认为游戏玩家爱竞争、除了胜利什么也不关心的刻板印象。比赛和获胜并非游戏的决定性特征，更不是游戏爱好者的决定性嗜好。很多玩家宁肯继续玩下去，也不愿获得胜利、结束游戏。在反馈力度大的游戏当中，强烈投入的状态说不定比获胜的满足感更令人愉悦。

哲学家詹姆斯·卡尔斯（James P. Carse）曾经写道，游戏分为两种：**一种是有尽头的游戏，我们为了获胜而玩；一种是无尽头的游戏，我们为了时间尽量长地玩下去而玩。**在电脑和视频游戏领域，俄罗斯方块就是无尽头游戏的绝佳例子。我们玩俄罗斯方块的用意很简单，就是把一个优秀的游戏不停地玩下去。

让我们再用最后一个例子来检验前面提出的游戏定义。这个例子是一个极其复杂的视频游戏：单人解谜游戏《传送门》（*Portal*）。

游戏化实践

游戏一开始，你会发现自己置身于一个貌似就诊室的小房间里，周围没有明显的出口（见图 1-1）。

在这一 3D 环境中，能跟你互动的东西很少：只有一台收音机、一张桌子，还有一个看似休眠舱的东西。你可以在这个小房间溜达一圈，从玻璃窗户往外望，但一切仅此而已。这里没有一望而知该做的事情：没有要对打的敌人，没有该捡起的宝石，也没有该躲避的掉落物体。

游戏该怎样进行下去呢？由于线索太少，一开始，你的目标就是要弄清玩这个游戏的“目标”到底是什么。你大概会猜，第一个目标应该是从这个密闭的房间里脱身，但此刻你也说不准。你面临的主要障碍，似乎是对自己该做什么毫无头绪。你必须靠自己的力量去了解，如何在这个虚拟世界里前进。

好吧，也不完全是靠你自己的力量。如果在房间里溜达足够长的时间，你或许会拿起桌上放的一个剪贴板。这一动作触发了一套人工智能系统，它“醒”了过来，开始对你说话。人工智能告诉你，要进行一系列的实验室测验，但并未说明测验是什么。这事儿又一次轮到你自己琢磨了。

随着你继续往下玩，最终会发现《传送门》是一个密室脱逃游戏，每一个房间都依照你并不清楚的规则运作。每一个房间就是一道谜题，而且诱杀陷阱越来越多，要使用越来越复杂的物理知识才能脱身。如果你无法掌握每一个房间暗含的物理机关，也就是说如果你搞不懂游戏规则，就会永远卡在原地，一次次地听人工智能系统重复原话。

图 1-1　《传送门》游戏中第一个房间的截图

(Value 公司, 2001)

如今，有很多甚至可以说大多数电脑和视频游戏都采用了这种结构。玩家开始游戏后，首先要解决不知道做什么、不知道怎么玩的困难。这种“糊里糊涂”的玩法，和历史上前数字时代的游戏有着明显的不同。传统上，我们需要指示才能玩游戏。但现在，游戏邀请我们边玩边学。我们探索游戏空间，电脑代码有效地制约着我们，也高明地指点着我们。我们通过仔细观察游戏允许我们做什么、如何回应我们的“输入”（input），来了解怎样玩它。也正是因为这个原因，大多数玩家从来不看游戏手册。事实上，这早已是游戏行业的老生常谈了：一款设计出色的游戏不需要任何说明，立刻就能让玩家上手。

《传送门》这类游戏把游戏的定义发挥得淋漓尽致，但并没有打破这一定义。目标、规则、反馈系统和自愿参与仍然是游戏的 4 大核心要素，只不过更换了一下出场顺序。

游戏化洞察

以前的游戏把目标和规则填鸭式地硬塞给我们，随后，我们在游戏过程中寻找反馈。但渐渐地，反馈系统成了我们在游戏中最先了解的东西。它们引导我们发现目标，帮助我们破解规则。而这又成了人们玩游戏的一个强大动力：在全新的虚拟世界里探索一切可能性。

我认为可以这么说，面对这些各不相同的例子，苏茨的定义以及我们的定义都很好地站稳了脚跟。任何精心设计的游戏，都是在邀请你克服不必要的障碍。从这个角度来看，我们提到游戏时爱用的负面比喻其实说明，我们对游戏的恐惧之心并不理性。玩家并不想“玩弄制度”，他们只想玩游戏。**他们希望探索、学习和改进，自愿从事不必要的艰苦工作，真诚地看重自己努力得来的结果。**

如果游戏的目标真正具有吸引力，反馈又足以激励人心，我们会在相当长的时间里发挥创造力、满怀热情、真心实意地不断挑战游戏设置的重重障碍。我们会一直玩下去，直到将自己的能力完全榨干，或者直到通关。我们会认真对待游戏，因为玩一轮精彩的游戏绝非无关紧要——游戏很重要。

这才是“表现得像个玩家”（act like a gamer）、“做个真正的游戏人”（to be a truly gameful person）的意思。当我们玩起精彩的游戏，我们就变成了这样的人。

但这一定义又引出了一个令人困惑的问题。为什么会有这么多人自愿去克服这种完全不必要的障碍呢？为什么全球的人们会每个星期花 30 亿个小时、将个人能力用到极限，却不是为了得到明显的外部奖励呢？换句话说：为什么不必要的障碍竟然能让我们快乐呢？要理解游戏的实际运作方式，这个问题的答案和前述 4 大决定性特征同样关键。

> 所有的游戏都有 4 个决定性特征：目标、规则、反馈系统和自愿参与。目标指的是玩家努力达成的具体结果；规则为玩家如何实现目标做出限制；反馈系统告诉玩家距离实现目标还有多远；自愿参与则要求所有玩家都了解并愿意接受目标、规则和反馈。

游戏，唤起积极的情感

游戏让我们开心，因为它是我们主动选择要从事的艰苦工作。事实证明，没有什么能比出色而艰苦的工作更能让我们开心。我们一般不把游戏看成艰苦的工作。毕竟，我们是在“玩”游戏，而一直以来我们又被告知，“玩”跟工作是对立的。但这与实际情况相去甚远。事实上，杰出的游戏心理学家布莱恩·萨顿史密斯（Brian Sutton-Smith）就说过：**“玩的对立面不是工作，而是抑郁。”**

根据临床定义，当我们情绪低落时，缺乏信心的悲观感和缺乏活动力的沮丧感都在折磨着我们。要扭转这两种情绪，我们必须拥有对自身能力的乐观态度以及充沛的活动力。目前还没有描述这种积极状态的临床心理学术语，但它完美地描述了玩游戏时的情绪状态。

游戏化洞察

游戏是让我们集中精力的大好机会，在游戏中，我们积极、乐观地做着一件自己擅长并享受的事情。换句话说，从情绪上看，游戏正跟抑郁相对。

在玩精彩的游戏时，也即在克服不必要障碍时，我们主动让自己朝着情感频谱的积极一端前进。我们紧张地投入其中，而这恰恰是产生各类积极情绪和体验的正确心态和身体状况。玩游戏充分激活了与快乐相关的所有神经系统和生理系统——我们的注意力系统、激励中心、动机系统以及情绪和记忆中心。

这一极端的情绪激活，是当今最成功的电脑和视频游戏让人如此沉迷亢奋的主要原因。当我们进入乐观参与的集中状态，突然之间，我们从生理上变得更愿意展开积极的思考，建立社会关系，塑造个体优势。我们主动把思维和身体都调整到了更快乐的状态。

然而，现实中的艰苦工作往往难以达到相同的效果。在现实生活中，我们之所以从事艰苦的工作，大多是因为我们不得不做——为了谋生，为了出人头地，为了满足别人的期待，甚至只是因为别人给了一份工作让我们做。我们讨厌那样的工作，我们会被累垮。它夺走了我们陪伴家人和朋友的时间，它带来了太多的批评。我们都害怕失败。我们很难看到自己努力的直接影响，因此，很少感到满意。

还有更糟糕的时候：现实生活里的工作不够艰苦。这让我们感到无聊，觉得没有充分利用自己的大脑；还让我们觉得自己不受重视，在浪费自己的人生。如果艰苦工作并非出于自己的选择，那么它一般都不会是一份具天时、地利、人和优势的工作。从事这样一份工作，无法充分发挥我们的优势，无法控制工作流程，对自己的贡献没有清晰的认识，永远看不到最终带来的回报。**别人要求我们所做的艰苦工作，不能以相同的方式激活我们的快乐系统，很难让我们打起精神、乐观向上、斗志昂扬。**

如果我们能为亿万人提供更合适的艰苦工作，主动激活他们的身心，会给全球净快乐带来多大的提升啊。我们可以带给他们挑战性强、量身定制的使命和任务，这些任务随时随地都可以进行，可以单独完成，也可以和家人、朋友一起完成。我们可以提供生动、实时的报告，告诉他们完成的进度，清晰地展示他们的行为对周围世界的影响。

这正是当今游戏产业所做的事情。它以更合适的艰苦工作满足了我们的需求，帮助我们在合适的时间选择合适的工作。所以，你大可忘记那句老话了："只工作不玩耍，聪明的杰克也变傻。"（All work and no play makes Jack a dull boy.）

> 所有优秀的游戏都是艰苦的工作，它是我们主动选择且乐在其中的工作。而当我们从事自己喜欢的工作时，就点燃了头脑里的那根快乐雷管。

游戏的7大艰苦之乐

合适的艰苦工作在不同的时间、对不同的人有各种不同的形式。为了满足这些个性化需求，数十年来，游戏业已经为我们提供了越来越多的多元化工作。

第一类是高风险工作。在谈到视频游戏时，很多人马上就会想起它。它速度快，多以动作为导向，用成功和惨败的可能性对我们施以双重刺激。不管是在《GT 赛车》一类的竞速游戏里全速漂移，还是在《求生之路》（*Left 4 Dead*）等第一人称射击游戏里打僵尸，撞车、燃烧、脑子被僵尸吸掉的风险都让我们感觉活起来更带劲。

第二类是重复工作。这类工作单调，完全可以预测。在现实生活中，重复工作的名声很糟，可如果我们主动选择从事这样的工作，其实有助于让我们感到自得而多产。在《宝石迷阵》（*Bejeweled*）等休闲游戏里调换五彩宝石、在《农场小镇》（*FarmVille*）等社交游戏里收割虚拟庄稼时，我们很乐于让自己的手脚和思维都集中在一项能产生明确结果的活动上。

第三类是脑力工作。这类工作主要是调动我们的认知能力。它可以是快速而简单的，类似任天堂《大脑时代》里的 30 秒数学题；也可以是漫长而复杂的，类似即时战略游戏《帝国时代》（*Age of Empires*）模拟 10 000 多年来的征战。不管是哪种方式，只要我们把大脑很好地利用起来，都能体会到奔涌而来的成就感。

第四类是体力工作。这类工作让我们心跳加快、呼吸急促、汗水狂洒。如果工作足够辛苦，我们的大脑会分泌大量的内啡肽，这种化学物质能让人自我感觉良好。但更重要的是，不管我们是在《Wii 拳击》上狠狠出拳，还是在《劲舞革命》（*Dance Dance Revolution*）里跳来跳去，我们都分外享受让自己精疲力竭的整个过程。

第五类是探索性工作。这类工作通过主动调查不熟悉的物体和空间带来乐趣。探索类工作让我们感到自信、强大，激励我们积极进取。我们在神秘的 3D 环境① 下探索时，或是和陌生人② 互动时，总是分外享受对所有东西展现好奇心的机会。

第六类是团队工作。如今，这类工作在电脑和视频游戏中越来越多，它强调协力合作，为群体做出贡献。当我们在复杂任务③ 中承担起个人的职责，或是在 4 人合作游戏④ 中保护朋友的性命时，我们总是备感满足，因为我们知道自己要在集体行动中发挥独特而重要的作用。

第七类是创造性工作。从事创造性工作时，我们要做出有意义的决定，会为自己已经做好的事情感到自豪。创造性工作可以是在《模拟人生》（*Sims*）游戏里设计自己的家，可以是把自己做好的卡拉 OK 视频表演上传到《歌星》

① 神秘的 3D 环境，比如角色扮演游戏《生化奇兵》（*BioShock*）中隐藏在海底的巨大城市。——作者注

② 陌生人，比如掌上平台对战游戏《美妙世界》（*The World Ends with You*）中住在东京的时髦不死少年。——作者注

③ 复杂任务，比如在《魔兽世界》中由 25 名玩家组队攻击。——作者注

④ 4 人合作游戏，比如手绘风格的冒险游戏《城堡毁灭者》（*Castle Crashers*）。——作者注

（*SingStar*）网络，也可以是在《疯狂美式橄榄球》（*Madden NFL*）里组建和管理在线大联盟。我们每完成一轮创造性工作，都会觉得自己更加能干了。

> 高风险工作、重复工作、脑力工作、体力工作、探索性工作、团队工作和创造性工作，所有这些艰苦工作都出现在了我们心爱的游戏里，这让我不禁想起了剧作家诺埃尔·科沃德（Noel Coward）说过的一句话："工作比娱乐更有趣。"

当然，这听起来似乎略显荒谬。但对于游戏而言，这一点被证实是正确的，这要归功于一种名为"经验取样"的心理学研究方法。

> 心理学家使用"经验取样"的方法找出我们在每天不同时点的真实感受。研究人员用寻呼机和短信随机抽查受试者，他们要求受试者报告两类信息：他们在做什么以及感觉如何。经验取样调查中最常见的一个结果是，我们原本以为是"娱乐"的事情，实际上竟让我们轻度郁闷。

我们称为"放松"的每一种娱乐，比如看电视、吃巧克力、逛街，甚至是单纯地发呆，都不会让我们感觉好起来。根据调查结果，一旦我们开始"找些乐子"，就会感觉更糟：动力不足、信心不足、完全不能投入。但是，怎么会有这么多人完全搞错了什么是"娱乐"呢？难道对于什么能让我们感觉更好，一点准确的直觉都没有吗？

诚然，对于什么让我们感觉糟糕，我们有着强大的直觉。通常，位居首位的是负面压力和焦虑。经验取样研究人员相信，每当我们有意识地寻找放松的娱乐，就会尝试扭转这些负面情绪。我们寻找被动式娱乐和低投入度活动，是在利用它们抗衡自己先前感到的压力和刺激。

然而，太轻松的乐趣又容易把我们推到完全相反的方向：从紧张和焦虑一下子变成了无聊和抑郁。回避轻松的娱乐，找些艰苦的乐趣或者让我们享受的艰苦工作，情况会好得多。

当体验到正面压力或良性压力[①]时，我们也就拥有了艰苦的乐趣。从生理和神经学角度来看，良性压力和负面压力几乎完全相同：我们产生肾上腺素，我们的激励回路被激活，大脑的注意力控制中心获得更多的血流量。而两者的根本性区别在于，我们的心态。

如果我们害怕失败或危险，或是有外来压力，神经化学物质的过量分泌就不会让我们开心。它让我们愤怒、好斗或是逃避，它还会触发回避行为，如暴饮暴食、抽烟、吸毒等。

游戏化洞察

但面对良性压力，我们不会恐惧或悲观。我们有目的地进入紧张环境，充满信心、积极向上。当主动选择艰苦的工作时，我们就会享受这种刺激和激励的乐趣。它让我们想要投入进去，与人携手合作，把事情做好。这种乐观的精神振奋，比单纯的娱乐更能带动心情。只要觉得自己有能力迎接挑战，我们就会报告说，压力环境让自己动力十足、极感兴趣、乐于参与。这些都是与整体幸福和生活满意度相对应的关键情绪状态。

从可测量的指标上看，艰苦的乐趣让我们的感觉比刚开始时变好了。因此，玩游戏，包括体育运动、棋牌游戏、桌面游戏及电脑和视频游戏，毫无疑问都属于这样一种活动。经验取样受试者在游戏持续中和完成后都报告说，他们对该活动最感兴趣，态度最积极。研究证实了玩家早就明白的观点：在承受能力范围内，我们宁肯艰苦工作，也不愿无聊娱乐。或许，这就是为什么较之其他人，游戏玩家用于看电视的时间全球最少。

① 良性压力，eustress，“eu”希腊语前缀，表示“良性的、有益的”；stress，压力。——作者注

正如哈佛大学教授、幸福专家泰勒·本–沙哈尔（Tal Ben-Shahar）所说："活跃时间比消磨时间更让我们开心。"

体验自豪的快感

艰苦的乐趣对情绪还有一项更重要的好处：**自豪（fiero）**。它恐怕是我们能体验到的最原始的情绪涌动了。

> "fiero"来自意大利语，意思是"自豪"，游戏设计师用它来形容一种英语里找不到确切说法的高亢情绪。自豪是我们战胜逆境后的感觉。只要一感觉到它或一看到它，你就明白了，因为我们几乎所有人都以相同的方式表达过"自豪"：双手高举过头顶，欣喜若狂地呼喊。

几乎所有人都以相同的肢体语言表达自豪，明确地暗示它和我们最原始的某种情感相关。我们的大脑和身体肯定是在进化初期产生自豪体验的：事实上，神经学家认为，它属于我们"穴居人神经线路"（caveman wiring）的一部分。按照斯坦福大学跨学科脑科学研究中心（Center for Interdisciplinary Brain Sciences Research）研究人员的说法，自豪这种情感，最初让人产生了离开洞穴、征服世界的欲望。它是一种克服挑战、赢得战斗、击溃危险的渴望。

近来，科学家证明，自豪是我们能体验到的最有力的因神经化学物质释放而产生的快感之一。它涉及大脑奖赏回路的3个不同结构，包括中脑多巴胺中心，这是跟奖励及上瘾最典型相关的地方。自豪有别于其他的冲动，我们克服障碍的挑战性越强，自豪感就越强。

游戏化洞察

优秀的游戏是构建体验、唤起积极情绪的独特方式，是激发人们参与艰苦工作的强效工具。如果能在网络中有效利用游戏，就能一次性地激励鼓舞数十、上百、成千，甚至数以百万计的人。现在，忘了你对游戏的其他认识吧。

> 游戏所散发出的一切美好——让我们在日常生活里更开心、帮助我们改变世界的每一种方式，都源自它围绕自愿障碍对我们加以组织的能力。

认识到游戏的真正运作过程，可以让我们不再担心人们会“玩弄”制度，激励我们设计出真正的好游戏。如果主动让周围的人跟我们一起玩相同的游戏，就不会再这么提防玩其他游戏的“玩家”。等我们知道玩好游戏真正意味着什么，就可以不再总是互相提醒“这可不是玩游戏”了。相反，我们可以积极地鼓励人们：“这可是一场精彩的游戏！”

REALITY IS BROKEN

第 2 章 构建更美好的现实社会

- 与游戏相比，现实令人沮丧。游戏让我们保持不懈的乐观态度，把精力放在自己擅长且享受的事情上。

- 游戏是最显而易见的心流来源，玩耍是出类拔萃的心流体验。玩家玩游戏，并不是为了逃避现实生活，而是为了主动让现实生活变得更有价值。

WHY GAMES MAKE US BETTER AND
HOW THEY CAN CHANGE THE WORLD

和游戏相比，现实已经破碎，尤其是在赋予人们良好的艰苦工作这一方面，更是有所欠缺。第一个发现这一事实的并不是我。美国心理学家米哈里·希斯赞特米哈伊早在 35 年前就观察到了相同的事情——幸福科学就此诞生。1975 年，希斯赞特米哈伊发表了一篇突破性的科学研究报告，名为《超越无聊和焦虑》（*Beyond Boredom and Anxiety*）。研究的重点是希斯赞特米哈伊名为“心流”的特殊幸福形式：**“创造性成就和能力的提高带来的满足感和愉快感。”**他花了 7 年时间研究这种紧张、快乐的投入感：我们什么时候、在什么地方最能体验到它？我们如何更多地创造这种感觉？

游戏，出类拔萃的心流体验

希斯赞特米哈伊发现，我们的日常生活中极度缺乏“心流”，可在游戏和游戏类活动中却到处都有它的身影。他最爱引用的诱发心流的例子是下棋、打篮球、攀岩和跳双人舞：这些都是有明确目标、行为方式有既定规则、随着时间的推移难度和技能水平也提高的挑战性活动。最重要的是，心流活动纯粹是为了享受而完成的，并非出于对地位、金钱或责任的追求。

希斯赞特米哈伊认为，在这种高度结构化、自我激励的艰苦工作中，我们有规律地实现了人类幸福的最高形式：紧张、乐观地投入到周围的世界。我们感到活得更完整了，充满了潜力和目标感，也就是说，我们彻底激活了身为“人”的自己。

当然，除了游戏，还有其他方式能够达到这种完全的激活状态。但希斯赞特米哈伊的研究表明，**构成游戏基本结构的 3 大因素能够最有效、最可靠地产生“心流”，即自我选择的目标、个人最优化的障碍以及持续不断的反馈。**“游戏是最显而易见的心流来源，玩耍是出类拔萃的心流体验。”

但他很好奇，如果说游戏是我们生活中快乐投入最持续有效的来源，那为什么真实生活不能像游戏一样呢？希斯赞特米哈伊认为，学校、机关、工厂和其他日常生活环境不能带来“心流”体验，是一个严峻的道德问题，也是人类面临的最紧迫问题之一。既然游戏带来了更好的其他选项，为什么我们要在毫无必要的无聊和焦虑中度过生活的大部分时光呢？他写道：“如果我们继续忽视什么让我们感到幸福这个问题，就是在主动帮助延续势头一天大过一天的非人性化力量。”

在希斯赞特米哈伊看来，解决办法显而易见：根据游戏工作的结构形式来创造现实中的工作，以给人们带来更多的幸福。游戏教给我们如何创造机会，从事自由选择的挑战性工作，不停地发挥出我们能力的极限，这些经验教训可以移植到现实当中。我们面临的最紧迫的问题，如抑郁、无助、社会疏离及自己做什么都无关紧要的感觉，都可以通过将更多的游戏性工作结合到日常生活中来有效解决。他承认，这并不容易。但如果我们不尝试创造更多的心流体验，就可能让整整几代人陷入抑郁和绝望当中。在这份突破性研究的末尾，他提醒说，有两大人群最需要游戏性工作：“住在郊区的孤独儿童和独自在家的无聊主妇最需要体验心流。如果他们得不到，就会另找其他的逃避形式。”希斯赞特米哈伊的断言已经成为现实：今天，正是这两种人在电脑和视频游戏中投入了最多时间。显然，我们在增加日常心流体验方面所做的努力还远远不够。

就重塑现实，让它更像游戏而言，希斯赞特米哈伊是对的。只不过，他的研究太超前了。

1975 年，现代心理学领域的其他学者主要聚焦于精神疾病和消极情绪，最佳人类体验并不受重视。他的同行们没有足够的劲头琢磨日常幸福问题。与此同时，1975 年用于发明、与大众分享新游戏的工具尚处于起步阶段。第一个商业化视频游戏《乒》（*Pong*）才刚满 3 岁，雅达利（Atari）家用游戏机在两年后才上市，市面上只有一本关于游戏心理的主要研究作品：1971 年出版的《游戏研究》（*The Study of Games*）。

可今天，我们已经来到了一个迥异的位置上。自从希斯赞特米哈伊发表突破性研究以来，出现了两大关键事件：积极心理学的兴起以及电脑和视频游戏行业的爆炸，依靠游戏改善生活质量的可行性突然提高了。

积极心理学是一个相对较新的科学领域，它研究“人类的蓬勃发展”，或者说我们如何实现不同的幸福。在短短 10 年内，积极心理学研究人员就积累了大量有关人类的大脑和身体是如何运作的知识，以帮助我们实现幸福，过上令人满意的生活。商业游戏行业则把所有这些知识付诸实践。今天的游戏开发商明白，游戏要赚钱、要成为大热门，靠的是它能为玩家提供多少满意度和积极的情绪，即能让玩家感到多幸福。因此，游戏设计师坚持不懈地追求包括心流体验在内的幸福结果，与此同时还创造了其他各种幸福战略。

当然，追求幸福并非游戏行业的直接目标，游戏开发人员也并不见得都认同。仍有许多游戏开发人员在思考问题时，主要从娱乐和有趣的角度入手，而不是幸福和生活满意度。但随着积极心理学的兴起，游戏产业的创意领导人越发关注游戏对情绪和心理的影响。各大游戏工作室的总监和设计师，越来越多地从积极心理学的研究成果中汲取经验教训，设计更好的游戏。游戏行业甚至成立了大量科学研究实验室，致力于对游戏情绪的神经生物学研究。

游戏化洞察

整体上的转变显然已经出现了。正如一位记者所说，微软的游戏测试实验室“不像游戏工作室，倒像心理研究所”。此事并非出于偶然。游戏设计师和开发人员正积极投入其中，把优化人类体验的直觉艺术转化成一门应用科学。因此，他们成了地球上最有才华、最强大的幸福工程师。

如今，幸福科学和游戏行业的情绪演进两大历史趋势交

> 织在了一起。多亏了积极心理学家，我们比从前更清楚什么样的体验和活动能让我们真正幸福了；也多亏了游戏开发人员，我们才有了更强大、更灵活的系统，唤起了我们最渴望的，紧张、乐观的投入感和情绪奖励。

这为我们带来了游戏对现实的第二重修补：

REALITY IS BROKEN

2号补丁：保持不懈的乐观

与游戏相比，现实令人沮丧。游戏让我们保持不懈的乐观态度，把精力放在自己擅长且享受的事情上。

我们已经完全准备好驾驭游戏的力量了，它可以让我们生活幸福，改善我们的日常生活质量。让我们来看看这一切是如何到来的。

更多的心流和自豪体验

1983 年，爵士乐钢琴家兼社会学家大卫·沙德诺（David Sudnow）首开先河，发表了一篇视频游戏回忆录。这篇文章长达 161 页，按时间顺序记录了他努力掌握一个始祖级家用视频游戏的过程：游戏名为《突围》（*Breakout*），雅达利的乒乓类（ping-pong-style）游戏。

沙德诺可不是你想象中那个整天流连在游戏厅的少年。他 43 岁，是一位教授，还有一份成功的音乐副业，按任何客观标准来衡量，他的生活都很圆满。但谁也不曾料到，包括他自己在内，玩视频游戏竟然会成为一件比做任何研究、做任何音乐都更让他满足的工作，可事情就这样发生了。整整 3 个月，他就像从事全职工作那样没日没夜地玩《突围》：“10 天的时间一共玩了 50 个小时，每次一玩就是 5 个小时，下午玩，晚上玩，甚至凌晨 3 点还在玩。”《突围》怎么会这么有魅力呢？

游戏化实践

《突围》基本上就是单人版的《乓》：转动操纵杆旋钮，顺着屏幕底部移动一把扁平的球拍，等着球掉下来击中它。移动球拍，等球落下；再移动球拍，等球落下。而游戏的目标是利用球拍让球反弹击落屏幕上方的砖块。

起初，这项工作很简单：球拍大，球掉落的速度慢，可供敲击的砖块很多。可随着击落的砖块越来越多，球掉落得更快了，也更加毫无规律地反弹到墙上，球拍也缩小到只有原先的一半。如果继续玩下去则会变得越来越困难，击球敲落剩余的砖块需要更加精确的瞄准才行。一旦漏接 5 个球，游戏就结束了。

这个视频游戏尽管原始，却变成了一份小小的完美志愿工作。它包括了你希望从不必要的障碍里所获得的一切：明确的目标（摧毁围墙）、任意的限制规则（只允许使用球拍，只允许漏过 5 个球）、视觉和听觉上的即时反馈（砖块从屏幕上消失时，总伴随着令人满足的“哔哔”声）。计算机算法不断调整难度的级别，让你时刻都发挥出能力的极限。

正如沙德诺所说：“这就是你想要的一切动机……坚持下去似乎就是对你最大的奖励。”游戏完全吸引了他的注意力，哪怕他不在雅达利游戏机面前。“没坐在电视面前时，我就在想象中练习，走在大街上会出神，坐在咖啡馆里会晃着勺子发呆，在日本餐厅里吃晚餐，凝视着竹竿和宣纸搭的窗格，觉得它们就像是《突围》里屏幕上的砖块……我随时随地都在渴望回到游戏中。”

他在游戏中，玩得越好就越是想玩，玩得越多就玩得越好。这种持续反馈循环的力度让沙德诺大感震惊，他觉得有必要写一本书来加以解释。这是对游戏情绪的一种延伸、一种富有诗意的沉思。他用两句简短的名言，道尽了我们对早期视频游戏情绪力量的必要认识：

这是一桩完全不同的事情，和我从前所知的完全不同，就像白天和黑夜那样泾渭分明……30 秒的游戏，让我体验了全新的生命，我身体里的每一根神经都在呐喊。

沙德诺所描述的情况就是极端的神经化学物质激活，即在玩优秀的游戏时，大脑和身体所呈现的状态。这个游戏让他专心致志、高度积极、创意激发，全力以赴地发挥个人能力的极限。他几乎立刻就沉浸其中，并迅速达到心流状态。在短短 30 秒里就经历了从零到巅峰的体验，难怪视频游戏的魅力如此之大。放眼人类历史，这种最佳的情绪激活还从来没有这么唾手可得过：便宜、可靠、快速。

过去，最深入的心流体验需要多年的练习或特殊的设置才能达到。希斯赞特米哈伊最初描写它时，研究的是下棋、打篮球、攀岩和跳双人舞的专业人士，要经过多年的学习并强化所需技能，才能实现心流这一结果。如若不然，就需要置身真正壮观、罕见的环境之下，如在狂欢节人潮涌动的大街上跳舞，或是从最陡峭的雪山之巅滑下。

心流不应该来得太容易。但正如沙德诺和其他数百万早期游戏玩家所发现的，视频游戏有可能让人立刻体验到心流。视频游戏吸收了可能诱发心流体验活动的传统特性：目标、障碍、越来越大的挑战以及自愿参与，又结合了直接的物理输入（操纵杆）、灵活的难度设置（计算机算法）、即时的视觉反馈（视频图形），并极大地强化了游戏的反馈循环。这种更快、更紧密的反馈循环，让它更准确地击中了情绪奖励——“自豪”。自豪，是通过每一级难度挑战时唤起的瞬时情绪高潮。这形成了更快的学习和奖励周期，并最终对屏幕上的“微观世界”产生了完美而有力的控制感。

> 诚如沙德诺的描述：“游戏操纵杆给人的感觉就像真正在行动。嘣，嘣，嘣，搞定你了……千万别漏掉，千万别漏掉，来吧，敲掉那块砖，很简单，别吃惊，现在保持冷静，别惊慌，从容点儿，搞定！过关！视频游戏的动作你一接触它就知道是怎么回事，就好像你第一次喝醉酒，就知道什么是‘喝醉’了。”

正是这种快速、可靠的“心流”和“自豪”补丁，让沙德诺和所有早期游戏玩家一次次地回到游戏里。毫不夸张地说，在许多玩家看来，他们或许一辈子都在等待这样的东西：一种看似免费且源源不断的兴奋活动；游戏世界里的每一件事情，都让他们对自身的能力产生乐观的感受。

更快速、更可靠的心流和自豪体验，把电脑和视频游戏与之前的所有游戏区分开来。出于这个原因，沙德诺玩《突围》的回忆录成了一份重要的历史文献。他第一个表达了数字游戏的新颖性和情绪调动性，哪怕那时候还没有豪华的图形、没有史诗般的故事、没有大型多人虚拟世界。当时，视频游戏所有的情绪力量只来自于以下事实：它们提供有趣的障碍、更好的反馈和适应性更强的挑战。所以，它们极为擅长一件事，而且基本上就擅长这一件事：唤起更多的心流和自豪体验，让人欲罢不能。

事实上，这就是早期视频游戏的关键：让玩家时间尽量长地玩下去。雅达利最广为人知的一个口号就是："发现你究竟能走多远。"这是一场持续的战斗，既是为了留在游戏里，也是为了玩耍时产生的根本满足感。心流和自豪是视频游戏独创的奖励，只要反复地跟不知疲倦的游戏机对战，我们就可以无穷无尽地产生这两种体验。好吧，更正一下：是"几乎"无穷无尽。

过了 3 个月，沙德诺终于耗尽了貌似无限的心流源泉。他在《突围》中玩出了完美的一局，只用一个球就摧毁了所有的砖块。那是他一生中最为"自豪"的一次。可就在他拿下最高分的这一天，他对《突围》的痴迷结束了，耗尽了身体里所有的心流和自豪。幸运的是，对于玩家来说，故事并未就此结束。

玩家之悔

积极心理学家已经证明，心流只是整幅幸福长卷里的一部分。它是心理学家最初研究的幸福类型，可自那以后，科学有了长足的进步。埃默里大学的心理学教授科里·李·凯斯（Corey Lee M. Keyes）解释说：

> 我们认为，心流是幸福科学的一部分，但并非全部……与其说它是人类机能的特征或条件，不如说它是一种短暂的状态。尽管也有人在研究怎样延长它，但人不可能随时都生活在"心流"当中。

心流是令人振奋的一刹那，它让我们感受到了激励。一次强烈的心流体验，可以在此后几个小时甚至几天让我们心情愉悦。但它是一种极端的投入状态，最终会耗尽我们的体力和精力。我们不能随心所欲无限制地一直处在心流中。按照凯斯的说法，这就是为什么人类繁荣需要一种更“持续”的幸福方法，不能只有心流。**我们必须找到享受世界和生活的方法，不一定非得随时随地全力以赴地发挥自己潜能的极限。**

游戏如此，生活亦然。以大卫·沙德诺为例，他连续 3 个月陷入《突围》带来的心流感里，此后筋疲力尽，有好长一段时间看见视频游戏就躲得远远的。

太多的心流会导致幸福倦怠，与此同时，太多的自豪会让人上瘾。沙德诺在回忆录中从来没有用过这个词，但它总会时不时地从你脑袋里跳出来。自豪感接在最原始的一些神经回路上，因此，我们的情绪反应会相当极端。

最近，斯坦福大学精神病学和行为科学教授艾伦·赖斯（Allan Reiss）率队对游戏玩家的自豪感进行了神经化学研究。研究人员在玩家进行高难度视频游戏时对其大脑做了核磁共振成像，他们观察到，玩家获胜的那一刻，大脑的成瘾回路异常激活。因此，研究人员认为，**一些玩家对心爱的游戏觉得“上瘾”，最大的潜在原因就是自豪感。**

玩家成瘾已成为整个行业的一个严肃主题，频频出现于行业大会和游戏开发者论坛：是什么原因导致玩家成瘾呢？如何帮助玩家避免呢？这些问题乍看起来很怪异：难道游戏行业不希望玩家多花时间多花钱吗？没错，让更多人更多地玩游戏，是业界的主要目标。但业内人士希望造就终身玩家：**能够在心爱的游戏与完整而积极的人生之间实现平衡的人。**出于这一目的，我们碰到了一个可能是过去 30 年里游戏行业的核心困境：怎样让玩家玩得更多，却又不减少他们的真实生活。业内人士都知道，玩家渴望心流和自豪，游戏开发者给得越多，玩家投入心爱游戏的时间和金钱也就越多。但超出一定的极限后——对大多数玩家而言，每周投入游戏 20 个小时左右，玩家就会开始怀疑自己错失了真实的生活。

科技记者克莱夫·汤普森（Clive Thompson）把这种现象命名为“玩家之悔。”他还第一个承认，自己也跟其他许多玩家一样，备受此问题困扰。汤普森回忆说，有一天，他检查了一下时间统计数据，吃惊地发现，在一个星期里同一款游戏他竟然整整玩了 36 个小时。他说："缺失了这么多时间，通常只能用遭到外星人绑架来解释。"他还发现，自己既为在虚拟游戏环境下实现的成就感到骄傲，也很怀疑这一切艰苦的工作是否真正有价值。

> 汤普森坦言："玩家说不出口的秘密，就在于我们随时都在跟这一困境搏斗。只要一想到玩游戏的时间可以干许多别的事，一种突如其来的可怕的空虚感就会紧紧地抓住我们。打完一个游戏后的兴高采烈，总是伴随着可怕的空虚感带来的一丝丝刺痛。做一些更困难、更具挑战性、更有成效的事情，会不会过得更好些呢？"

这种内部冲突在各地网络论坛爆发开来。"你花多长时间玩游戏"和"玩多长时间就叫玩得太多了"成了两个如影随形的孪生问题，长期飘荡在各大游戏社区。为部分地解决"玩家之悔"问题，许多上瘾性最强的游戏采用了"疲劳系统"。

> 这类系统常用于韩国和中国的在线游戏，当地男青年泡在里面的平均时间每周高达 40 个小时。连续上线 3 个小时后，玩家完成同等工作量的奖励就减少 50%，自豪感也会减半。经过 5 个小时，就不可能再获得任何奖励。美国则较多使用一种更温柔的做法：以《魔兽世界》为例，玩家不玩游戏的每一个小时，都可获得"休息奖金"。等他们重新登录，玩家扮演的角色可赚得双倍奖励，直到下一轮休息时间到来。

不过，这些措施充其量也只是权宜之计。意图阻止人们玩心爱的游戏从来都行不通，渴望心流和自豪的积极玩家总会找到办法回避人为设下的约束和限制。

> 我们真正需要的，是游戏能够超越让人短暂幸福的心流和自豪，提供一种更为持久的情感奖励；我们真正需要的，是哪怕不玩的时候仍能让我们幸福的游戏。只有这样，才能在游戏和现实生活中实现恰当的平衡。

幸运的是，这正是电脑和视频游戏市场如今的走向。游戏教给了我们创造幸福的 4 个秘密，还带给了我们随时随地创造幸福的力量。

随时随地创造幸福的力量

积极心理学领域出现了多种相互矛盾的幸福理论，但如果说有一件事是所有积极心理学家都认同的，那就是：实现幸福有多种途径，但我们就是发现不了幸福。没有哪一种物体、事件、结果或生活环境一定能给我们带来真正的幸福。我们必须自己创造幸福：从事艰苦工作，从事那些能带来奖励的活动。

一方面，如果我们尝试在自身之外寻找幸福，就把焦点放在了积极心理学家称为“外在”奖励的东西上，即金钱、物质、地位或赞许。等我们得到了自己想要的东西，就会感觉很好。可惜，幸福的愉悦感不会持续太久。我们会对自己喜欢的东西产生耐受性，开始想要更多，需要更大、更好的回报才能触发同等水平的满足感和愉悦感。我们越是尝试“找到”幸福，就越难找到。积极心理学家称这个过程为“享乐适应”①，它是长期保持生活满意的最大障碍之一。我们消费得越多、获得的越多、地位提升得越高，就越难感受到幸福。不管我们想要的是金钱、地位、晋升、名气、眼球，或是单纯的物质，科学家们一致同意：追求外在奖励，注定会妨碍我们达成自身的幸福。

另一方面，如果我们着手自己创造幸福，就把焦点放在了产生内在奖励的活动上，即通过强烈投入周围世界所产生的积极情绪、个人优势和社会联系。我们不是在寻找赞美或付出，我们做事情，能因充分投入而带来享受，就足够了。

> 我们越是尝试“找到”幸福，就越难找到。追求外在奖励，注定会妨碍我们达成自身的幸福。

① 享乐适应（hedonic adaptation），是指当环境的改变给人带来快乐时，人们通常会很快习惯这种改变。因此，一些重大生活的转变，比如加薪、结婚、搬家等都会带来一时的幸福，但只能维持很短的一段时间。——译者注

这种自我激励、自我奖励的活动，其科学术语为“**自成目的**”[①]。我们从事自成目的类工作，是因为它能让我们完全投入，而强烈的投入感又是我们能体验到的最愉悦、最满足、最有意义的情绪状态。

只要经常沉浸在自我奖励的艰苦工作当中，我们就会更频繁地感受到幸福，不管我们在生活中还遭遇了其他什么事情。这是积极心理学最初期的一个假设，也是一个大胆、激进的设想。它和我们通常所知的那一套正好相反，传统观点认为：我们需要按照某种方式来生活才能幸福，生活越轻松，我们越幸福。但艰苦工作、内在奖励与持久幸福之间的关系已经得到了验证，并通过数以百计的研究和实验做了证实。

2009 年，罗切斯特大学公布了此前进行的一次著名实验，巧妙地颠覆了有关幸福如何运作的一个最常见假设。研究人员连续两年追踪了 150 名毕业生，监测他们的目标和幸福水平。根据他们报告的幸福和生活满意程度，研究人员比较了毕业生实现外在和内在奖励的比率，得出了明确的结论：“实现外在目标或‘美国梦’，如金钱、名望和在他人眼中的吸引力等，对幸福完全没有帮助。”实现外在奖励远远不能创造幸福，事实上，“还造就了一些不幸”。**如果让得到越来越多外在奖励的欲望占据我们的时间和精力，就会妨碍我们从事真正有助于提升幸福的自成目的活动。**

罗切斯特大学的研究人员在同一次研究中还发现，关注内在奖励活动的人，会努力工作、发挥个人优势并建立社会联系，在这两年内，不管薪资或社会地位等外在生活环境如何，他们都明显表现得更为幸福。

这项研究证实了其他数十次研究所发现的结果：**源自内在奖励的幸福有着令人难以置信的适应性。**每当我们从事自成目的活动，就出现了一种与享乐适应完全相反的情况：我们不再通过消费和获得而实现愉悦，开始培养自己的享乐韧性（hedonic resilence）。

心理学家、内在奖励领域的权威专家索尼娅·柳博米尔斯基（Sonja

① autotelic，在希腊语中，“auto”为“自己的”，“telos”为“目的”。——作者注

Lyubomirsky）[①]解释说："幸福活动持久性的一大原因在于……它们得来不易。你投入了时间和精力……展开了这些实践，而且有能力再次展开。这种能力和责任意识本身就是强大的推动力。"

换句话说，不管外界环境怎样，我们都能更好地保护、强化我们的生活品质。我们越来越少地依赖短暂、不可靠的外在奖励，获得了对自身幸福的控制。

> 如果积极情绪的来源是你自己……，它就可以持续产生快感，让你幸福；如果积极情绪的来源是你自己，它就可以反复再生！我们自己才是幸福的唯一来源。

积极心理学的主流理论是，我们自己是幸福的唯一来源。这并非打比喻，而是生物学上的事实。大脑和身体产生的神经化学物质以及我们体验到的生理感觉，以不同的数量进行不同的组合，形成愉悦、享受、满足、忘我、知足、爱及其他各种幸福感。积极心理学家发现，不需要等待生活为我们激活这些化学物质和感觉，我们能够通过可衡量的自成目的活动，自己激活它们。事实上，从神经学和生理学的角度来看，"内在奖励"只是用于说明依靠刺激内在幸福系统获得情感回报的另一种方式罢了。

- 承担艰巨的挑战，比如用比平常更短的时间完成一项任务，我们就会产生肾上腺素，这种激素能让我们自信、精力充沛并且干劲十足。
- 完成一件对我们而言极其困难的事情，比如解出谜题、跑完比赛，我们的大脑就会释放出甲肾上腺素、肾上腺素和多巴胺的强效混合物。这 3 种神经化学物质的组合，能让我们满意、自豪、高度兴奋。
- 当我们让别人笑起来，我们的大脑便涌出了多巴胺，这是与愉悦、奖励相关的神经递质。如果我们自己也笑起来，多巴胺的效果会更为显著。
- 每当身体的运动与他人协调或同步的时候，如舞蹈或体育，我们就会往血液里释放一种称为后叶催产素的荷尔蒙，它是能让我们感到极乐和狂喜的神经化学物质。

① 索尼娅·柳博米尔斯基的新书《幸福的神话》（*The Myth of Happiness*）已由湛庐文化策划，浙江人民出版社出版。——编者注

- 如果我们去追寻可以形容为“有影响力的”“动人的”故事、媒体或现场表现，其实是触发了自己的迷走神经[①]，让我们感到胸腔或喉咙里有情绪在“激荡”，要不然，就是点燃了神经系统的竖毛反射（pilomotor reflex），带给我们愉悦的战栗。
- 如果我们看到了含糊不清的视觉刺激，如包裹好的礼物或半掩的门，挑起了自己的好奇心，就会体验到一种名为“兴趣”的生物化学流，也称为“内源性鸦片”（internal opiates），其中包括能让我们感到自身强大、万事在握的内啡肽，以及比吗啡强 80 倍的“幸福”神经递质 β- 内啡肽。

很少有人故意触发这些系统。我们认为，幸福不是一种策略性接入神经化学物质的过程。我们只知道什么事情让人感觉良好、有意义和满足，那就是我们为了自己而从事的活动。当然，我们也开发了很多触发内在幸福系统的外部捷径，如吸毒、嗜酒、不健康的饕餮大餐、周期性血拼等。但这些方法不可持续，从长期来看没有效果。科学家已经证明，对外在奖励的享乐适应会导致我们沉溺于快捷的幸福行为，一步步走向失控，直到它们失去效果，或是让我们承受不起，甚至最终害死我们。

游戏化洞察

幸运的是，我们用不着打这场必输的硬仗。只要我们聚焦于内在奖励而非外在奖励，就不会用光创造自身幸福的原料。我们通过与神经化学系统固有的关联，创造我们所需的一切幸福。只需要努力去做那些能激活我们的事情，沉浸在自己享受的挑战性活动中就可以了。

作家伊丽莎白·吉尔伯特（Elizabeth Gilbert）称自己是一个幸福探索家，她有段话说得好：“幸福是个人努力的结果……你必须坚持不懈地表现自己的幸福。”我们具备通过艰苦工作创造幸福的能力，体验内在奖励的工作越艰难，创造幸福的内在能力就越强。

---

① 迷走神经是第 10 对脑神经，是脑神经中最长、分布最广的一对，含有感觉、运动和副交感神经纤维，支配呼吸、消化两个系统绝大部分器官及心脏等器官的感觉、运动以及腺体分泌。——译者注

让现实更美好的4大秘密

那么，哪一种内在奖励对我们的幸福最重要呢？目前还没有确切的答案，但以往的研究成果为我们提供了若干关键思路和案例。我对过去 10 年积极心理学的主要发现做了分析，认为内在奖励可分为 4 大类型。

第一，我们每一天都在渴望满意的工作。“满意工作”的确切性质每个人都有不同的看法，但不管对谁来说，它都意味着沉浸在有着清晰定义、能看到直接努力结果的苛刻工作中。

第二，我们渴望体验成功，至少也是希望成功。我们希望感觉到自己在生活中的强大，向他人展示我们的强项。我们希望对成功的机会保持乐观态度，胸怀渴望，随着时间的推移，觉得自己越来越好。

第三，我们渴望与社会建立联系。人是极端的社会生物，哪怕是最内敛的人，也有很大一部分幸福来自与心爱的人共度美好时光。我们渴望分享经验，建立纽带，一起完成所有人都看重的事。

第四，我们渴望过得有意义，渴望成为超越自身的宏伟事业的一部分。我们希望对即将展开的宏伟事业感到好奇和敬畏。最重要的是，我们希望能投入某种超越个人生活、能产生持久影响的事情中去，并为之做出贡献。

这 4 种内在奖励是最佳人类体验的基础，是除基本生存需求（食物、安全和性）之外最强大的动机。所有这些奖励的共同点在于，它们都是深度投入周围世界，如环境、他人、超越自身的宏伟事业和项目的途径。

如果说较之外在奖励，内在奖励能如此令人满意而有效地推动我们的幸福，人们难道不应该自然而然地把大部分时间都花在解决不必要障碍、投入自成目的的活动中吗？

遗憾的是，诚如索尼娅·柳博米尔斯基雄辩的解释："我们总是习惯性地相信，能带给我们持久幸福的是别的东西。"我们接受了美国梦，而且，如今不是只有美国人放弃真正的幸福，选择追求财富、名望和美貌了。随着消费和流行文化席卷全球，地球上的每一个人都接受了同一种外在奖励的梦想。中国、印度和巴西等新兴经济体尤其如此，越来越多的人冲上了享乐水车，把消耗、争夺有限的自然资源视为提高生活质量的康庄大道。

好在我们还有希望。有一群人主动选择退出这辆阻隔灵魂、消耗地球的享乐水车，而且，他们的人数越来越多，他们就是所谓的"铁杆玩家"。

游戏化洞察

游戏是最典型的自成目的活动。我们玩，完全是因为我们想玩。游戏不会刺激我们对外在奖励的胃口：它不给我们报酬，不提升我们的事业，不帮助我们积攒奢侈品。相反，游戏以内在奖励丰富我们。它让我们积极投入有机会获得成功的满意工作当中，给了我们一种高度结构化的方式消耗时间，和自己喜欢的人建立纽带。如果我们在一款游戏里跟一大群玩家玩足够长的时间，就会感觉自己成了宏伟事业的一部分，成了一个史诗故事、一个重要项目或一个全球社区的一环。

优秀的游戏可以帮助我们体验自己最渴望的 4 件事，而且安全、便宜、可靠。优秀的游戏极富生产力，它们能带来更高的生活质量。

一旦我们意识到，全球玩家每周在游戏上用掉 30 亿个小时的真正原因是这一内在奖励的重新定位，那么人口大规模迁徙到游戏世界也就没什么好惊讶和警惕的了。相反，它是积极心理学家在科学研究中已经证明的事实：自我激励、自我奖励的活动能让我们更幸福。更重要的是，它还证明，**玩游戏，并不是为了逃避现实生活，而是为了主动让现实变得更有价值！**

REALITY IS BROKEN

WHY GAMES MAKE US BETTER AND
HOW THEY CAN CHANGE THE WORLD

第二部分

游戏化的4大目标

米哈里·希斯赞特米哈伊

著名心理学家

不管采取什么样的方式，只要人类还在持续进化，就必须学会更彻底地享受生活。

REALITY IS BROKEN

第 3 章 更满意的工作

- 与游戏相比，现实毫无生产力。游戏给了我们更明确的任务、更满意的实操工作。
- 精心设计的游戏让人感觉更有生产力，对很多不喜欢自己的日常工作、觉得它没有什么直接影响的人而言，游戏里的工作提供了真正的奖励和满足感。

WHY GAMES MAKE US BETTER AND HOW THEY CAN CHANGE THE WORLD

玩《魔兽世界》是一件异乎寻常、令人满意的工作，所有的玩家在它上面已经总共用掉了 593 万年的时间。这听起来似乎不太可能，但一点儿也不假。

REALITY IS BROKEN
游戏化的力量

如果把全球玩家在《魔兽世界》这款大型角色扮演游戏中，自 2004 年推出以来花在上面的小时数加起来，就得到了 500 亿个小时，约等于 593 万年。如果把这个数字放在历史的长河里：593 万年前，我们最早的人类祖先第一次站起身来。从这个尺度上看，我们玩《魔兽世界》所花的时间，相当于人类物种演进的时间。

还没有其他任何一款游戏霸占了玩家这么久，赚了这么多钱。每个魔兽玩家平均每周在虚拟世界花掉 17 ~ 22 个小时，远超其他任何电脑游戏。该游戏的用户数量从 2004 年 1 月的 25 万稳步上升至 2010 年 1 月的 1150 万，成为全世界最大的付费游戏社区。和许多大型多人在线角色扮演游戏（MMORPG）一样，《魔兽世界》要求玩家包月进入虚拟世界，平均每月 15 美元。据统计，目前《魔兽世界》开发商暴雪娱乐（Activision Blizzard），每天仅全球用户使用费就能入账 500 万美元。

唤起幸福生产力

《魔兽世界》取得空前成功的原因是什么呢？其中最重要的一点或许是，游戏唤起了“幸福生产力”（blissful productivity）。

> 幸福生产力，指的是深深地沉浸在能产生直接而明显结果的工作中所产生的一种感觉。结果越清晰，实现得越快，感受到的幸福生产力就越多。

在这一方面，没有其他任何游戏比《魔兽世界》做得更出色。在《魔兽世界》里，你的主要工作是自我完善——一种几乎让所有人都觉得天然富有吸引力的工作。你有一个虚拟化身（avatar），你的工作就是让它以尽量多的方式变得更美好、更强大、更富有：积累更多的经验、更多的能力、更强的盔甲、更多的技能、更多的才干以及更大的声望。

这些属性每一个都可以提升，并以点数的形式显示在你化身的个人资料里。你要靠赚取更多的点数来完善自己，这就要求你持续地完成任务、进行战斗、接受职业培训。赚到的点数越多，级别越高，解锁的任务就越具挑战性。这个过程就叫作“升级”。工作越具挑战性，从事这一工作的动力就越强，赚到的点数就越高……形成了生产力的良性循环。虚拟世界顶级研究专家爱德华·卡斯特罗诺瓦指出：“《魔兽世界》里的失业率是零。”它的任务设计出色，你总能找到事情可做，总能发现不同的途径来完善你的化身。

- 有些任务风险大、刺激性强：比如跟与你同样强壮的对手对战。
- 有些任务是四处探索：要弄清如何在王国周围的诸多不同地区纵横驰骋，发现新的生物，考察陌生的环境。
- 有些工作是纯事务性的：研究一项虚拟职业，如皮革加工或手工锻造，而后收集、组合原材料，以帮助你展开交易。

- 还有很多任务是团队作业：你和其他玩家组队，进行单个人不足以应付的远征，参加必须靠 5 名、10 名甚至 25 名玩家才能完成的团队作战。这种合作往往包括了挑战正式开始前的战略部署工作，你必须弄清每个人在团战中发挥什么作用，甚至要经过多次排练和行动协调才能做好。

流连于高风险工作、探索性工作、事务性工作、战略性工作之间，总的工作时间就累积了起来。因为有太多的事情可做，典型的魔兽玩家每周投入游戏的时间相当于做了一份兼职。整体而言，魔兽玩家平均需要 500 个小时才能让自己的虚拟化身达到游戏里的最高级别，而很多玩家说，到了最高级别以后，好戏才真正开始——这时，纯粹是为了喜欢而工作了。

终极挑战的亢奋

那么，游戏是怎样说服玩家单单为了“上演好戏”就花 500 个小时来玩呢？**对于一些玩家而言，终极挑战的承诺就足够他们完成令人难以置信的工作量了。**在游戏的最高级别，你可以体验到玩家称为“终极挑战”（endgame）的极度亢奋。渴望高风险工作和极端精神激活的玩家会尽可能快地升级，以便进入终极挑战，因为这样才能遇到最难对付的对手和最棘手的任务，即最畅快、最能建立信心的游戏。

但也有大量的网络游戏，从你一进入它的虚拟环境，就让你在血脉贲张的背景下挑战虚拟人生、挑战艰难的对手。如果这就是《魔兽世界》这类游戏的主要奖励，那么，花 500 个小时升级就算不上什么特点，而是毛病了。练级的过程跟“终极挑战”同样重要，甚至更重要。一位玩家解释说：“如果我只想跑来跑去杀怪物，我就去玩《反恐精英》（*Counter-Strike*）了，它还是免费的呢。”《魔兽世界》和其他同类很多大型多人在线游戏一样，需要玩家付费才能进入。他们付费，为的是享受游戏内更高生产力的特权。

还有一件事值得一提。备受期待的新网络游戏《科南时代》（*Age of Conan*）刚一推出，玩家发现平均只需要 250 个小时就能达到最高级别。人们的反应很有意思：游戏博主们形容它的工作量“微不足道”“缺乏活力”；专业游戏评论人士则担心粉丝们拒绝接受一款“用这么少的精力”就达到最高级别的在线游戏。

在现实生活中，如果有人分配给你一项通常需要 500 个小时才能完成的工作，接着又给了你只要一半时间就能完成的方法，你应该会很高兴。但在游戏生活中，玩家的唯一目的就是忙忙碌碌地完成尽可能多的满意工作，区区 250 个小时的任务量不免令人失望。对这些专注的在线游戏玩家而言，达到最高级别只不过是为他们真正最爱的事情——渐入佳境，提供了一个理由罢了。

难怪大型多人在线游戏顶级研究员尼克·伊（Nick Yee）[①] 认为，大型多人在线游戏是假装成游戏的大型多人工作环境。他指出：“电脑是制造出来为我们工作的，但视频游戏逐渐要求我们为它们工作。”一点也没错，只不过，我们其实是在主动要求获得更多工作，更确切地说，我们想要获得更多满意的工作。

这是游戏对现实的第三重修补：

3号补丁：更满意的工作
较之游戏，现实毫无生产力。游戏给了我们更明确的任务，更满意的实操工作。

满意的工作总是从两件事开始的：一是明确的目标，二是实现这一目标的可操作性步骤。明确的目标激励我们采取行动：我们知道自己该做什么，而可操作性步骤确保我们立刻朝着目标前进。

明确的目标和可操作性步骤

如果我们有明确的目标，却不知道如何实现，会怎么样呢？那这个目标就是行不通的，这确实是个问题。只有好玩的问题要解决，并没有什么不对，它或许也挺吸引人的，可惜却不一定让人满意。因为，没有可操作性步骤，我们解决问

① 尼克·伊是因研究《魔兽世界》而获得博士学位的第一人。——作者注

题的动力就不足以取得真正的进展。反过来说，一份设计得当的工作，预留了进展空间，就保证了内在生产力，这也正是它吸引人的地方。

而《魔兽世界》就能保证每一个任务都有生产力。在这个世界里，有成千上万个角色愿意提供给你特殊的任务。它们会拿出一份卷轴，上面写着明确的目标，它有什么样的意义，接下来就是可操作性步骤：到哪里去，一步步地指示你到了目的地后该做什么，并具体规定收集多少证据方可证明目标实现。下面举一个《魔兽世界》里典型任务的例子。

游戏化实践

任务：一把贵重武器

把达克玛尔之剑带给银色锦标赛场的杰莱·伊文宋（Jaelyne Evensong）。（这是你的目标。）

我的运气真是糟糕透顶！比赛要用的剑掉了，可下午比赛就要开始了。（这是你目标的意义。）

一位吟游诗人告诉我，旅行者会把寒冬的风信子送给一位孤独的少女，以换取她的礼物。只有在晶歌森林（Crystalsong Forest）西北边与冰冠（Icecrown）接壤的铁墙水坝冲刷而下的浮冰上，才生长着这种风信子。（这是要去的地方。）

把花摘下来，带回龙骨荒原东北的达克玛尔湖靠近祖达克（Zul'Drak）和灰熊丘陵（Grizzly Hills）的地方。（这是你的行动步骤说明。）

回到杰莱·伊文宋身边，把剑交给他。（这是你完成任务的证明。）

在着手进行《魔兽世界》里各项任务的时候，对自己该干什么、到哪儿去以及做什么不会有任何疑问。这不是一个强调解谜或试错的游戏，只需把工作做好，之后就可获得奖励。

为什么我们渴望这种保证生产力的活动呢？在《幸福多了40%》（*The How of Happiness*）一书中，索尼娅·柳博米尔斯基写到，**提高人们日常生活质量最快速的方法，就是“赋予人们具体的目标，一件可以去做又能保有期待的事情”。** 一旦明确的目标和特定的任务联系起来，我们就有了目的感，有了十足的冲劲。

这就是为什么我们在《魔兽世界》里每完成一个任务，与其说得到的奖励是经验点数和黄金，还不如说是得到了更多可以完成的任务。这些新的任务同样有明确的目标和可操作性步骤。

游戏化洞察

我们在《魔兽世界》的真正回报，是得到了更多的工作机会。工作流程设计的关键就在这里：游戏不停地用比先前所完成的事情稍微难一些的工作向你发出挑战。挑战性的些微增加，足够激发你的兴趣和动机，同时又不会太难，难得让你产生焦虑或能力差距感。一位魔兽老玩家解释说："接受任务后，你不必怀疑自己能否完成，只需要想清楚该怎样把它挤进你满满当当的英雄日程表就行了。"无尽的系列任务和可操作性步骤，正是《魔兽世界》激动人心的原因所在。

即时而生动的情绪奖励

动机和合理的进度是满意工作的初始点。但要真正满意，还必须能够明确地完成自己的工作。为了以满意的方式完成工作，我们又需要尽可能直接、立刻、生动地看到自己努力的结果。可见的结果令人满意，是因为它们正面反映了我们的能力。我们看到自己已经取得的成就，就会产生一种自我价值感。积极心理学创始人之一马丁·塞利格曼指出："最重要的人类资源建设特征，就是工作生产力。"这里的关键是资源建设：我们喜欢富有成效的工作，因为它使我们感到自己正在开发个人资源。

《魔兽世界》里著名的头顶显示能实时告诉我们自身的进步，这就把个人资源建设变得清晰可见。它不断向玩家闪烁积极的反馈：耐力 +1、智力 +1、力量 +1。我们可以通过这些点数计算自己的内部资源，看到资源随着自己的不断努力变得越来越丰富：能够造成更大的破坏、承受更多的伤害或施展更强大的法术。

只看虚拟化身，我们就可以看到游戏中自我完善的结果：随着时间的推移，它会穿上更豪华的盔甲、使用更有威力的武器、佩戴更华丽的珠宝。还有许多玩家会安装游戏修改器，记录自己完成的每一轮任务，这是一个切实的终极工作记录。

而且，这个游戏不只是自我完善。在最高级别，完成协作性最强的游戏任务团战期间，游戏的焦点变成了集体完善。玩家可以加入公会，或与其他玩家长期结盟，完成最困难的团战。一本颇为流行的《魔兽世界》指南上说："团战指的是建设和维系一支团队，即玩家们共同进步的严密群体。"公会的团战统计和成就统计都是可以提高的，与众多其他玩家合作放大了资源建设带来的满足感。

但是，我们从完成《魔兽世界》的任务中所得到的最具说服力的反馈形式，严格说来并不是关于我们自己。这是一种名为"相位"（phasing）的视觉效果，其设计目的是生动地表明我们对周围世界产生的影响。以下是相位的运作方式。

游戏化实践

在电脑上玩大型多人在线游戏时，大部分游戏内容并不存储在自己的硬盘里，而是存储在一台远程服务器上，服务器同时还处理着其他数万名玩家的游戏体验。大多数时候，如果我在我的电脑上登入游戏世界的一个地区，你在你的电脑上登入游戏世界的同一个地区，那么，我们就都在同一台服务器上，看到的完全是同一个世界。游戏服务器向我们发送相同的视觉数据：谁在这里、他们在做什么以及环境怎样。

但在相位中，服务器会比较不同玩家在某一地区的游戏历史，根据他们取得的成就向每一位玩家展示不同的世界景观。如果你完成了一次英雄任务或高级别团战，你的虚拟世界就会发生变化，你看到的东西和没有完成这一任务或团战的人看到的是不一样的。

《魔兽世界》在常见问题中做过解释："你是否帮助某个阵营征服过一块区域？等你下一次返回此地时，他们会修建一处有商人的营地，并提供其他服务。而且，所有的敌人都不见了！同一块区域现在服务于不同的目的，以反映你先前工作的成果。"

这是一种非常强大的特效。我们不仅完善了自己的角色，还改善了整个世界。一位玩家就相位技术写过一篇热情洋溢的评论文章："它是靠技术巫术实现的，还是靠真正的魔法实现的？我不清楚。它完全无缝集成，令人难以置信地满意。感觉就像是自己的行动对周围世界产生了重大影响一样。”

说到底，这是我们在生活里最渴望的一件事了。阿兰·德波顿（Alain de Botton）在《工作颂歌》（*The Pleasures of Sorrow and Work*）中提出：“工作只有在少数行动者手里迅速进行时才有意义。此时，对于工作日里干了些什么、所做的事情对他人有什么影响，工人可以在想象中为这两者建立联系。”我们要足够接近自己的行动，直接而迅速地看到结果，这样，工作才能满足我们对周围世界产生影响的渴望。没有和自己的努力清晰联系起来的明显结果，我们就不可能对自己的工作真正满意。但遗憾的是，很多人的日常工作正是如此。

《摩托车修理店的未来工作哲学》（*Shop Class as Soul Craft*）[①]一书作者，同时也是摩托车修理工的马修·克劳福德（Matthew Crawford），思考了体力劳动和日常文职工作之间的心理差异，并指出：“我们不少人做着感觉不真实的工作。在办公室里，你常常发现很难看到自己的努力产生任何有形的结果。每一天结束时，你究竟做了些什么呢？因果链不透明、责任分散、个体能动性（individual agency）体验模糊…… 有更‘真实’的替代品吗？”

尽管《魔兽世界》一类的魔术并非克劳福德所指的解决办法，可它确实满足了他所说的条件：更真实地替代了诸多“模糊”的日常工作。

游戏化洞察

尽管我们认为电脑游戏是虚拟体验，但它们给了我们真实的能动性，给了我们做一些结果可以衡量的具体事情的机会，以及直接作用于虚拟世界的力量。此外，玩家们还用他们的双手劳动，尽管他们操纵的是数字数据和虚拟对象。如果真实世界的工作不能变得更好，那么像《魔兽世界》这类游戏，便满足了人类的一大基本需求，即感受生产力。

要满足我们，工作必须具备如下条件：可以立刻行动的明确目标以及生动直接的反馈。

① 本书简体中文版已由湛庐文化策划、浙江人民出版社出版。——编者注

《魔兽世界》精彩地做到了这一点，而且持续不断。因此，每一天，全球玩家集体在《魔兽世界》里工作 3 000 万个小时。凭借成千上万的潜在任务、越发扑朔迷离的“终极挑战”，以及你每次登录后都会为你产生无数障碍和对手的服务器，它毫无疑问属于史上最令人满意的工作系统之一。就连对自己的现实工作满意的人，也免不了受到游戏所唤起的幸福生产力的引诱——我就是其中之一。我第一次坐下来玩这款游戏时，朋友布莱恩乐呵呵地提醒我：“《魔兽世界》可是有史以来最强效的生产力注射剂哦！”

> 他可不是开玩笑。那个周末我就玩了 24 个小时，比我想象中多了整整 23 个小时。我该怎么说呢？有太多拯救世界的工作可做了！
>
> 每次完成任务，都会积累经验点数和黄金。但比点数或财富更重要的是，从我进入艾泽拉斯在线王国的那一刻起，我就充满了目标。每一个任务都有着清晰、紧迫的指示：到哪儿、做什么，以及为什么王国的命运有赖于我是否能尽快完成这一任务。
>
> 等星期一的清晨到来，我顶住了回到“真正”工作中的念头。我知道这不理智，但我身体的一部分还想着继续赚取经验值、积累财富、收集道具、完成待做事项清单上那些尚未完成的救世任务。我还记得自己对丈夫这样说：“玩《魔兽世界》让我感到更加富有生产力。”

当然，最后还是回去干我真正的工作了，但颇花了一番功夫才把继续练级的念头给“摇晃”掉。我觉得自己在艾泽拉斯王国里取得的成就比在现实生活中多得多，而这正是《魔兽世界》生产力针剂药效强劲的原因所在。它就像吗啡一样，提供了可靠的工作和奖励流。玩《魔兽世界》的时候，**我们为自己的生产力感到幸福，而工作是否真实并不重要。玩家看重的，是它带来了实实在在的情绪奖励。**

更富生产力地在工作中“玩”

《魔兽世界》是一个极端大型的满意工作案例。玩家向这一工作环境投入了超乎寻常的时间。除此之外，还有一些小游戏同样能产生能力和生产力的奖励感，称为“休闲游戏”，它们可以在很短的玩耍时间（几分钟到 1 小时）里提供满意的工作。如果在日常工作中穿插着来上几局，它们能惊人地提高日常生活满意度。

“休闲游戏”是行业术语，指的是简单易学、上手快的游戏，所需电脑内存和处理能力比其他电脑和视频游戏低得多，大多都可以在浏览器上玩或在手机上玩。这些游戏也不像大多数视频游戏那样要求强烈的承诺感：休闲游戏玩家每天只玩 15 分钟，每个星期只玩几次。

> 就算你不认为自己是游戏玩家，大概也玩过一些休闲游戏：很多电脑上预装的扫雷和蜘蛛牌就包括在内。其他标志性休闲游戏还有：《宝石迷阵》，目标是把鲜艳的宝石每 3 个一组重新排列；《美女餐厅》（*Diner Dash*），模拟餐馆女招待员；还有我个人的最爱，《幻幻球》（*Peggle*），它需要你在迷幻弹珠台上用球瞄准，击倒球桩。

大多数休闲游戏是单人游戏，只要玩家有需要，偷偷找个几分钟的空闲就能玩。而我们最需要用游戏来推动的一个地方，就是办公室了，这可能并不令人惊讶。最近有人对包括 CEO、CFO 和总裁在内的高级管理人员做了调查，发现 70% 的人经常一边工作一边玩电脑休闲游戏。没错，绝大多数高层管理人员报告说，他们每天平均会花 15 分钟到 1 个小时的时间，抽空在电脑上玩游戏。

如何解释这些高管边工作边玩的倾向呢？他们大多会说，玩游戏让他们觉得“没有那么筋疲力尽”。这非常合理。较之浏览网页等被动减缓工作压力的方式，休闲游戏无疑更加有效。**凭借在工作中克服不必要的障碍，这些高管触发了自我激励意识。**他们将心理意识从真实工作的外源压力或负面压力，转到了游戏工作的内源压力或正面压力上。在快速玩完一局电脑游戏后，高管报告说，感觉“更自信、更有活力、精神更集中了”，这些全都是良性压力的标志。

但更有趣的是，半数以上爱玩游戏的高管说，在工作中玩是为了“感觉更富生产力”。乍一看，这个说法简直有点疯狂：在工作中玩是为了感觉更富生产力？但这正好说明我们有多么渴望从事让人感觉真正在生产的简单动手工作。**我们借助游戏缓解沮丧感，因为在实际工作中，我们常常毫无进展、毫无成效。**

德波顿写道："早在还没赚钱的时候，我们就意识到有必要保持忙碌状态：我们都知道把砖块码放整齐、把水倒进倒出容器、把砂浆从这边挪到那边的满足感，这些行动产生的意义让我们心平气和、无忧无虑。"在休闲游戏里，我们没有太大的目的，只是单纯享受自己做事的能力而已。

不管是单纯、短暂地在视频游戏里体验一番生产力，还是进入一个旨在让我们投入无尽满意活动的广阔世界，玩游戏都会让我们感到，现实世界的工作或许充满挑战，但个体能动性模糊、对周围的影响不甚分明，而且努力常常无果而终。

游戏化洞察

一方面，精心设计的游戏工作让人觉得更富生产力，因为它感觉起来更真实：反馈来得又强又快，影响明显而生动。对很多不喜欢自己的日常工作、觉得它没有什么直接影响的人而言，游戏里的工作提供了真正的奖励和满足感。

另一方面，积累成就、完成工作固然让人欣喜，但一次次的失败也同样能让人活力百倍，只不过采用了完全不同的方式。这就让我们进入到下一种内在奖励，即成功的希望，它与满意的工作体验相抗衡，尽管不一定能实现。

REALITY IS BROKEN

第 4 章
更有把握的成功

- 与游戏相比，现实令人绝望。游戏消除了我们对失败的恐惧，增加了我们成功的机会。
- 胜利往往终结乐趣，而失败维持乐趣。只要失败有趣，我们就会继续尝试，并保持最终成功的希望。成功的希望比成功本身更刺激。

WHY GAMES MAKE US BETTER AND HOW THEY CAN CHANGE THE WORLD

没有人喜欢失败。那么，玩家怎么会花80%的时间来失败，却依然爱着自己在做的事情呢？

游戏研究专家妮可·拉扎罗（Nicole Lazzaro）一贯爱用严苛的问题折磨受众，这就是她最爱的一个问题。拉扎罗是游戏情绪领域的专家，在游戏行业已经做了20多年的设计顾问。她在游戏开发者大会上公布了自己的研究成果，以及对游戏设计的建议。她最重大的发现恐怕就是：玩家几乎把所有的时间都用在了失败上。玩家十有八九都完不成任务：用完了时间、没能解决谜题、输了战斗、没能提高得分、坠毁或是死掉。你禁不住会想：难道玩家竟然喜欢失败？而事实证明，的确如此。

拉扎罗早就怀疑玩家们喜欢失败，最近芬兰首都赫尔辛基媒体界面与网络设计实验室（M.I.N.D. Lab）的心理学家团队，更以科学证据证实了这一点。**在玩一个精心设计的游戏时，失败不会让我们失望。它以一种非常特别的方式让我们开心，如兴奋、感兴趣，甚至极为乐观。**

如果这个结果让你大吃一惊，很正常，因为不是只有你一个人如此，芬兰的研究人员也没有料到会是这样的结果。可今天，“有趣的失败”已成为视频游戏研究史上最重要的一大发现。它首次帮助我们弄清了，精心设计的游戏怎样让玩家建立起超常的心理韧性。

充满希望而又绚烂华丽的失败

M.I.N.D. 实验室是极为先进的心理生理学研究中心，充斥着各种旨在衡量情绪反应的计量生物学系统：心率监测仪、脑电波监控仪、电子传感器等。2005 年，为启动一项专注于视频游戏情绪反应的新研究项目，实验室请来了 32 名玩家，让他们挂上计量生物学监测仪，玩大受欢迎的《超级猴子球 Ⅱ》(*Super Monkey Ball 2*)。

游戏化实践

《超级猴子球 Ⅱ》是一个保龄球类游戏，玩家滚动“猴子球”(透明的保龄球，球里装着猴子)，滚下悬浮在外层空间、弯弯曲曲的保龄球道。一旦你抛出的球不够准，猴子就会滚到球道边缘，消失在大气层里。

在玩家玩的时候，研究人员测量他们情绪投入的 3 项指标：心率，因为情绪激动时心脏泵血速度更快；皮肤导电性，因为人们在压力下流汗更多；以及面部肌肉电激活，因为人们开心的时候会拉动某些肌肉，如颧大肌，它会把人的嘴角往后上方拉，形成微笑。

收集齐相关的生理数据后，研究人员将之与重要的游戏事件日志对比：开始滚猴子球之前、成功击球的那一刻、投出臭球之后等。他们的目标是：确定是什么触发了最强烈的正负情绪反应。

M.I.N.D. 实验室的研究团队预计，玩家在获得最高分或完成很难关卡时，即体验到得胜的自豪时，会出现最强烈的积极情绪。实验结果显示，玩家的确在这些时刻表现出了兴奋和满意的高峰，但研究人员还出乎意料地发现了另一组积极情绪高峰。他们发现，玩家失误，也就是把猴子球滑下球道时，也会表现出最强烈的混合积极情绪。在他们失球时，兴奋、喜悦和投入度也会飙上高峰。

玩家因“游戏里彻底而不容置疑的失败”产生积极情绪反应，这让研究人员在刚开始时感到很困惑。如果我们在现实生活中遭遇失败，一般会觉得失望、没精神，体验到的兴趣和动机会减少。如果我们反复多次失败，就会觉得压力越来越大。可在《超级猴子球 Ⅱ》里，**失败似乎比成功带来的情绪奖励更大。**

是什么让《超级猴子球Ⅱ》里的失败变得这么有趣呢？为什么它让玩家变得比获胜还要开心呢？为了弄清这个结果，M.I.N.D. 实验室的研究人员访问了游戏玩家，并向游戏设计师进行咨询。经过一番考虑，他们得出结论：《超级猴子球Ⅱ》中的失败，以一种怪异的方式让玩家引以为傲。

每当玩家在《超级猴子球Ⅱ》里犯了错，就会立刻发生一件有趣的事情：猴子旋转着、哀号着从球道边缘落入空中。这段动画在让失败变成快乐的过程中起到了关键作用。飞舞的猴子是奖励：它让玩家发笑。但更重要的是，它生动地表现了玩家在游戏里的“能动性”。玩家不是被动失败的，他们失败得华丽、绚烂而又有意思。

积极的感觉和较强的能动感相结合，让玩家渴望再次尝试。既然他们能把一只猴子送入外太空，那么下一次，他们肯定能多击倒几个保龄球瓶、多吃掉几根香蕉。游戏以这种积极的方式调动我们的能动性，这让人们很难不乐观。这就是 M.I.N.D. 实验室的研究人员测量到的积极效应：兴奋、快乐、有趣。

游戏化洞察

我们失败得越多，就渴望做得越好。研究人员已经能够证明：合适的失败反馈是一种奖励。它使我们更加投入，对自己的成功更有把握。

积极的失败反馈，进一步强化了我们对游戏结果的控制感。而在以目标为导向的环境中感到控制在握，可以带来强大的成功动力。一名玩家完美地描述了这种现象：“《超级猴子球》简直就跟字典的‘上瘾’定义一样。它绝妙地对两种感受做了平衡：未能完成整个过程的强烈挫败感，以及‘再来一次’的绝对欲望。”对乐观主义者而言，挫折充满活力；而我们所得的活力越多，就越是强烈地相信成功只有咫尺之遥。这就是为什么，就整体而言，玩家会玩到欲罢不能的地步。

面对极端困难的事情，我们很少会感到这么乐观。这就是那么多的玩家对棘手的游戏内容津津乐道的原因。你会发现，《超级猴子球》的几乎每一篇评论，都带着赞美的口吻："疯狂折腾""难得简直残忍"。但我们喜欢它这样，因为在现实生活中面对如此严峻的挑战却感到了真诚、毫不畏惧的希望，是极为罕见的。

自然，它让玩家坐下来玩新游戏时相信自己一定会成功。这种媒介里内嵌着合理的乐观。按照设计，只要玩家拿出足够的时间和动力，每一个电脑和视频游戏谜题都是可以解开的，每一项任务都是可以完成的，每一层难度级别都是可以通过的。但要是没有积极的失败反馈，这种信念就很容易破灭。如果失败像是随机的、被动的，我们就失去了能动性，乐观也付诸东流。正如科技记者克莱夫·汤普森的提醒："游戏要公平，有成功的机会，失败才会有趣。"

这就是为什么，妮可·拉扎罗花了大量时间咨询游戏开发人员怎样设计失败的场景，让它华丽又鼓动人心。其中的诀窍很简单，但效果很好：你要向玩家展现他们在游戏世界里的力量，有可能的话，引他们发笑。只要失败有趣，我们就会继续尝试，并保持最终成功的希望。

这是游戏对现实的第四重修补：

REALITY IS BROKEN

4号补丁：更有把握的成功

与游戏相比，现实令人绝望。游戏消除了我们对失败的恐惧，提高了我们成功的机会。

很多时候，成功的希望比成功本身更具刺激性。成功固然愉快，但一旦成功，就少了好些有意思的事情可做。如果我们失败了，又如果我们可以再次尝试，那么我们就仍有任务在身。

成功的希望比成功本身更具刺激性

胜利往往终结乐趣，但失败能够维持乐趣。在线游戏和虚拟世界顶级创意总监拉夫·科斯特（Raph Koster）说："游戏维持不了太久，我玩自己擅长的东西，走得很远，玩得很好，接着我就厌倦了。"这时候，他就不再玩下去，而转入下一个游戏。为什么？**因为真正擅长某件事，还不如没有那么擅长时有意思。**

科斯特写了一本在游戏行业大受欢迎的书，名叫《游戏设计的黄金法则》（*A Theory of Fun for Game Design*），他在书中提出，只有在还没有完全掌握游戏的时候，游戏才"有趣"。"游戏的乐趣来自掌握，来自理解……有了游戏，学习玩游戏就像毒品般让人上瘾。"这就是为什么，游戏的乐趣只能持续到我们尚未成功之时。这是个自相矛盾的事实。

游戏化洞察

游戏的设计目的，就是让我们学习它们，掌握它们，直至最终成功。任何投入努力的玩家都会不自觉地越玩越好。而我们玩得越好，挑战就越小。更难的级别和更严峻的挑战，可以把"艰苦之乐"稍微维持得久一些。但只要我们继续玩，就一定会越玩越好，随着时间的流逝，不必要的障碍就不再是障碍了。

出于这个原因，科斯特说："变得无聊、不好玩，是游戏的命运。我们这些希望游戏有趣的人，是在跟人类大脑打一场必输之仗。"一旦我们越过十拿九稳的成功关键点，有趣总会演变成无聊。正因为如此，游戏才是消耗品：玩家榨干了它们蕴含的所有知识和乐趣。

有趣的失败是延长游戏体验、扩展学习过程的一个好办法。与此同时，当我们能够享受自己的失败，就会有更多时间停留在一种"无比乐观"（urgent optimism）的状态，也就是在成功化为真实之前的希望时刻，我们可以体会到竭尽所能的灵感。

游戏化洞察

面对失败，学会停留在无比乐观的状态中，是我们能够在游戏中学到且应用于现实生活的一个重要情绪力量。如果能被失败激发，就培养起了情感耐力。依靠情感耐力，我们说不定能坚持更长时间、做更艰苦的工作、应对更复杂的挑战。为了人类的兴旺繁荣，我们需要这种乐观精神。

科学家们发现，就你想象得到的范围，乐观与几乎每一种较高的生活质量都紧密相关：更健康、更长寿、压力更小、焦虑更少、事业更成功、人际关系更好、创造力更强以及面对逆境时更坚韧。这并不奇怪。乐观让我们能够采取行动改善自己和他人的生活，它让我们朝气蓬勃，从而为自己创造力所能及的最佳生活。朝气蓬勃不是愉悦或满意，而是在生活中发挥最大的潜能。要真正的朝气蓬勃，就要对自己的能力及成功机会保持乐观。

事实上，对自己的能力感到乐观，不只在当下让我们更开心，还提高了我们成功的可能性和未来的幸福感。无数研究表明，一直以来，认同“我拥有改变事情的能力”或者“自己的命运自己掌控”等说法的学生、管理人员和运动员，他们更为成功。另一些研究表明，当我们处在乐观的心态时，注意力更集中、思考更清晰、学习也更快。**希望可以为我们的头脑填充能量，从而实现真正的成功。**

实践灵活乐观

当然，过犹不及的可能性也是有的：过分乐观和过分悲观同样有害。针对不同的场合，我们要维持合适的乐观水平。马丁·塞利格曼建议采用他所谓的**“灵活乐观”：不断评估我们实现目标的能力，并据此强化或降低努力程度。**

在实践灵活乐观时，我们看到了更多成功的机会，但我们并不高估自己的能力，也不高估自己对可能结果的控制程度。如果得到反馈，确定我们追求的目标遥不可及或是周围环境可控性太低，我们就降低乐观态度。我们认识到，把时间和精力用到其他地方或许更好。

游戏是实践灵活乐观的完美环境。此外，想在日常生活中多实践灵活乐观，我们也需要帮助。密歇根大学心理学家伦道夫·奈斯（Randolph Nesse）相信，我们的幸福有赖于它，而且自人类文明早期开始时就是这样。

> 奈斯主要研究的是抑郁症的进化起源。抑郁症为什么会存在呢？他提出，既然它在我们的基因库里存在了这么久，一定有些进化上的优势。他认为，抑郁症或许是为了防止我们受盲目乐观所害、把资源浪费在错误目标上的自适应机制。这是我们的进化优势：不把时间和精力浪费在不切实际的目标上。因此，如果没有明确的方法实现富有生产力的进步，我们的神经系统就会切换到低动力、低能量的默认状态。

奈斯推论，在轻度抑郁时期，我们可以把资源保留下来，用于寻找现实的新目标上。但如果我们非要追求遥不可及的目标，会出现什么情况呢？奈斯提出，这套生理机制就会超载，触发严重的抑郁症。

奈斯认为，这种机制以及为自己设定不切实际目标的倾向，可能是美国当前抑郁症大范围蔓延的原因。我们总是设置极端的目标：名声、财富、荣耀以及辉煌的个人成就。奈斯说，社会大环境鼓励我们，让我们相信自己想做什么都能做到，于是我们尝试去实现本就不现实的梦想。我们无视自己的实际技术和能力，也不关心自己是否有能力实现已付出努力的目标，即便我们的进化机制已经启动，极端的梦想也会扰乱我们，暗示我们的努力没有好下场。

但游戏可以带我们走出这个抑郁循环。它们给了我们保持乐观的充分理由，满足了我们聚焦于实际目标的进化需求。幸福研究者索尼娅·柳博米尔斯基写道：**“当我们追求灵活而恰当的目标时，能获得最大的幸福。”**在专门设计来让我们成功的环境下，优秀的游戏可以提供源源不断的可操作目标，让我们有机会在最需要的时候，把一些灵活和适当的目标注入日常生活。

诚然，我们在游戏里取得的成功不是现实世界的成功。但对许多人来说，它比那种我们费尽心力去追求的成功要现实多了，比如金钱、美女或名利。

游戏化洞察

把生活浪费在追求不现实的目标上，太令人沮丧了。对任何一个想要摆脱这种极端幻想的人，游戏都能帮上大忙：它们把我们的注意力从沮丧的目标上转移开来，训练我们保有更灵活的乐观。如今，最优秀的游戏能帮助我们现实地看待自己的成功机会。

当然，对于在当今社会环境下设定遥不可及的目标而言，这大概不是一种完美的解决之道。但它确实让我们感觉更好，并培养了我们灵活乐观的能力。我们可以选择放弃俗世的“梦想”，把努力放在能让我们真正实践艰苦工作、不断进步、掌握新知的目标上。

以大受欢迎的视频游戏《摇滚乐队Ⅱ》（*Rock Band 2*）为例。放眼视频游戏史，这款音乐节奏类系列游戏带给我们的目标，大概是最令人兴奋、现实感最强的了。上市第一年，它的累计销售额就超过了 10 亿美元。2009 年，它势不可当地成为头号畅销游戏，也跻身有史以来最成功的视频游戏之列。它把数百万玩家带入了充满希望又绚烂华丽的失败当中。

无与伦比的英雄时刻

“摇滚明星”在我们的文化里是“超级成功”的代名词。它是我们最爱的一种成功和名望象征，但我们之中几乎没有任何一个人有走到这一步的真正希望。可在玩《摇滚乐队Ⅱ》时，你却燃起了当个摇滚明星的熊熊热望，眼睛里闪着会意的神采。

游戏化实践

《摇滚乐队》是一个最多可由4位朋友同时参与的游戏，大家分别扮演摇滚乐队里的成员，对着麦克风唱歌，敲打塑料套鼓，按塑料吉他上的按键（跟真吉他的琴弦不一样）。跟随游戏的音乐提示，它会告诉你什么时候敲打哪些组合键、什么时候该开口唱。与此同时，你个性定制的摇滚明星虚拟化身出现在屏幕上，正在舞台中央摇摆。

当然，玩视频游戏不会让你变成真正的摇滚传奇。但你得跟朋友和家人一起表演，演奏热门歌，选用超级摇滚明星的角色，比如谁人（Who）、感恩而死（Grateful Dead）、珍珠酱（Pearl Jam）、涅槃（Nirvana）、枪炮与玫瑰（Guns N' Roses）、滚石、甲壳虫等乐队，还有鲍勃·迪伦（Bob Dylan）。这种角色扮演让你如同身临其境，因为它是一场极其主动的亲身体验。

如果扮演的是主唱，你会唱真正的歌词（现实里真正有过那些歌），而且必须唱得很好——麦克风使用音高范围，来检测你有没有在正确的时间唱出正确的音符。大鼓也很仿真，在与真鼓相同的高度上安排了4种不同的压感鼓垫，还有踏板和一对铜钹。你尝试配合屏幕上音符落下的时机和组合，用鼓槌敲击。这时，你敲出的其实是有节奏的声响，尽管不是真正的鼓声。就连职业鼓手也评论说，它跟真正的摇滚架子鼓很像。

至于吉他和贝斯，这是一种更为抽象的音乐“制造”。著名视频游戏学术研究者杰斯珀·尤尔（Jesper Juul），称其为“弹音乐”与“演音乐”的区别。[①]

按下仿真吉他上不同的按键组合，感觉就像是在真吉他上按下不同的琴弦；来回拨弄仿真吉他的颤音杆，就像是在真吉他上扫弦。更逼真的是，你是按真正的吉他手所弹的节奏来玩的，你的手指灵巧挪动的位置，跟他们在真吉他上移动的位置相差无几。这不是真正的玩音乐，而是以一种跟歌曲有着紧密联系的方式表演音乐及节奏动作。

在所有这些乐器上，越是准确地敲击音符，对歌曲的表演就越好、越完整。如果鼓敲得不好，鼓的音轨就从歌曲里消失了。如果只按准了一半的吉他音符，吉他的音轨就参差不齐。但要是整个乐队的表演成功，歌曲听起来就跟原创艺术家们的一模一样。

《摇滚乐队》系列游戏的创作者之一亚历克斯·里格布罗斯（Alex Rigopulos）

① 弹音乐是指实际制造出音乐声响，而演音乐是指做出可转换为音乐声响的复杂动作。——作者注

曾说过，游戏的目标之一就是“让音乐在你玩的时候变成真的”。玩这套游戏的感觉完全就是这样。尽管并不是真正在“弹奏”音乐，可你的确让音乐有了生命。真的可以听到自己的努力对音乐所产生的影响，因此也希望自己能让它听起来更美妙。手指富有节奏的工作越是复杂，音高探测器对你的要求越是苛刻，你的努力和歌曲观感之间的联系就越是真实。

难度表上的每一级，都为你提供了更为复杂的音乐表演活动。而新增的每一层复杂度，都跟真正的歌曲作品联系得越来越紧密：更复杂的和弦、更灵巧的切分鼓声或是更完美的音高。出于所有这些原因，把《摇滚乐队》玩得更好，感觉起来就像是一个真正值得追求的目标。你以联系和互动的方式掌握了自己心爱的歌曲，并有可能当着观众的面进行表演。这大概是游戏培养成功希望的最大奥秘:《摇滚乐队》的游戏文化，衍生出许多在观众面前进行表演的机会。

> 你可以在自己家里，当着家人和朋友的面表演；也可以到各大城市参加《摇滚乐队》的游戏之夜,在真正的舞台上表演。而且,《摇滚乐队》还是近来现场视频游戏锦标赛的一大热门选择。

不但掌握了歌曲，还可以在其他人面前炫耀，这种可能性放大了乐观的动力。更幸运的是，对于想要真正掌握自己心爱歌曲超难度版本的玩家来说,《摇滚乐队》里的失败，既有趣又充满了活力。

《摇滚乐队》里失败的乐趣，首先从音效上开始。如果你没有跟上节奏，音高不准，敲击了太多错误的音符，歌曲从听觉上就散乱开来。先是听到音乐伴奏里出现了坏音符，接着会听到人群喝倒彩，发出嘘声。你失败得越多，歌曲就越是散乱。最后，如果你表演得实在糟糕，视觉效果也会插入进来：人群朝舞台喝倒彩，你的虚拟化身则噘着嘴，躲到舞台边上，所有的乐队成员都彼此晃动拳头，脸色阴沉。这是一套极为有趣的失败序列，所以，你情不自禁地嘲笑起自己来。

更妙的是，现实生活里的“失败序列”往往比屏幕上的还有意思。当你的表演能力条降到红色区域，暗示你马上就要被观众嘘下台的时候，你忍不住要放手最后一搏，使出浑身解数敲打手里的乐器。你疯了似的甩动鼓槌，尽可能放开自己的喉咙，癫狂地摇晃塑料吉他，狠狠地按下按键。就算你是一个人在玩，这绝望时的最后拼搏也充满了活力；如果还有其他伙伴，也同样有一股歇斯底里的滑稽味。

这种华丽的失败外加积极的情绪，无不激励着你；而每回你在歌曲里出了差错，也会获得一些关键信息：一个精确的百分比读数，说明你离被观众嘘下台还有多远。这一信息还可以显示你的完成度：哪怕只有33%，你也在一首歌里撑过1/3了。既然取得了一部分成功，失败也算不上太严重。**获得的完成百分比越高，越是感到有能力、有自信，越是渴望再来一回。**

这种欲望并非误导：游戏环境以好几种关键方式维持你成功的希望。举例来说，乐队里每名玩家可以选择不同的难度级别，意味着经验丰富的鼓手可以玩“难”，主唱选“中等”，而初学的吉他手选“简单”。这样，每名玩家可以为自己定制现实的目标，同时又跟整个团队玩同一首歌。

如果你是跟朋友一起玩，你们还能在音乐的灾难里彼此“拯救”。如果贝斯手搞砸了，吉他手可以来上一段华丽的独奏，重新让他振作起来。如果鼓手失败了，歌手可以来上一段完美的和音，把他带回游戏里。实际上，在被嘘下台之前，你可以失败两次，让乐队其他成员把你“救活”。更关键的地方是，“拯救”靠的是另一位乐队成员的成功努力。一位成员的失败，推动别人做得更好。

游戏的实时反馈，也很容易让人从失误中学习。玩鼓或弦乐器时，不管你击中还是错过了音符，每一回都能得到视觉上的确认。你立刻就知道自己是否错过了节拍、弹错了和弦，要辨别哪里失误也很容易。如果你是主唱，可以观察一旁的同伴，了解自己的音高是否准确，高了还是低了。你可以实时调整，滑上滑下敲击正确音符，同一首歌连续玩上几回，听起来就更好了。

这些特点让《摇滚乐队》感觉像是一个学习环境。玩耍似乎真的帮助我们变得更懂音乐了，哪怕它无非是让我们对自己一直喜欢的歌曲在节奏和曲调上有了更准确的理解，或是在家人及朋友面前有了更多表现的信心。

REALITY IS BROKEN 游戏化的力量

研究表明，音乐视频游戏的玩家越来越有动力演奏真正的乐器。2008 年，有人对 7 万多名《摇滚乐队》和《吉他英雄》的玩家做了调查，67% 本来不会弹奏乐器的人报告说，自从开始玩这一类视频游戏，他们受到鼓舞，拿起了真正的乐器。此外，72% 认为自己会玩乐器的玩家报告说，自从开始玩视频游戏，他们弹奏真正乐器的时间也更多了。

至于说《摇滚乐队》等游戏是否能带来真正的音乐能力，目前尚未进行过大范围研究。但毫无疑问，这些游戏带给了人们真正的乐观精神，反过来又激发了真正的音乐参与度。

你可以一个人玩《摇滚乐队》，独自练习 4 种乐器的任意一种，但对玩家进行的调查表明，很少有人这样做。事实上，2008 年皮尤互联网与美国生活项目（Pew Internet & American Life Project）发起的一项研究，观察了视频游戏在家庭生活里扮演的角色，研究肯定：诸如《摇滚乐队》等音乐视频游戏，能增加各年龄段玩家一起玩耍的时间。

游戏化洞察

最能建设乐观心态的视频游戏，恰好也是社交性最强的视频游戏，两者并非巧合。我们对成功的一大渴望就是分享，我们希望别人看到自己的强项，把自身的成就如实地反映回来。老话说得好，成功不是独上琼楼最高处。随着游戏带给我们的所有积极反馈，我们更加渴望来自家人和朋友的赞美与钦佩。

研究表明，乐观让我们更有可能寻求社会支持、发展牢固的人际关系。当感受到强烈的能动力和动机，我们就会把其他人吸引到自己身边来。这就是为什么，我们在游戏里经

> 历的失败乐趣，越来越多地体现在了社交环境下。我们越来越爱邀请朋友和家人跟我们一起玩，在线联机或是亲临现场。我们寻找在观众面前表演心爱游戏的机会，还与人组成长期的游戏团队，比如《魔兽世界》公会或是自己的“摇滚乐队”。

从前，电脑游戏或许更多地鼓励我们跟机器沟通。但现在，如果你仍然认为玩家独来独往，那么你肯定没有玩过游戏。

REALITY IS BROKEN

第 5 章
更强的社会联系

- 和游戏相比，现实是疏离的。游戏建立了更强的社会纽带，创造了更活跃的社交网络。我们在社交网络用于互动的时间越多，越有可能产生一种积极的“亲社会情感”。
- 我们越是一起玩游戏，越是会产生创造全球社群的感觉。玩家并不只是想在游戏里赢，他们还肩负着更大的使命。

WHY GAMES MAKE US BETTER AND HOW THEY CAN CHANGE THE WORLD

在Facebook上，有超过500万人玩着在线填字游戏Lexulous，而大部分玩家都是跟自己的母亲一起玩。2007年，这款游戏发布时，成为Facebook上第一款获得大规模受众的应用程序，用户对它的喜爱，也成了Facebook的主要吸引点。如果你知道怎么玩拼字游戏，就知道怎么玩Lexulous，后者只是对前者的未授权修正版，再加上在线聊天功能。回合没有限制，即便你退出了Facebook，游戏仍然保持活跃。每当轮到你了，Facebook就会向你的主页、电子邮件或手机发送提醒。

Lexulous的评论者总结了这一游戏跨越代沟的吸引力："你的社交网络里的每一个人，包括你的母亲，都知道怎样玩拼字游戏。"毫无疑问，这就是为什么网上如潮的好评里总会提到"我妈妈"，比方说下面这一则："我住在亚特兰大，我妈妈住在得克萨斯。我们爱死了跨越千里的游戏之夜。不过，我相信，因为我老是赢她，她得休息一阵子了。我爱你，老妈！"

我一辈子大部分时间都在读游戏评论，还从没见过这么多评论提到"妈妈"的情况。事实上，这么说也不算过分：对很多玩家来说，玩Lexulous意味着每天能找个理由跟妈妈聊天。

让我产生这种猜测的不只有网上的评论，还有照片为证。Lexulous是私下进行的，但玩家们经常会把自己最得意的游戏时刻截屏，贴在Flickr和Photobucket

等图片分享网站上。

> 这些截图大多起着类似“我和妈妈一起玩网络拼字游戏”或“我在Lexulous里打败了妈妈”的标题，你是不是嗅到了一股通过游戏，家人每天“签到”的味道？
>
> Lexulous里大部分聊天内容都跟游戏有关，但琐碎的日常对话也不少，从Flickr的截图里可见一斑。“你开始实习了吗？进展如何？”“膝盖还疼着。裹了好多冰在上面。”“下班之后你干些什么？”“你的继父向你问好。”有些聊天消息单纯地表达了用户一起玩耍的欣喜之情，比如以下这一条，妈妈对两个女儿说：“见到你俩我真开心，哪怕你们总是赢我。☺”当然了，还有成千上万的信息只有3个字：“我爱你。”

从共享的截图来看，玩家通过Lexulous保持日常联系的人不光只有母亲。父子、堂兄弟姐妹、兄弟姐妹、连襟、前同事、外地友人、出差在外的配偶等联机游戏的同样很多。我到外地出差时玩Lexulous最频繁，一般都会跟丈夫对战。它让我感觉两个人真正在一起做某件事，而不只是签到。

因为不用同时上线玩，很容易和其他人组织起来，而不管对方在哪儿、有多繁忙。每天玩上几分钟，就能轻松地维持游戏进度了。而且，**同现实生活中的朋友和家人进行游戏，能为你创造机会，主动和你最关心的人保持联系。**

幸福是一个“连词”

Lexulous游戏世界这种紧密关联的性质，并不是游戏设计的必然结果。在Facebook上，从技术上说，你可以和任何人玩Lexulous，哪怕根本不认识对方。但大多数人会跟自己已经归入“朋友”分类的人对战。玩Lexulous就是有意识地跟自己的亲人签到。Lexulous提供了一种动力，温柔地提醒你们保持联系。它以“这一回合轮到我们说点什么了”的方式，帮助我们主动伸出社交之手。如果刚好碰上有一局比赛你们都在线，保持联系就不只带来了愉悦和满足，还让人上瘾。

Lexulous让人上瘾的秘密在于它的非同步性：玩家不必同时上线，什么时候想玩就什么时候玩。有些Lexulous游戏进行得很快，玩家每隔几分钟就交换单词；也有许多游戏进行得极慢，玩家每天只交换一两轮，甚至更少。

异步游戏不可预知的节奏，成了一种让人保持期待的手段。你思考着自己的下一步，但你不知道什么时候能出手。你很想把它付诸实践，但又必须等到朋友上线，回到游戏里才行。又因为你大多数时候并不知道朋友什么时候会登录、注意到游戏的进展，如此一来，等待他们出下一步的情绪会逐步累积。一位玩家说："你必然会上瘾，但又必须有耐心。"

游戏化洞察

游戏的上瘾性促使我们主动跟扩展社交网络里的成员展开社会交往，而若不是游戏，这些人我们在网上一般都会忘了跟他们联系。事实上，和某人开始一局新游戏，意味着承诺近期之内跟他们至少交流十来次。如果同时进行着5局、10局甚至20局游戏，便有效地为那些有意让他们融入你日常生活的人安排了数百次微互动。

根据《华尔街日报》一篇文章报道的用户使用情况来看，在任一时间，平均有1/3的Lexulous注册玩家连续30天登录。这是社交网络游戏增加黏性的重要手段，它巧妙地利用了一款优秀的游戏带给我们的强大动力。它利用我们与日俱增的兴趣和乐观态度，帮助我们满足平常难以实现的愿望：和家人与朋友多多联系。

简而言之，有了社交网络游戏的帮助，与我们关心但日常生活中不常见到或交谈甚少的人保持紧密而活跃的联系，就变得更容易、更有趣了。

独立记者、《世界上最幸福的地方》（*The Geography of Bliss*）一书作者埃里克·韦纳（Eric Weiner），调查了全世界的幸福发展趋势。他的研究确认："我们的幸福完全和其他人交织在一起：家人、朋友、邻居……幸福既不是名词，也不是动词，而是一个连词，是结缔组织。”像 Lexulous 这样的游戏，就是有意识地设计来强化社交网络内的结缔组织的。我们在游戏里的每一个举动，都是在结合与联系。

显然，我们需要在生活里拥有更多的社交联系。很多经济学家和积极心理学家都观察到，从全球范围来看，我们越富裕，社会性就越少，这是个错误的发展方向。韦纳指出：**幸福的最大来源是其他人**。那么，金钱发挥了什么作用呢？它把我们与其他人隔离开来，它让我们围着自己筑起高墙。我们从拥挤的大学宿舍搬进公寓、搬进独栋平房，再富裕一点的话，甚至搬进别墅庄园。我们以为自己在向上爬，其实却只是把自己关在了高墙之内。

> 我们的幸福完全和其他人交织在一起：家人、朋友、邻居……幸福既不是名词，也不是动词，而是一个连词，是结缔组织。

获得积极的亲社会情感

Lexulous 这样的游戏，能帮助我们拆除社交高墙。

> REALITY IS BROKEN
> 游戏化的力量
>
> Lexulous 是第一款突破性社交网络游戏，由于它的成功，这一类型的游戏出现了大幅增长，尤其是在 Facebook 上。2010 年年初，虚拟养殖游戏《农场小镇》创下了一个惊人纪录：在 Facebook 有 9000 万活跃玩家，其中 3000 万玩家每天都登录收割虚拟庄稼、养殖虚拟牲畜。
>
> 就一款在线游戏而言，如此的参与规模前所未有。整个地球上大约有 1/75 的人在玩《农场小镇》，1/200 的人每天都登录游戏，管理、发展自己的虚拟农场。

是什么让《农场小镇》风靡全球的呢？它是第一款将《魔兽世界》的幸福生产力与 Lexulous 的简便易玩、社交联系属性结合起来的游戏。

游戏化实践

《农场小镇》有一半的乐趣来自赚取经验值和金币，以便升级，获得更好的作物、农场设备、更奇异的动物以及更大的耕地面积。每次登录游戏，完成一系列简单的点击任务就能提升自己的属性：耕地、购买种子并播种，收割庄稼，亲抚农场里的动物。每一种作物需要现实生活中的 12 ~ 48 小时生长成熟，所以，玩家每天签到就成了经常性的习惯。刚开始游戏时，你只能在 2×6 个方块构成的土地上收割草莓和大豆。随着时间的推移，可以一路把可耕种面积扩大为 22×22 个方块的“大型种植园”，可以种植百合、黄瓜和可可，饲养兔子、斑马和金鸡。

但《农场小镇》的真正神来之笔，还在于它把社交活动附着在了这一自我完善工作带来的巨大满足之上。第一次登录游戏，你会看到自己在 Facebook 上的朋友们有哪些已经在经营虚拟农庄了。你可以让他们成为你的游戏“邻居”，随时参观他们的农场，看看他们的进展。

你并不和这些邻居直接互动，与 Lexulous 的大部分游戏一样，《农场小镇》完全是一场非同步的体验。

> 在照料自己的农场时，弹出窗口会提醒你关注朋友及家人的农场：“切尔西的农场需要帮忙。你能帮她一把吗？”“拉尔夫的庄稼好像有点枯萎了。你能帮他施施肥吗？”大多数玩家会花一半的游戏时间帮助别人，如帮人耙草、喂鸡、吓走浣熊；还可以每天给邻居送去免费小礼物，如虚拟的果树、大包的干草、一只鸭子，等等；同时，每次登录游戏，还能看到哪些邻居给你帮了忙，兴许还发现别人送来一大堆礼物等着你收。

当然，礼物并不是真的。这些好意在现实生活里帮不了你的忙，但善意的姿态并不空洞。每一份别人送给你的礼物或善意都在帮助你实现游戏中的目标，这是一个良性循环。每当看到有人给你帮忙，就会产生报答的冲动。随着时间的推移，就养成了每一天都在社交网络里签到、帮助别人的习惯。

用游戏来代替真正的互动交流并不完美，但它的确能让我们在太过繁忙、无

法保持联系时跟扩展的家庭及朋友圈子来往。类似 Lexulous 和《农场小镇》等游戏，让我们每天付出努力，培养社交关系，做出友好的姿态。

因此，这就是游戏对现实的第五重修补：

> REALITY IS BROKEN
>
> **5号补丁：更强的社会联系**
>
> 和游戏相比，现实是疏离的。游戏建立了更强的社会纽带，创造了更活跃的社交网络。我们在社交网络用于互动的时间越多，就越有可能产生一种积极的“亲社会情感”。

亲社会情感包括爱情、同情、钦佩和献身精神，都以他人为目标，但又能让自己感觉良好。它们对我们的长期幸福至关重要，因为它们有助于创造持久的社会纽带。我们今天从游戏中获得的大部分亲社会情感，不一定是内嵌在游戏设计当中的，它们更多的是一起花时间玩耍而带来的副作用。

> 我以亲身经历为证：我和丈夫最初坠入爱河，就是因为我俩在彼此的公寓里，玩了 6 个星期的解谜冒险游戏《冥界狂想曲》（*Grim Fandango*）。但是坠入爱河跟那款游戏没有多大关系，而是花大量时间一同解决谜题、商量谁控制鼠标谁控制键盘、一同穿越虚拟世界的结果。同样，任何一对人或一群人长期面对面或在线共同玩游戏，都有了更多的机会向对方表达钦佩，他们投身于共同的目标，因对方的损失而表示同情，甚至坠入爱河。这让我想起在 Lexulous 截图上看到的最有趣的一条评论：“又是一场势均力敌的较量。输家要不要跟赢家结婚呢？”

一起玩游戏除了能带来这种通用型的社交好处，还能带来两种十分独特的亲社会情感：快乐尴尬（happy embarrassment）和间接骄傲（vicarious pride）。让我们来看看这两种亲社会情感为什么重要，以及较之现实世界的互动，在线游戏又是如何更出色地滋生这两种情感的。

享受快乐的尴尬

除了擅长用随机字母拼出不常用的单词，Lexulous 玩家还有另一件更为拿手的事情，那就是温柔地彼此调侃，让双方都感觉舒服。彼此调侃最有效的方式，就是互飙废话（trash-talking）。互飙废话是一种打击对手的好玩做法，在社交网络游戏带给我们的快乐当中，它和实际玩耍几乎有着同等重要的地位。

在优秀的游戏中击败我们真正喜欢的人，或是被我们真正地喜欢的人击败，由此而产生的独特奖励感是我们所渴望的；更重要的是，这种彼此公开或私下打趣调侃的体验也是我们所渴望的。

不妨以 Lexulous 玩家对自己公开状态的更新为例。公开签名是玩家社交网络里的所有成员都可以看到的，包括跟玩家对战的人，有时甚至全世界都可见——我正是这样才看到它们。

“跟我妈妈在 Facebook 上玩 Lexulous。我赢了。嘻嘻！”“我痛宰了老妈！”

如果你从来没有“痛宰”（pwned）过你老妈，那你可是明显落伍了。痛宰某人，意味着获得了一场大胜，让你情不自禁要嘲笑对手。英文的“痛宰”（pwn）来自单词“own”，因为在标准键盘上，“p”和“o”彼此相邻；“own”（自己的）一直以来都是玩家自我吹嘘的常用缩略说法：“这个游戏我太拿手了，简直就是我的菜！”（I’m so good at this game, I own it！）

为什么“痛宰”成了一种越来越流行的社交方式呢？如果我们听到别人这么说，会欣然接受吗？最近的科学研究表明，**互相“调侃”是强化我们彼此之间的正面感受最迅速也最有效的一种方式。**加利福尼亚大学顶级亲社会情感研究专家达契尔·克特纳（Dacher Keltner）做了有关调侃心理效益的实验，他相信，调侃在帮助我们建立和维持积极关系中发挥着不可估量的作用。

克特纳说：“调侃就像社交疫苗，刺激接受方的情绪系统。”带有调侃意味的互飙废话令我们非常轻微地唤起了彼此的负面情绪——我们激起了极少量的愤怒、痛苦或尴尬。这种微笑的挑衅具有两个强大的效果。

首先，它确认了信任。调侃的一方表现了伤害能力，同时又表明自己无意伤害。就像一只狗会半真半假地咬住另一只狗，表明双方已成为朋友；我们彼此“磨牙”，也是为了互相提醒，我们有能力伤害对方，但绝不会真的那样做。

其次，放手让别人取笑我们，就肯定了自己愿意处在一个易受攻击的位置。我们是在积极地向对方展示有利于自身情绪福祉的信任。让某人调侃我们，也帮助他们感受到了自己的力量。我们给了他们一个享受较高社交地位的机会，而人类对社会地位的变化是强烈敏感的。让别人体验更高的地位，强化了他们对我们的正面感受。为什么呢？因为我们会自然而然地喜欢提高了自己社会地位的人。这就是快乐尴尬的本质。

根据克特纳的研究，我们对此有着天生的感受机制。在面对面调侃和飙废话的研究中，他记录了这一复杂社交效应的生理基础。根据克特纳的发现，接受调侃的一方无一例外地表现出地位下降的迹象，做出努力顺从的样子：目光转移、脑袋耷拉、笑容紧张、用手摸脸，等等。之后，人们又会出现一抹稍纵即逝的笑容，这是暗示享受被亲密友人调侃的微表情。与此同时，地位降低表现得越明显，接受调侃的人越是会在事后报告说喜欢。

克特纳的研究表明，这一切并非有意识的过程。基本上，**我们完全是因为感觉良好才调侃别人，也接受自己被人调侃的。但感觉良好的原因在于，它能够建立信任，让我们更讨人喜欢。**大多数人恐怕都没有意识到它为什么会增强我们的社会联系，但无疑都感受到了互相调侃之后带来的积极情绪。这种情绪奖励鼓励我们实践、重复调侃行为。

我们也可以降低自身地位，通过装傻来巩固我们的关系。这有助于解释近年来所谓“聚会游戏”（party games）这一类视频游戏的流行。聚会游戏指的是让人面对面社交，而且第一次玩就能轻松上手的游戏。《摇滚乐队》是最流行的聚会游戏之一，当着朋友和家人的面扮演摇滚歌星以及表演过程中偶尔的失误，既是地位提高的大好机会，也极有可能是让你遭遇快乐尴尬的一刻。

要不，可以想象一下 Wii 游戏机上的《手舞足蹈：瓦里奥制造》（*Wario*

Ware：*Smooth Moves*），这个游戏比《摇滚乐队》的动静更大。

游戏化实践

Wii 的遥控器里有能检测手部动作的加速计，以及知道你将设备指向哪里的光学传感器。和大多数 Wii 聚会游戏一样，要玩《手舞足蹈》，就真的需要手舞足蹈（见图 5-1）。这个游戏包含了 200 多个不同的“微游戏”，需要你快速做出一个傻乎乎的动作：模仿摇呼啦圈、像鸟拍打翅膀那样舞动胳膊、把虚拟假牙塞进虚拟奶奶的嘴巴里。你有 5 秒钟时间根据屏幕上的图像想出自己应该怎么做。在这么短的时间里思考并行动，很容易做出东倒西歪、不知所谓的动作，甚至摔倒在地。

图 5-1 《手舞足蹈：瓦里奥制造》的宣传截图
（任天堂公司，2007 年）

一位评论家提出了一个符合情理的问题：“像这么疯狂的游戏，不应该流行，对吧？”但它们大受欢迎。《手舞足蹈：瓦里奥制造》卖出了 200 多万份拷贝。它们容易学，能迅速带来情感回报——如果你愿意拿着游戏控制器上上下下地捏自己的虚拟鼻子，真的得非常信任自己身边的人才行。

纳奇斯，间接的骄傲

在最近一次涉及 1 000 多名玩家的大型研究中，玩家选出了 10 种最希望在玩心爱的游戏时体验的情绪，一种少有人知、称为“纳奇斯”（naches）的亲社会情感排名第 8。

> 纳奇斯是依地语，指的是我们教导或指点的某人成功时，我们产生的骄傲爆棚感，它的排名仅次于“惊喜”和“自豪”。对自己的成功，我们很少说“骄傲爆棚”，但我们会为别人的成功“骄傲爆棚”。这种语言表达暗示了，纳奇斯的感受比个人自豪感更具爆发力。

“纳奇斯”这个词在玩家世界里不如“痛宰”和“自豪”那么流行。但在研究中，玩家经常描述一种间接的骄傲，它来自拍着别人的肩膀，提出意见、给予鼓励，特别是在他们自己已经掌握了的游戏当中。研究报告作者、认知心理学和游戏设计领域的专家克里斯托弗·贝特曼（Christopher Bateman），最先采用“纳奇斯”这个词来描述这种现象，他说：“玩家似乎真的很享受指导朋友和家人玩游戏，53.4% 的人表示，这增加了他们的快乐。”

不足为奇，在玩游戏时指导朋友和家人会让我们开心，让我们感觉更亲密。先驱情绪研究人员、纳奇斯现象专家保罗·埃克曼（Paul Ekman）解释说，这种特殊的情绪很可能是一种旨在强化群体生存的进化机制。我们为朋友和家人的成就感到幸福，确保了我们对他人的发展和成就进行个人投资。它鼓励我们为别人的成功做出贡献，并因此形成人人都得益的支持网络。埃克曼说，由于纳奇斯和生存密切相关，我们对它的感受也极为强烈。

但是，如果并未帮助或鼓励别人，当他们成功时我们就不会感到骄傲爆棚，相反，大多会感到忌妒和怨恨。如果不曾主动对他人的成就给予支持，我们的情绪系统就不会将之标示为间接骄傲。要产生纳奇斯的情绪奖励，就必须投入到指导这一行为中去。

大部分父母长期处在纳奇斯状态。遗憾的是，除此之外，我们并不总能在朋友、夫妻或子女对父母的关系中注意到有纳奇斯的机会，因为我们没有明显的动力在日常学校或工作生活中互相指导。基本上，我们生活在一种倡导个人成就的文化氛围中，即马丁·塞利格曼所说的“自我盈”而“公地缺”。“我们所处的社会把个人的快乐和痛苦、成功和失败看得前所未有地重。”如果把成功或失败看成纯粹个人的事情，我们就懒得为别人的成就耗费时间和资源了。

游戏化洞察

我们需要更多的纳奇斯，这有助于解释以下这一现象的增加：两个或两个以上的人在同一房间玩单机游戏。游戏产业发展趋势的研究人员报告说，一个人玩游戏，另一个人或另几个人观看、鼓励、提建议，这种情况越来越多。这一场景的吸引力，也是普通生活与游戏的一大区别就在于，电脑和视频游戏是完全可以复制的障碍，我们预先就知道自己的支持是有用的，完全清楚朋友和家人会碰上哪些困难。

由独立游戏开发人员乔纳森·布洛（Jonathan Blow）设计的《时空幻境》（*Braid*）就是这种现象的绝佳案例，这是个以困难而闻名的解谜游戏。为了救出公主，玩家必须努力通过 37 个满是怪物的谜题房间。这款单机游戏最初得到的评论全是赞美，但很多评论员也担心，对谜题太过依赖限制了重玩游戏的价值。有位评论员写道，只要你解开了一个谜题，“就没有动力再来一回了”。

但来自玩家博客和论坛的大量传言证据表明，为了产生纳奇斯，玩家们会重玩《时空幻境》。他们似乎很乐意看到朋友和家人努力解开每一个谜题时恍然大悟的样子，在后者碰到游戏中令人沮丧的心理挑战时，他们会提供意见和积极的鼓励。

一位丈夫兼“游戏导师”写道：“刚打完游戏，现在我正看着妻子过关斩将，真开心。”而另一个人则说：“我昨晚刚打完游戏，只在最后两局谜题里借助了孩子们的帮助。我猜，他们一定为自己的妈妈感到非常骄傲！”

游戏给了我们学习和掌握新挑战的机会，通常，我们学到的技巧可以传授给生活里认识的其他玩家。

我们从玩游戏中得到的社交奖励，并非只能用来巩固跟熟人之间的关系。在合适的时候，与陌生人的社交接触，也可以提供不同的情感奖励。有一种奖励为大型多人在线游戏环境所独有，研究人员称之为“情境社交性”（ambient sociability）。它指的是“一起各自玩”（playing alone together）游戏的一种体验，也是哪怕最孤僻的人也能享受的一种社会交际。

情境社交性与“一起各自玩”

有时候，我们想要人陪伴，但并不想与人进行积极的互动。这就是一起各自玩概念的用武之地了。

大型多人在线游戏以合作任务和团战而出名。但事实证明，绝大部分玩家更喜欢一个人玩游戏。有人对超过 15 万名《魔兽世界》玩家做了 8 个月的跟踪研究，发现玩家平均花 70% 的时间从事个人任务，几乎不跟其他玩家互动。斯坦福大学帕洛阿尔托研究中心的研究人员认为，这很奇怪，也有违直觉。既然你不想搭理别人，怎么会按月付费投入大型多人在线游戏的世界呢？

研究人员访问了玩家，与之进行深入探讨，发现哪怕在没有直接互动的情况下，他们也很享受共用虚拟环境。玩家们体验到高度的“社会临场感”（social presence），这是通信理论中的术语，指与其他人共享同一空间的感觉。虽说玩家并不互相对打或是一起做任务，但他们仍认为彼此在虚拟空间中互相陪伴。斯坦福大学帕洛阿尔托研究中心的团队将这种现象称为“一起各自玩”。

> 一名《魔兽世界》玩家在博客上解释自己为什么喜欢一起各自玩：“这是一种‘在这个世界上并不孤单’的感觉。在游戏里，我喜欢身边围绕着其他真正的玩家。我喜欢看到他们在做什么，看到他们取得的成就，也喜欢在各做各事时碰上其他玩家。”

她所描述的其实就是一种特殊的"社会临场感"：因追求同样的目标、投入相同的活动而放大的"临场感"。玩家们互相认可，因为他们对自己在做什么、为什么做有着相同的理解。他们的行动对彼此来说是可以理解的、有意义的。

情境社交性是一种很随意的社会交往形式，它可能无法建立直接的纽带，但能满足我们想要与他人联系的渴望。它在我们的生活中创造了一种扩展的社交：一种融入社会场景的感觉，只要我们愿意，也可以和别人接触。

斯坦福大学帕洛阿尔托的研究人员认为，性格内向的玩家更容易喜欢上一起各自玩，新近的认知学研究也为这一理论提供了支持。人为什么分为内向和外向？对此科学家最准确的解释是，它跟大脑两种不同的活动有关。

首先，内向的人一般对外部的感官刺激更敏感，处理对象、空间、他人等外部世界信息的大脑皮层区域对任何刺激都都会产生强烈反应。反过来说，性格外向的人，皮层唤起较低。他们需要更多的刺激，才能感觉投入外部世界。这就让外向的人更有可能去寻求高度的社交刺激，而内向的人哪怕参与低社会投入度的活动，也容易在精神上感觉疲惫不堪。

其次，外向的人往往会产生更多的多巴胺回应社会奖励，如笑容、笑声、对话和抚摸。反过来，性格内向的人对这些社会奖励较不敏感，但对心理活动，如解决疑难杂症和单独探索等高度敏感。研究人员说，这可以解释为什么外向的人似乎在周围有人、环境刺激时更快乐，他们比内向的人有着明显更为强烈的积极情绪。

游戏化洞察

妮可·拉扎罗及其他一些游戏研究专家相信，情境社交性和低强度的社会交往，实际上可以训练大脑体验更多的社会互动。

拉扎罗认为，因为性格内向的人对心理活动的奖励十分

> 敏感，而游戏又恰好能提供这种奖励。所以，在网络社交环境下从事这些活动，能让内向的人为社交体验创造新的、积极的联想。换句话说，像《魔兽世界》这样的游戏，或许能让性格内向的人在一般的社会互动中感觉更舒服。

研究尚未对这一理论提出具体的支持证据，但初步访谈和传言证据暗示，它值得做进一步的调查。前文那位喜欢一起各自玩《魔兽世界》的玩家形容说，虽说她是一个人在网络世界里闯荡，可微量社会交往仍深深地吸引了她："这里走走，那里晃晃，打死坑害玩家的野怪，请别人帮个小忙问问路，参加一个自发形成的临时小团队。"她对这些意想不到的社会交往保持开放心态，而这种微量社交，正是她喜欢一起各自玩的重要原因。她渴望碰到"真人之间迸发出的自发冒险"。

何以如此呢？对高强度的社会交往持开放心态、认为共同体验更有奖励感，为什么对内向的人是一件好事呢？经过一次又一次的研究，积极心理学研究人员证明，**性格外向与高度幸福感和生活满意度有着极高的相关性。**外向的人更有可能去追求能建立社会纽带和情感的经历。因此，他们比内向的人更招人喜欢，能获得更多的支持，而这两项指标，是影响生活质量的重要因素。性格内向的人也希望有人喜欢、得到赞赏，他们和其他任何人一样需要帮助，只是没有动力去寻找机会建立这种积极的社会感和交流。幸运的是，很多玩家都发现，情境社交性对于增进极端内向的人的社交欲望起到了关键作用。

> 情境社交性并不能替代现实世界的社会交往，但它可以作为通往现实社交以及更好生活质量的门户，帮助内向的人学会把社会投入度看成一种更具内在回报的事情。

游戏，一条关键的社交线索

游戏设计师丹尼尔·库克曼（Daniel Cookman）写到，玩家决定和陌生人玩还是跟现实生活里认识的人玩，其实就是在“建立新关系还是巩固旧关系”中做出了有效的选择。“我们可以问，哪一种吸引力更强：是与现有朋友之间稳固、安全的关系，还是跟新人之间薄弱、‘冒险’的关系。”库克曼说，大多数情况下，他以及大多数玩家都喜欢巩固现有的关系。因为不只是所得回报更大，而且也跟我们的日常生活有着更明显的联系。

> 库克曼说的没错，就整体而言，玩家会选择强化现有关系——越来越多的网络游戏玩家报告说，他们喜欢跟自己在现实生活里认识的人一起玩。年纪越轻，就越是这样。最近 3 年的美国年轻人互联网使用情况调查显示，18 岁以下的玩家有 61% 的游戏时间都在跟生活里认识的朋友和家人玩，而不是一个人玩或和陌生人玩。

但库克曼承认，还有另一个因素需要考虑。对于跟陌生人玩还是跟朋友玩，他写道：“为了有意义地回答这个问题，首先需要回答另一个更具隐私性的问题。‘你寂寞吗？’”

不提及游戏在帮助我们对抗寂寞感的过程中所扮演的积极角色，是没有办法讨论它的社交奖励的。一般而言，我们更乐意跟朋友一起玩。但如果做不到，我们宁肯和陌生人玩，也不愿一个人玩。库克曼对普遍情绪做了概括：“在第一人称射击游戏里，一个对我大喊大叫的人能不能和我建立一段持久的友谊，我说不准，但这无论如何比一个人待着强。”

玩家网站“痛宰或挂掉”（Pwn or Die）在青少年和年轻人中极受欢迎，它对“视频游戏真正造福‘现实生活’的途径”做过简短的归纳。其中第一条是，视频游戏避免了孤独。“如果周围没有小孩、夜色深沉或者你最好的朋友在千里之外，视频游戏就给了你和其他人接触、进行社交互动的机会。”

在真实世界里拥有一处可供面对面互动的地方，能不能带来更大的情绪奖励呢？也许吧。大量证据表明，诸如视线接触和抚摸等能强化社交奖励。但面对面的接触不是随时都能做到的。此外，如果我们感到沮丧或寂寞，恐怕无法积蓄起足够的情绪能量起床出门，跟真实的朋友或家人接触。**上网玩具有情境社交性的**

游戏，是积极情绪状态的奠基石，有了它，才能获得更积极的社交体验。

15 年前，政治学家罗伯特·柏特南（Robert Putnam）十分担心美国变成一个人们“独自去打保龄球”的国家。他在自己论及扩展社群崩溃、影响力极大的作品里，记录了一种令人担忧的发展趋势：我们越来越喜欢窝着不动，只有几个人陪伴，不再喜欢参与民间组织或投身更广阔的社交环境。

柏特南认为，日常生活中扩展社群的崩溃对我们的生活质量造成了巨大的威胁，他的论证方式极具说服力。因此，自那以后多年，专家们一直在争论如何逆转这一趋势，公共机构也用尽全力重建传统的社会基础设施。但正如玩家们所知，重建传统联结方式，恐怕不是解决之道，彻底再造的效果或许更好。玩家再造着我们自以为是日常基础设施的东西，他们正在尝试通过新的方式创造社会资本，培养比保龄球联赛更善于提供更多社会纽带和联结的新习惯。

游戏化洞察

从社会的角度来看，我们或许觉得跟家庭、朋友和邻居越来越疏远，但身为玩家，我们采用了逆转这一现象的新战略。游戏，越来越多地成为编织在日常生活里的一条关键社交线索。

我们利用像 Lexulous 和《农场小镇》等游戏的异步社会互动，建立更稳固、更具黏性的社会关系。我们花更多时间在《手舞足蹈：瓦里奥制造》和《时空幻境》等游戏中彼此调侃，建立信任，强化社会承诺。我们正在创造情境社交的世界，就像在《魔兽世界》里那样，连我们当中最内向的人，也有机会培养自己的持久社交性，在生活里获得更多的社交关系。很明显，玩家并不是单独玩游戏的。

我们越是更多地一起玩游戏，越是会产生有意识地创造全球社群的感觉。玩家并不只是想在游戏里赢，他们还肩负着更大的使命。他们的使命，就是成为宏伟事业的一部分。

第 6 章

更宏大的意义

- 与游戏相比，现实微不足道。游戏让我们投身到更宏伟的事业之中，并为游戏赋予了宏大的意义。

- 意义是我们所有人都渴望获得更多的东西：更多的在宏观图景中创造奇迹的方法，更多的在世界留下痕迹的机会，以及更多的在自己所属的社群或项目中迎来敬畏和好奇的时刻。

2009年 4 月，《光环Ⅲ》的玩家集体迎来了一个惊人的里程碑：

REALITY IS BROKEN
游戏化的力量

《光环Ⅲ》玩家杀死了游戏里 100 亿个虚拟敌人“星盟”（Covenant），约等于地球上总人口的 1.5 倍。为了达到这一不朽的里程碑，《光环Ⅲ》的玩家们在虚拟“大战”（Great War）的第三大战役，即在最后一战中耗费了 565 天，保护人类免遭邪恶外星人联盟的毒手。从整体上看，他们平均每天干掉 1 750 万个星盟敌人，每小时干掉 73 万个，每分钟干掉 12 000 个。

一路走来，他们结成了地球上规模最大的军队，不光在虚拟世界如此，在现实世界也是如此。1 500 多万人为了这部科幻游戏里联合国太空司令部的利益而战，相当于现实世界中军事力量最强的 25 个国家所有现役军人加起来的总和。

干掉 100 亿个敌人，不是游戏群众误打误撞偶然实现的成就。《光环Ⅲ》玩家靠着一致的努力才达成了这一壮举。他们相信，干掉 100 亿个敌人象征了《光环Ⅲ》社群的活动能量，他们希望它成为一个远超历史上任何游戏社群的宏大集体。因此，他们奋力工作，让每一个玩家都尽可能像《光环Ⅲ》本身那么出色。玩家彼此分享技巧和策略，组织 24 小时不间歇的“合作社”，即轮班作战的合作团队。

> 他们呼吁每一名在《光环Ⅲ》网站上注册的玩家参与：“这会是一个壮举，我们需要你来帮忙完成。”他们把自己的使命视为一件紧急任务。一个游戏玩家在博客上宣称：“我们知道，我们会完成属于自己的那一部分。你呢？”

难怪《伦敦电讯报》(*London Telegraph*) 记者萨姆·利斯 (Sam Leith) 在报道《光环Ⅲ》社群时评论说：“近年来，视频游戏的玩耍方式发生了重大转变。原先的孤立活动，现在……势不可当地成了公共活动。”**越来越多的玩家不再只为了自己而投身游戏。他们投身游戏，是为了彼此，为了感受投身宏大事业而带来的快感。**

当《光环Ⅲ》的玩家最终达成目标时，他们如潮水般涌上在线论坛，互相祝贺，道出自己所做的贡献。

> “我刚才算了一下，我干掉了 32 388 个敌人，占 100 亿里的 0.00032%。”“我感觉自己还能再多做点贡献……好吧，那就等着冲 1 000 亿吧！”这种反应很典型，1 000 亿的新目标在《光环Ⅲ》的论坛里反复出现。在刚完成一项集体成就之后，《光环Ⅲ》的玩家们已经准备好迎接更宏大的目标了。而且，他们做好了充分的准备，要组建规模更大的社群来完成它。一个玩家提出：“我们现在只靠几百万名玩家就干掉了 100 亿。想象一下，要是我们能集合全世界 60 亿人类的力量，结果会是怎样！”

《光环Ⅲ》的创造者们也参加了庆祝。这是总部位于华盛顿州西雅图市的一家游戏工作室——邦奇 (Bungie)。他们发表了一篇重要的新闻稿，向《光环Ⅲ》社区致公开信，他们强调是玩家的团队精神完成了干掉 100 亿敌人的目标：“我们击中的是星盟的软肋。他们把脚踏上我们的土地，我们就会让他们付出代价。大兵们，很高兴有你们站在地球这一边。干得好！接下来，让我们从 100 亿再度上路吧。”

确立宏伟的目标

也许你此刻会想：那又怎么样？这样做有什么意义呢？星盟又不是真的，只是一个游戏而已啊！玩家到底干了什么值得庆祝的事情呢？

从一方面来看，他们什么也没有做。干掉星盟敌人没有价值，不管你是干掉了 100 亿还是 1 000 亿，而价值是衡量重要性和结果的指标。哪怕是最铁杆的《光环Ⅲ》粉丝也明白，从虚拟的外星人手里拯救人类并不具备真正的重要性。它没有逆转任何实际的危险，也没有拯救任何真正的生命。但从另一方面来看，干掉敌人没有价值，并不意味着它没有意义。

游戏化洞察

意义是我们置身比个人更宏大的事业所产生的感觉，是我们的行动比个人性命还重要的信念。说一件事有意义，意味着它不只对我们自己，对我们最亲密的朋友和家人、对一个更宏大的群体如社群或组织，甚至对整个人类都有值得一做的必要。

意义是我们所有人都渴望获得更多的东西：更多的在宏观图景中创造奇迹的方法，更多的在世界留下痕迹的机会，以及更多的在自己所属的社群或项目中迎来敬畏和好奇的时刻。

我们怎样才能在生活中获得更多意义？其实很简单。哲学家、心理学家和精神领袖都赞同：为生活增加意义的最佳途径，就是把自己的日常行动与一件超出自身的事情联系起来，事情越大，效果越好。正如马丁·塞利格曼所说："自我是一个意义匮乏的地方。"在宏大的社会背景之下，我们无关紧要。你附着的实体越大，获得的意义就越多。

这正是在《光环Ⅲ》这类游戏中共同合作的意义所在。干掉多少个外星敌人确实没有价值，但和数百万人共同追求一个庞大的目标，这让我感觉很好、很有意义。当玩家全身心地投入到干掉100亿外星敌人的目标当中，他们其实是投入了一项事业，并为之做出重要贡献。《光环Ⅲ》的玩家庆祝干掉100亿外星敌人目标达成的那一天，热门玩家网站joystiq报道："现在我们肯定懂了……你在《光环Ⅲ》战役里杀死的每一个外星人，都是有意义的。"

> 要体验真正的意义，不必贡献出真正有价值的东西，但我们必须得到做出贡献的机会。我们需要一种方法，跟其他在乎同一个宏伟目标的人联系起来，而不管目标本身到底是什么，我们需要机会来反映这一共同事业的宏伟规模。

这就是游戏对破碎现实的第六重修补：

REALITY IS BROKEN

6号补丁：更宏大的意义

与游戏相比，现实微不足道。游戏让我们投身到更宏伟的事业当中，并为游戏赋予了宏大的意义。

这里的关键词是"宏伟"（Epic）。像《光环》这种大热门视频游戏，制造预算高达3 000万、4 000万，甚至5 000万美元，不只是"较为宏大的东西"，它们大得足够称为"宏伟"。

"宏伟"是当今玩家文化里最重要的一个概念，玩家们用它来形容自己最难忘、最满足的游戏经历。一位游戏评论家写道："《光环Ⅲ》太宏伟了，它以其他任何游戏都做不到的方式带给你力量。它不光让你片刻销魂，还让你在纷繁的事件中穿梭。它的体验触动你的灵魂，让快乐的颤抖顺着你的脊柱向下蔓延。"

"宏伟"的准确定义是指，某种在规模、大小和强度等方面远远超越平凡的东西。热门视频游戏在营造宏伟规模上远比当今任何媒介都要出色，它们主要依靠3种关键方式来体现宏伟：

- 它们为行动创造宏伟的背景：帮助我们将个人游戏和更大的使命联系起来的集体故事。
- 它们让我们沉浸在宏伟的环境当中：唤起好奇心和惊讶感的庞大互动空间。
- 它们鼓励我们参与宏伟的项目：玩家在数月甚至数年的时间里通力合作展开集体活动。

敬畏，采取集体行动的呼吁

玩家热爱宏伟的游戏还有一个原因：越大不只是越好，还越让人望而生畏。

游戏化洞察

敬畏（awe）是一种独特的情感。根据很多积极心理学家的看法，这是一种人类能感觉到的最热烈、最满足的积极情绪。事实上，神经心理学家保罗·皮尔索尔（Paul Pearsall）就把敬畏称为“积极情绪中的高潮”。

敬畏，就是当我们意识到自己属于某种远比个体更宏大的事物时的感觉。它跟灵性、爱与感激，以及更重要的献身欲望紧密联系在一起。

在《生而向善》（*Born to Be Good*）一书中，达契尔·克特纳解释说：“敬畏体验就是找到你在某个宏大主题里的位置。它意味着放弃对自我利益的紧追不舍，投入到社会群体当中；它是参与到某种宏大进程的虔诚感，这一进程把我们团结起来，让我们努力变得高贵起来。”换句话说，敬畏不只是感觉良好，还鼓励我们去做好事。

《光环Ⅲ》的玩家说游戏“让快乐的颤抖顺着你的脊柱向下蔓延”，他感受到的毫无疑问就是敬畏。脊柱颤抖是敬畏的一种典型生理特征，与此伴随的还有寒战、鸡皮疙瘩以及哽咽感。

我们以寒战、鸡皮疙瘩、哽咽等形式感受敬畏的力量，是探测有意义活动的一种情绪雷达。**每当感到敬畏，我们就知道自己找到了意义的一条潜在来源，我们发现了奉献、团结、为更大的事业做贡献的真正机会**。总之，敬畏就是采取集体行动的呼吁。

《光环》玩家如此热爱集体努力并非偶然。它是游戏宏伟、凛然、极富美感的直接结果。当今最优秀的游戏设计师都能极为专业地为个人提供投身宏大事业的机会，而最精于此道的人，莫过于《光环》的创造者了。《光环》游戏里的一切，从情节、音效到市场营销，再到游戏社群的在线组织方式，都在有意识地让玩家感觉：自己玩这款游戏，真的意味着一些什么。而他们反复使用的一个简单技巧是：始终把个体和更宏大的事物联系在一起。让我们仔细看看《光环》到底是怎么做的。

塑造宏伟的故事

> 500年后的未来。外星物种的敌对联盟“星盟”，正一意孤行地要毁灭人类。你是军士长约翰117，从前是个普通人，而现在是一位超级战士，生物技术带给你超人的速度、力量、智慧、视力和本能反应。你的任务是阻止“星盟”，拯救世界。

这就是《光环》的基本故事。跟其他许多热门视频游戏并没有太大不同。资深游戏开发员特伦特·波兰克（Trent Polack）指出：“观察如今的大多数游戏，你可能会以为，玩家们只想着拯救世界。”他当然会这么说：波兰克从前的一些游戏就要玩家从邪恶的外星人手里拯救银河系（《银河文明Ⅱ》），从邪神手里拯救宇宙（《半神》），从掠夺的泰坦手中拯救世界（《元素之力：魔法战争》）。

为什么这么多游戏都跟拯救世界有关呢？在一篇探讨视频游戏“宏伟”故事兴起的行业文章中，波兰克提出：“如果游戏赋予玩家拯救银河系、摧毁复活的古老邪灵的宏伟视野，或是其他经典的宏大善恶对决，就满足了玩家的力量幻想。”我同意他的看法，但有必要搞清楚这些救世故事到底满足了哪一种力量幻想。

游戏化洞察

凡是表现各种强火力武器、玩耍过程由大量射击及消灭某些事物构成的视频游戏，在某种程度上，都跟摧毁带来的审美愉悦有关，即我们因对环境的控制而带来的积极情感。当今市场上的所有射击游戏都是如此。然而，要获得这些愉悦，并不需要拯救世界的宏伟故事。一个简单的、毫无情节的游戏，比如雅达利游戏机上的《突围》，就足以让我们更有效地得到它了。有着拯救世界宏伟故事的游戏，其实是利用故事帮助玩家体会到另一种不同的力量，也就是开展有意义行动的力量：做一件大局至关重要的事情。故事就是大局，玩家的行动就是重要的事情。

波兰克解释说："故事为意义奠定了基础，为玩家的行动提供了框架。身为设计师，我们不是告诉玩家，也不是向他们展示，而是为之提供信息——玩家从事什么样的行动，他们会经历什么样的壮举。"这些壮举构成了玩家的故事，故事最终成了意义。然而，不是所有的游戏都像是宏伟的事业，这必须要具备两点。

首先，游戏的故事需要成为行动的集体背景，由其他玩家所共享，不能只是单个人的体验。这就是为什么真正的宏伟游戏总跟大型在线玩家社群联系在一起——成千上万，甚至数百万玩家在同一背景下行动，他们在论坛、维基上彼此谈论自己所做的事情。

其次，玩家在集体背景下采取的行动需要让人感觉是在奉献：单个玩家的每一轮努力，必须最终有利于其他所有玩家。换句话说，游戏里的每一次个人行为，必须最终累积成某种更宏大的事物。

和其他很多热门视频游戏一样，《光环》有丰富的在线社区功能，如论坛、维基和文件共享，好让玩家上传并分享自己游戏最精彩的视频。但邦奇工作室和 Xbox 把这些传统的背景营建工具推到了更远的地方。他们为玩家提供了突破性工具，跟踪集体努力的重要性，又给了玩家前所未有的机会，反映集体奉献的宏伟规模。

《光环》的每一名玩家都有自己创造奇迹的故事，记录在玩家的“个人效力记录”中。这是一份极其详尽的记录和分析，包括了他们对《光环》社区和“大战”的奉献，邦奇工作室称之为“你在《光环》的整个职业生涯”。

> 效力记录存储在邦奇的官方网站上，其他玩家可以任意浏览。它罗列了你完成的战役等级、赢得的奖牌和解锁的成就，还包括了玩《光环》每一轮较量的统计数据。对于很多《光环》玩家来说，这意味着 2004 年《光环》系列第一次上线以来的上千次游戏，都完完整整地罗列、记录在同一个地方。

但它不仅仅是统计数字。这里有你想象得到的所有可视化数据：交互式图表、热力型数据地图（heat map），它们可以帮助你了解自己的长处和短处：在什么地方失误最多，在哪里赢得的胜利最多；最擅长哪一种武器，最不擅长哪一种武器；哪一个队友给你的帮助最大，哪一个最少。多亏了邦奇详尽的数据收集和共享，你在《光环》里所做的一切都累积成了更宏大的事物：个人为大战效力的编年史。

但它不只是历史，比历史还宏大得多。你正和其他数百万名玩家一起，为大战贡献力量，他们也有在线效力记录。在这里，“奉献”是一个十分关键的概念。个人效力记录不是单纯的简介，它是玩家对更大组织的贡献史。你的个人资料叫作“效力记录”，实际上就是在不断提醒你：每当你上线玩《光环》，干掉敌人、完成任务，就是在做出贡献，积极地在大战史上创造新的一刻。

数以百万计的个人效力加在一起，就讲述了一个《光环》的真实故事、一段大战的集体历史。它们把所有单个玩家连接成了一个社区，一个为了共同的事业而战的网络。效力记录中收集并分享的这些规模空前的数据，强调了玩家的集体故事有多么宏伟。

> **REALITY IS BROKEN 游戏化的力量**
>
> 邦奇工作室最近向玩家宣布，过去 9 个月里，它的“个人效力记录”服务器处理了超过 1 400 万亿字节的数据请求。用计算机术语来说，就是 1.4PB。
>
> 这个数字意味着什么呢？专家估计，从最初有文字记载的年代开始，人类所有书面文献加起来总共约为 50PB 的数据。《光环》玩家们创造的数据虽然还没有达到这个水平，但也不可等闲视之。毕竟，较之有书面记载的人类历史，他们一起玩游戏才不过短短 6 年。

创新性集体背景营建的最佳案例之一，是光环人道博物馆（Halo Museum of Humanity）。这是一家自称来自 27 世纪的在线博物馆，致力于陈列“大战中所有英勇战斗的事迹”。当然，这并不是真正的博物馆，它由 Xbox 的营销小组开发，旨在为《光环Ⅲ》创造一个更有意义的背景。

> 博物馆里展出了一些肯·伯恩斯（Ken Burns）经典纪录片《南北战争》（*Civil War*）风格的系列视频：对大战退伍军人和历史学家的采访，以及“星盟”战斗的影像资料，这些都是历史记录。一位博主写道：“光环人道博物馆的视频简直就像是直接从历史频道里拿来的……真高兴有人这么尊重视频游戏知识。”

崇敬，是指深刻地表达敬畏、尊重、敬爱或崇拜，通常只用于特别伟大、严肃的事情。但这正是光环人道博物馆的宗旨所在：承认《光环》玩家对待自己心爱的游戏有多么严肃，鼓舞玩家在游戏时产生的宏伟情感。

它达到了目的。博物馆的系列视频极具真实的情感冲击力，用一位玩家的话来说就是：“它真心真意地敬重从来不曾存在过的英雄。”知名游戏记者布莱恩·格里森特（Brian Crecente）写道：“它让我激动得颤抖起来。”在线论坛和博客也满是表达钟情的评论。一位玩家说得好：“真动人！他们在虚构中创造了真实。”

并不是说这座“来自未来”的博物馆真有那么可信，而是它唤起的情绪真实可信。在线人道博物馆是一个以极端规模反映《光环》体验的地方：多年的奉献、数以百万的玩家参与。“大战”不是真的，但当你想到这么多不同的人为之竭力奋斗，你真的会感到敬畏。最后，一位玩家概括道：“《光环》证明，你真的可以让一个有故事情节的设计游戏变得有意义。它让你沉浸其中，让你觉得自己成了宏大事业的一部分。”

但《光环》不仅仅是一个更宏伟的故事，还是一个更宏伟的环境。这是另一种把玩家跟宏伟事业联系在一起的策略：营造宏伟的环境或是身临其境的空间，有意识地激励我们为之倾尽全力。

塑造宏伟的环境

宏伟的环境，是指一个凭借自身的极端规模唤起人们深刻的敬畏和惊奇感的空间。世界上有许多天然的宏伟环境：珠穆朗玛峰、大峡谷、维多利亚瀑布、大堡礁，等等。这些地方展示了大自然的伟力，置身于此，我们显得渺小而卑微。

然而，人为建造出来的宏伟环境有所不同：它不是大自然的鬼斧神工，而是设计和工程的壮举，它是人类取得的成就。它既让人类感到谦卑，又赋予了人类力量；它既让我们感到个体的渺小，又让我们觉得只要团结一心就能完成宏伟的事业。这是因为，**建造出来的宏伟环境是人类大规模合作的成果，也是人类团结起来实现超常壮举的证据，如中国的长城、印度的泰姬陵、秘鲁的马丘比丘。**

毫无疑问，《光环Ⅲ》就是这样一个环境。它由跨越了超过20万光年的34个不同虚拟环境构成。从一个关卡进入下一个关卡，或许就会发现自己从肯尼亚沃伊熙熙攘攘的市集，来到了远在银河系边缘的“避难所”（Ark）。

> 《光环Ⅲ》的游戏场地不仅大，而且环境多样化，经过了精心渲染。正如萨姆·利斯所说：“开发一套像《光环Ⅲ》的游戏，在电子工程上的工作可以跟修建中世纪大教堂相媲美。”邦奇工作室依靠一个团队，

花了 3 年时间修建起这座“游戏大教堂”，这个团队包括 250 多名艺术家、设计师、作家、程序员和工程师。他还说：“想大致了解这一任务的规模和复杂性，不妨单独考虑一下游戏的音效部分：包括 54 000 种声音和 40 000 行对话。光是脚步声就有各不相同的 2 700 种，不同的人脚踩在不同的东西上声音全都不一样。”

而这正是玩家兴奋得起了鸡皮疙瘩的原因：《光环Ⅲ》代表了计算机设计和工程事业上的一个空前壮举。玩家不只为游戏环境本身感到敬畏，也为游戏开发人员创造它所需要的辛勤工作、奉献精神和长远愿景感到敬畏。从这一方面来说，《光环Ⅲ》玩家融入了人类文明的悠久传统：敬畏、赞美、对宏伟环境建设者的感激。

人类历史的第一个宏伟环境建设于 11 000 年前的新石器时代。换言之，在尚未使用书面文字的 6 000 年前，人类就已经在修建唤起敬畏和合作的物理空间了。

哥贝克力石阵（Gobekli Tepe）是世界上最古老的一座宏伟建筑，近 20 年前，出土于土耳其南部，据说比英国巨石阵还早 6 000 多年。哥贝克力石阵占地约 10 万平方米，包括至少 20 个石圈，每个石圈直径为 10 ～ 30 米，由 3 米高的庞大石柱构成。

相较于相同地点同一时期的其他石头房屋、墓葬和庙宇，这一建筑达到了空前的规模：它比考古学家此前见过的任何东西都更高、更大，设计更宏伟。一位现场考古学家形容说，这是“一个规模空前的膜拜之地，是人类历史上第一座‘山顶大教堂’”。

哥贝克力石阵宏伟的不只是建设规模，还有特殊的蜿蜒设计。它就像一个错综复杂的迷宫，引领游客穿过黑暗到达一个十字形密室。这种特殊的结构似乎是专为触发来者的兴趣、好奇心以及随之而来的惊奇而设计的。下一个角落会有什么东西？小径将通往何方？游客们要互相搀扶，才能摸索着穿过黑暗。最重要的是，哥贝克力石阵并非个例。自它出土以后，研究人员发现，宏伟的石头教堂是整个新石器时代的常见景观。

> 2009年8月，考古学家在苏格兰北部出土了一处占地面积约500平方米的石结构废墟，天花板近8米高，墙壁约5米厚，同样是迷宫式设计，同样可以追溯回新石器时代。古代教堂刚出土时，主持发掘工作的考古学家尼克·卡德（Nick Card）对记者说："规模这么大、这么复杂的建筑修建在这儿，就是为了让看到它的人感到惊讶、产生敬畏感。"

随着全球同一类型建筑的不断出土，考古学家们新近提出了一个惊人的理论：在人类文明的演进过程中，这些石头大教堂是为一个重要目的服务的。它们鼓舞人们，促使人类社会变得更加合作，彻底重塑了文明。发表在《史密森》博物杂志（*Smithsonian*）上的一篇文章，深度报道了这些新石器时代的大教堂，安德鲁·柯里（Andrew Curry）在文中写道：

> 长久以来，学者们相信，只有当人类学会了农耕和定居生活方式之后，才有时间、组织和资源来建设庙宇，辅助其复杂的社会结构。但……也有可能存在另一种相反的方式：修建庞大的巨石建筑所需的广泛合作，为复杂的社会发展奠定了基础。

事实上，柯里在文章里还引用了另一位科学家的话："你完全可以证明，这些建筑就是复杂的新石器时代社会的真正起源。"这也难怪宏伟的环境会鼓励今天的玩家齐心合力了。因为11 000年以来，宏伟的环境一直就在鼓舞人类共同完成了不起的事业。因此，宏伟的环境设计，并不是视频游戏发明的，而是继承自我们古老祖先的部分传统。但显而易见，它们让更多的人每天都能接触宏伟的环境了。

考古学家说，信徒会徒步走上160多公里，参观哥贝克力石阵，他们一生或许只能朝觐这一回。可如今，只要我们愿意，就能方便地沉浸在宏伟环境当中。我们不用长途跋涉到真正的教堂去，只要装载一套热门视频游戏，不管我们置身何地，立刻就能进入宏伟环境。

游戏化洞察

宏伟环境带给我们的体验并非身体上的，而是有一个关键异常真实：今天，虚拟环境的工程设计代表了大规模合作的壮举。要创造出这些虚拟世界，需要非凡的集体合作和努力，玩家们第一次进入这种宏伟环境，会为普通人团结起来创造非凡空间的能力感到真正的敬畏。

与此同时，视频游戏开发人员还从另一关键角度发展了宏伟环境的营造艺术：他们增加了一层能唤起敬畏的音效。音效不只是背景音乐，也是游戏体验的重要组成部分，尤其是在以让人“背部发麻”而闻名的《光环》里。《光环Ⅲ》的原声曲目起着诸如“荣耀之心”“就在此刻”“永不忘却”这样的名字。我最喜欢的一首叫作“奇观”，这个名字完美地总结了宏伟环境的目的：创造一个能吸引玩家、将玩家笼罩在敬畏和惊奇感中的空间。

《光环》的音效总监马丁·奥唐奈（Martin O’Donnell）介绍自己的作曲目标时说：“音乐应该能给人重要感、分量感，能让人对《光环》的视觉效果产生‘思古’之情。”融合了教堂诵经、弦乐、打击乐、伊斯兰宗教歌曲等在内的乐谱，旨在让听者生出入神的感觉。这些都是唤起我们身体里宏伟情绪的恒久音乐技巧，也越来越多地开始在视频游戏中应用。《光环》的一位玩家说：“精彩的视频游戏能让你脖子后面的寒毛倒立、鸡皮疙瘩自己弹出来。那种激动感可以直接把你压倒。我在听到《光环》原声音乐时就是这样。”

那么，所有这些极端的视觉和听觉环境加起来，产生了什么效果呢？塑造出了一个宏伟的项目：超大规模地通力合作，以讲述故事、完成任务。

宏伟的环境激励我们承担宏伟的项目，因为它们清晰地展示了人类齐心协力的潜力。事实上，它们扩展了我们对人类潜力的认识。

这就是为什么探索《光环Ⅲ》中的宏伟环境能唤起人们大范围合作的情绪。更何况，它本身就是一项宏伟的成就。游戏记者玛格丽特·罗伯逊（Margaret Robertson）说："《光环》是个总能让我感觉良好的地方。我的意思是，这是个能让我觉得自己有道德心的地方……它唤起了人的荣誉和责任意识，让你觉得自己变成了一个更好的人……如果你不能变成一个更好的人，到一个更好的地方去又有什么意义呢？"

塑造宏伟的全球社群

达成干掉 10 亿敌人的里程碑固然是一个社群了不起的成就，但《光环》其实花了更多时间从事另外两项宏伟项目，而且都是合作型知识项目。第一个项目是在维基和论坛上记录《光环》世界；另一个项目则是玩家增强对抗"星盟"的集体能力，以便更好地玩游戏。两个项目都主要在论坛和维基上展开。

> **REALITY IS BROKEN 游戏化的力量**
>
> 为《光环》世界记录文档、提高玩家的游戏能力，这一集体活动的规模有多大呢？玩家们光是在邦奇的《光环》官方论坛上就撰写了 2 100 万篇讨论帖子；与此同时，最大的《光环》维基上有 6 000 多篇不同的文章，有 150 万名注册用户参与了创建和编辑。

《光环》玩家还分享知识，帮助彼此变成更好的玩家。Halopedia 维基帮助玩家构建《光环》系列游戏的英雄史诗；Halowiki，自我定位为 Halopedia 的"姊妹网站"，则专注于多玩家作战的战略和技术。Halowiki 的"价值观"宣言奠定了大规模知识分享的基调：

> 本网站致力于实现以下目的：Halowiki.net 将帮助玩家提高技能水平，在《光环Ⅲ》的体验中获得更大的乐趣；分享你的知识，也让别人与你分享他们的知识，还要让技术最纯熟的玩家分享他们的知识。最终，

我们所有人都应该提高了技术，获得了一起玩游戏的更大乐趣。让我们来挑战自己的能力极限吧！

Halowiki 的涉及范围和它的姊妹网站同样庞大。光是在诀窍（tip）部分，就按照从 A 到 Z 的字母顺序，罗列了 150 多种不同的诀窍，从“团队游戏需要避免的坏习惯”到“沟通技巧”，再到“如何有效地使用车辆”、“其他人都失败后的孤注一掷窍门”，应有尽有。每一技巧种类下，都包含了不同玩家贡献的数百条具体建议。另一方面，战略部分囊括了更复杂的建议，大致分为 100 多种不同的类别，从“掌握近距离武器”到“使用古老的《孙子兵法》”，还有我个人最喜欢的一类：“大脑再训练：别害怕在游戏里死掉。”

Halowiki 上总共分为 1 000 多个不同的部分，把玩家玩游戏所得的第一手资料汇集成了集体智库。最终，对《光环》社区成员而言，这一资源库不只创造出了更优秀的玩家，还服务于另一个更了不起的目的，即在维基上增加一段知识，证明你所知道的至少一件对数百万玩家都很要紧的事情极具价值。你的所知或许略为琐碎，但当你做出了一个数百万人都重视、欣赏的贡献时，由此而来的积极感觉绝不可等闲视之。

10 年来，《光环》持之以恒地推动着宏伟游戏设计的极限。第一款《光环》系列游戏是 2001 年上市发行的。但在发明新途径、让玩家参与宏伟事业这一方面，还有大量其他在线游戏也各展所长。近来，关于宏伟游戏设计最有趣的一个实验，是一个名为“赛季对决”（Season Showdown）的项目，由美国艺电游戏公司（EA Sports）为旗下最畅销的大学橄榄球比赛系列游戏《NCAA 橄榄球》（*NCAA Football*）所开发。体育类视频游戏是一种极其成功的类型游戏，占所有游戏销售量的 15% 还要多，而“赛季对决”是这类游戏首次努力尝试创造宏伟的情绪奖励。传统上，这种情绪奖励多和《光环》类拯救世界的游戏相关。

《NCAA 橄榄球 X》的口号是：“每场比赛都至关重要。”当然，这引出了一个问题：对什么而言至关重要？答案很简单：每场比赛对拿下全国冠军都很重要。它不是真正的全国冠军，但也并非完全虚拟。

游戏化实践

上网注册《NCAA 橄榄球 X》之后的第一件事，就是宣布效忠一支球队。可以从游戏罗列的 120 支大学球队里任选一支，这些球队均为现实世界里存在的球队，如俄亥俄州立大学队、圣母大学队、斯坦福大学队，甚至佛罗里达州立大学队、美国军校队、加州大学队。我选的是我的母校，加州大学队。在接下来的网络橄榄球赛季中，你在游戏里每得一分，都会计入球队的总分。球队成绩每周统计，以确定各队对决系列赛事中的优胜者。

球队对决赛的安排，跟现实世界里的 NCAA 赛程安排完全一致。这样一来，现实世界里俄勒冈州立大学队跟斯坦福大学队对战的那个星期，两支球队的粉丝们也会在游戏挑战赛里一争高下。不管现实世界谁胜谁负，网上赢得五局三胜的球队，就能夺下那个星期在线赛事的冠军。这就意味着，即便真实世界里的球队失利，粉丝也能靠着虚拟胜利冲抵心中的不快。

到了年底，表现最佳的在线球队将在超级杯对决赛里一决雌雄。在真实世界的全国冠军赛打得如火如荼的那个星期，《NCAA 橄榄球 X》游戏的全国冠军赛也会同期上演。用艺电游戏公司的话来说："全国冠军赛将由玩《NCAA 橄榄球 X》最专注的粉丝们上阵。"

《NCAA 橄榄球 X》游戏之所以比其他任何一款体育类视频游戏都更有意义，原因就在这里。你不只是为了自己寻开心而玩，在当众玩这款游戏时，不仅表明了对真实世界中最爱球队的支持，还成了粉丝们大范围集体努力的一部分。

《NCAA 橄榄球 X》的创新之处，在于游戏以现实作为个别玩家行动的宏大背景。它是一场虚拟联赛，但它更是一场用现实包裹起来的虚拟联赛。它无须无中生有地创造背景，让玩家跟宏伟的故事联系在一起。相反，它把自己接入了现实存在的大学橄榄球队的故事和传统当中，利用现实中的社群或粉丝根据地，来提供有意义的社会背景。**它感觉宏伟，是因为它直接把粉丝与自己真心在乎，但通常无法直接参与的大型组织联系在了一起。**

为心爱的球队欢呼固然很有意义，但做一件发挥自己能力极限的事情却更有意义，更何况，它还很重要呢。在《NCAA 橄榄球 X》中，不仅要扮演自己心爱的大学橄榄球队队员，而且，玩游戏的成绩还能为它出力。通过艺电游戏公司的量化和放大，玩家积极地为心爱球队的声誉做出了贡献。正如一位博主所说："你玩的每一场比赛，都有助于你所选学校的事业。"一切的奥妙就在这里：为你本来就很在乎的宏伟事业效力，这是何等荣幸啊！

游戏化洞察

20 世纪伟大的荷兰哲学家约翰·赫伊津哈（Johan Huizinga）曾说过："凡游戏，皆有所意味。"今天，多亏了游戏世界日益扩大的规模，以及多人游戏在设计上的进步，游戏往往有了更多的意味。如今的游戏开发人员磨炼着自己的能力，创造出唤起人们敬畏的背景，动员人们集体努力，做出英勇的奉献。因此，游戏社群比以往更热衷于设定超大规模的目标，产生宏伟的意义。

如果日常工作让我们感觉琐碎，又或者我们不容易直接为宏伟事业效力，而游戏能满足我们的一种重要需求。随着所玩的游戏越发宏伟，我们提高了自己随机应变、激发敬畏、参与宏伟事业的能力。

在真实的世界里为宏伟而奉献

本章开始，我引用了一位《光环》玩家的话："想象一下，要是我们能集合全世界 60 亿人类的力量，结果会是怎样！"诚然，全世界的 Xbox 游戏机都不足 60 亿台；诚然，也不是每个人都买得起它，但它确实是一个有趣的思想实验：在一款类似《光环Ⅲ》的游戏里，如果你能集合全人类的力量，你会做些什么呢？

一方面，这个念头哪怕只是想想，也再荒谬不过了。召集 60 亿人去参加一场虚拟战争，意义何在呢？但反过来说，有 60 亿人支持一场虚拟战争的同一方，你能想象那会是一种什么样的感觉吗？

我想，很明显，这种努力一定拥有真实的意义，哪怕它不能在现实世界产生任何价值。**如果能让整个地球的注意力都集中在同一个目标上，哪怕只是短短的一天，哪怕只是在游戏里抗击外星人，它也会是一个真正能唤起人敬畏的时刻。**这将是整个人类历史上最宏伟的集体经历，它会让整个地球激动得寒毛倒立。这就是玩家们能够设想出来的宏伟规模，这就是玩家们打算着手建设的规模。

玩家们能够想象，因为敬畏和惊奇感，60 亿人聚在一起对抗虚拟敌人。他们已经准备好在极端庞大的规模上共同努力，朝着宏伟的目标前进，只为了它带来的深入骨髓的欢愉。从整体上看，这种幸福越多，拯救地球的可能性就越大。当然，不是从虚拟的外星人手里拯救地球，而是指从冷漠的手里拯救它，不让人们的潜力白白浪费。

心理学教授、《我一代》（*Generation Me*）一书作者简·滕格（Jean M. Twenge），曾极具说服力地指出，如今最年轻的一代，尤其是 80 后，“比以往任何时代都更可怜”。为什么呢？因为我们的文化越发强调“自尊”和“自我实现”。但正如无数心理学家、哲学家和精神导师所指出的：真正的实现，来自履行对他人的承诺。**我们希望别人不是因为“我们是什么人”而尊敬我们，而是因为我们做了某件真正重要的事情而尊敬我们。**

游戏化洞察

滕格的研究指出，我们越是专注于自己、回避对他人的承诺，就越是感到焦虑和沮丧。可这仍不能阻止我们独自寻求幸福。我们错误地以为，把自己放到第一位，才能最终得到自己想要的东西。但事实上，真正的幸福并不来自于多考虑自己，而来自于较少地考虑自己，并亲眼看到自己在远比个人需求更重要的宏伟事业里扮演了一个小小的角色。

参加集体活动，投入敬畏之情，有助于我们释放自己的潜力，过上有意义的生活，在世界上留下有意义的痕迹。

哪怕留下记号的地方是虚拟世界，我们仍能体会到现身宏伟事业是怎样一种感觉。因为我们点燃了大脑和身体以体会价值、寻求宏伟意义这一情绪奖励。诚如近来的研究显示，我们越是在游戏世界里享受这些奖励，就越有可能在现实世界里寻求它们。

2009 年，来自美国、日本、新加坡和马来西亚等国家 8 所大学的研究团队发表了 3 份科学研究，调查了以下两者的联系：在要求“帮助行为”的游戏里所花费的时间以及玩家日常生活中帮助他人的意愿。3 项研究分别以 13 岁以下儿童、青少年、大学生为侧重点，研究人员调查了总计 3 000 多名年轻玩家，全部得出了相同的结论：青少年在要求玩家互相帮助的游戏里待得时间越久，在现实生活里就明显越爱帮助朋友、家人、邻居，甚至陌生人。

尽管这些研究并不只针对规模宏伟的游戏，但它们的核心结论在较大规模上似乎仍保持一致。合作研究人员、密歇根大学社会研究所通信及心理学教授布拉德·布什曼（Brad Bushman）说：“这些结果表明，亲社会游戏和乐于助人行为呈螺旋上升趋势。”我们在游戏里越爱帮忙，在生活里就越爱帮忙。有充分的理由相信，我们越是在游戏里学习为宏伟事业做奉献，就越有可能在真实世界里为宏伟事业做奉献。

心理学家亚伯拉罕·马斯洛（Abraham Maslow）说过一句名言：**“了解自己想要什么并非常态，它是罕见而艰巨的心理成就。”**但今天最优秀的游戏为我们提供了强大的工具，帮助我们获得这一罕见的自我认知。

游戏化洞察

游戏向我们展示了在生活里真正想要的东西：更满足的工作、更大的成功希望、更强的社会联系以及有机会参与超越自我的宏伟事业。有了产生这 4 种情绪奖励的游戏，我们就拥有了提升生活质量的无限潜力。每当和朋友、家人、邻居一起玩这些游戏，我们也就是在帮助自己关心的人丰富他们的生活。

游戏教我们认识到什么东西能真正让我们幸福、如何让自己变得更好，但我们该怎样把这些知识应用到现实世界呢?

游戏行业满足了人类最基本的4种渴求，为自豪和心流提供了可靠的来源，朝着让人更幸福、更富情绪适应力的大道上迈出了坚定的步伐，但它能做的始终是有限的。我们还没有学会怎样更彻底地享受真实生活，在过去35年，我们全都用来学习怎样彻底享受游戏生活了。

相较于一成不变的现实，我们创造了越来越多极具吸引力的替代品，以逃离日常生活中经常碰到的无聊、焦虑、疏离和无意义。这正是我们将游戏知识应用到现实生活设计中的大好机会。**我们需要建设不一样的现实：与现实世界、现实生活互动，而且是更具游戏色彩的新途径。**幸运的是，建设新一代现实的项目已经启动了。

REALITY IS BROKEN

WHY GAMES MAKE US BETTER AND HOW THEY CAN CHANGE THE WORLD

第三部分

游戏化的运作机制

拉尔夫·沃尔多·爱默生

美国思想家、诗人

整个人生就是一场实验，尝试得越多，就越好。

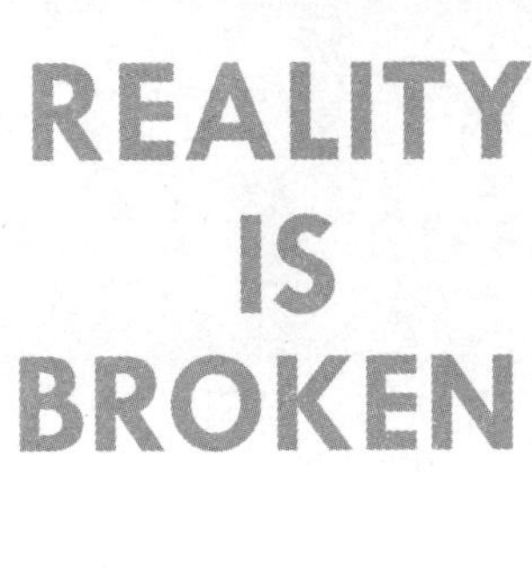

第 7 章

全情投入当下

游戏化的参与机制

- 与游戏相比，现实难以投入。游戏激励我们更积极主动、热情洋溢、自我激励地参与到自己正在做的事情当中。

- 平行实境游戏不是为了逃避现实，而是为了从现实中得到更多。它让我们不仅全情投入游戏生活，更全情投入现实生活。

每当穿过公寓前门，我就进入了一个平行实境。较之正常的现实，它别无二致，只是有一点例外：要是我想打扫浴室，就得偷偷摸摸地干。要是我丈夫齐亚什（Kiyash）觉得我会在星期六上午清理卫生间，他会早早爬起来，蹑手蹑脚地走出卧室，无声无息地打乱我的算盘。但我住在这个现实替代品里已经很久了，早就设计了一套有效的还击策略：我会在每个星期中他最料想不到的时候打扫浴室。我挑选的时机越是不循常规，就越有可能抢在他前面完成这份苦差事。要是这套策略失败了怎么办？呃……这么说吧：把厕所刷藏起来这种蠢事儿，我还没好意思干过呢。

我们怎么会互相抢着干脏活儿呢？因为我们在玩一个名叫《家务战争》（*Chore Wars*）的免费在线游戏。碰巧的是，给真实世界的厕所清除污渍，比我们在“41楼忍者”干任何脏活儿挣到的经验值都多。“41楼忍者”是我们在游戏里的公寓，在41楼，而我丈夫对忍术又超级着迷，所以就取了这样一个别名。每当走进公寓大门，我就进入了一重平行实境。它看起来和普通现实世界完全一样，只有一点除外：我想打扫卫生间的时候，必须偷偷摸摸。

让讨厌做的事抢着做

《家务战争》是一个平行实境游戏[①]，这是一个在真实生活而非虚拟环境里

① 平行实境游戏（Alternate Reality Gaming，ARG），是一种以真实世界为平台、融合各种虚拟的游戏元素、玩家可以亲自参与到角色扮演中的多媒体互动游戏。在国内，有的译作“侵入式虚拟现实互动游戏”“另类实境游戏”“候补现实游戏”“虚拟现实游戏”“替代现实游戏”等。——编者注

玩、以便让你更享受生活的游戏。它本质上是《魔兽世界》的简化版，但有一点显著的不同：所有在线任务都跟现实世界的清洁任务相对应，不是跟网上的陌生人或遥远的朋友玩，而是跟你的室友、家人、同事玩。英国实验游戏开发员凯文·戴维斯（Kevan Davis）2007 年创造了《家务战争》，称它是“家务管理系统”。它旨在帮助你跟踪有多少家务劳动要做，并鼓励所有人更快乐地做更多家务。

游戏化实践

要玩《家务战争》，你首先得从现实家庭或办公室里招募一个“冒险伙伴”。也就是说，你要让室友、家人或同事上网注册，你们一起给自己的王国命名，创建游戏里代表自己的虚拟化身。

凡是创建了虚拟化身的人，都有资格承担你们在游戏数据库里量身定制的“冒险活动”。在我家，这些“冒险活动”包括清理洗碗机、煮好早晨的第一壶咖啡等。但因为这是一个角色扮演游戏，因此它鼓励你从荒诞的角度改写家务名称。举个例子，在“41 楼忍者”王国，为我家的喜乐蒂牧羊犬洗澡是“从乱蓬蓬的毛发里拯救狗女士”，洗衣服是“施魔法召唤出干净衣服”。

每当你完成这些家务琐事，就登录游戏报告成功。每件杂务都授予你一定数量的经验值、虚拟金币、宝物、虚拟化身力量升级，或是能提高你虚拟技能的点数：比如，除尘而且没碰掉书架上的东西，敏捷度加 10 点；拎出 3 袋可循环垃圾，耐力加 5 点。再加上这些冒险活动都是你自己一手设计的，还可以自定义游戏奖励，让最枯燥的家务劳动变得更具吸引力。所以，才有了前文我家打扫卫生间的大战，它值整整 100 经验点。

完成的家务劳动越多，赚到的经验点和虚拟金币就越多，在线虚拟化身升级得就越快。但《家务战争》不仅记录虚拟化身的升级，还带给你真正的奖励。游戏在说明里鼓励家庭发明创新方式，将虚拟金币兑换到真实生活当中。如果你在跟自己的孩子玩，可以用金币来交换零花钱；也可以用它来让室友轮流买饮料，让同事轮流买咖啡。我跟丈夫共用一辆车，所以，每回我们一起开车的时候，都会用金币来竞标播放什么样的音乐。

但跟虚拟化身升级、金币的积累、选播音乐的特权比起来，最令人满意的地方还在于，跟丈夫一起玩《家务战争》9 个月之后，他挣到的经验点比我更多。虚拟化身的统计数字不会说谎：在近一年的时间里，齐亚什花了比我更多的工夫打扫公寓。

毫无疑问，这是一场“输就是赢”的游戏。齐亚什因成为“41 楼最棒的忍者”而满足，我则因为比丈夫少做了家务而欣慰，除非哪天我的好胜心又作祟了。更不必说，共同承担家务比不停唠叨数落对方好玩多了。当然，还有一点额外的好处：我家变得比从前干净多啦。《家务战争》把我们通常讨厌做的事，变成了做起来感觉新鲜有趣的事。游戏把我们不得不做家务劳动的现实变得更好了。不是只有我们这么想。《家务战争》是互联网上备受赞赏、大获喜爱的做家务诀窍，尽管知道它的人不多。

> 一位来自得克萨斯州的母亲描述了《家务战争》带来的典型经历：“我们有 3 个孩子，分别是 9 岁、8 岁和 7 岁。我和孩子们坐在一起，给他们看各自的人物和冒险活动，接着，他们简直跳起来，跑着去做自己挑选的任务了。我还从来没有见过 8 岁的儿子铺床呢！再看到丈夫出手清理烤箱，我简直乐晕了过去。”
>
> 很明显，不仅小孩热衷这一套，20 多岁的年轻人也一样。另一位玩家报告说：“我跟另一个女孩还有 6 个小伙子一起住在伦敦的一套房子里。很多时候，只有我一个人收拾，我简直快要疯了。昨天晚上，我给全体人注册了账户，定制了一些‘冒险活动’。今天早晨我刚起床，就发现房子焕然一新。老实说，我简直不敢相信自己的眼睛。我们简直是在抢着做家务！小伙子们互相较量，执着地想要击败对方！”

那么，《家务战争》到底是怎么做到这一点的呢？我们通常把家务劳动看作不得不做的事情。要么得有人唠叨，我们才会去做；要么不得不做。这也是它们叫作“琐事”的原因：顾名思义，不愉快的任务。《家务战争》的神来之笔在于，它说服我们：是我们自己想做这些任务。

不过，更重要的地方是，它对家务方程引入了有意义的选项。你在设立冒险团队时，首先要创建一套可供选择的冒险活动库。游戏不强行将冒险活动分派给玩家，人人都可以自行挑选，没有非干不可的琐事。所有的冒险活动都是你自己选的，由你自愿承担。游戏鼓励你对自己挑选的家务冒险采用某种策略，更是强化了这种自愿参与的感觉。你是想做很多能轻松快速完成的家务活儿，还是想一次尽可能多地挣经验值呢？你应当选择更艰巨、更重大的家务，好阻止其他玩家赚到大笔金币吗?

当然了，没有故意设下的限制，不必要的障碍也显不出什么好来。对《家务战争》的进阶玩家而言，真正的乐趣才刚刚开始呢。你可以为任何冒险活动设置新规则，把赚取经验点变得更艰难。

举例来说，你可以设定目标时间限制：如果能在 5 分钟以内把衣服洗好，经验点就翻倍；又或者，可以附加“隐身”要求：倒垃圾时不得被任何人看到；还可以干脆增加些荒唐的限制：这件家务活儿必须一边做一边大声唱歌或是倒着走。

这听来很可笑：把苦差事变得更难，为什么会让它变得更有趣呢？但和所有优秀游戏一样，限制条件越是有趣，我们越喜欢玩。《家务战争》的管理系统让玩家很容易为最普通的事情设想、尝试出新鲜的方式。按照定义，琐事是例行的，但不一定非得如此。**采用游戏的形式去做，哪怕是打扫清洁这种最平凡的事情也能让人体验到自豪感，只要你让它变得更具挑战性，或是要求我们在做的时候更具创新性。**

在现实生活中，做家务活儿能看到明显的效果：闪闪发光的厨房或是井井有条的车库。这是一种反馈，而且肯定令人满意。但《家务战争》巧妙地用一种更强烈的反馈，扩大了这种常见的小满足：虚拟化身升级。玩过在线角色扮演游戏的玩家都知道，练级是最让人满意的一种反馈形式。看着虚拟化身的形象越来越强大、越来越灵巧，每一项家务琐事都让人感受到了额外的满足，但如果单纯只是房间变得更干净了，起不到这样的效果。你不是为了别人在做这些工作，在游戏过程中也发展了自身的强项。

这个游戏最棒的一点还在于，你在这个过程中越变越好。哪怕洗干净的衣服又穿脏了、灰尘又开始积在桌上了，你的虚拟化身仍然越来越强壮、越来越聪明、越来越敏捷。这样一来，《家务战争》绝妙地逆转了家务劳动最令人沮丧的一面。家务活儿做完之后，成果可能立刻就黯淡了，但你赚到的经验点没人抢得走。

如果个人的成功出现在多人的背景下，总是更有价值，这是《家务战争》设计成功的另一环节。**游戏把所有的个体活动跟更宏大的社会体验联系到了一起：我不只是在做“我的”家务活儿，我还在跟其他人一起玩、一起竞争**。我可以看到自己跟别人比起来怎么样，并通过对照虚拟化身的强项，深入了解自己的独特之处。与此同时，我一边干活，一边想到自己的冒险活动会得到什么样的评论反馈：对手发来的友好嘲弄，或是其他人为完成如此艰巨的任务发出惊讶的赞叹。

《家务战争》并不是那种想一直玩下去的游戏。和所有优秀游戏一样，随着你越玩越好，它们注定会变得无聊起来。但即便过了几个星期或几个月，因为游戏激起的对家务劳动的兴趣黯淡下去，玩家们仍然实现了一个壮举：拥有了一段大家一起做家务的难忘经历。在一段时间里，这应当能改变他们对家务劳动的想法和干法。《家务战争》就是这样完成看似不可能完成的任务。**它通过附加不必要的障碍，实施更多激励反馈，把日常家务劳动变成了集体冒险活动**。这是游戏对现实又一重修补的完美案例：

REALITY IS BROKEN

7号补丁：全情投入

与游戏相比，现实难以投入。游戏激励我们更积极主动、热情洋溢、自我激励地参与到自己正在做的事情当中。

全情投入一件事，意味着自我激励、自我导向、浓厚的兴趣和真正的热情。如果我们是被迫做的，或是三心二意，就没有真正参与；如果我们不在乎事情的结果会怎样，就没有真正参与；如果我们被动地等待，同样没有真正参与。我们在日常生活中越是无法充分参与，获得幸福的机会就越少。事实就是这么简单直白。

> 我们真正渴望的情感和社会回报，需要积极主动、热情洋溢、自我激励地参与。平行实境游戏，就是为了帮助玩家更充分地投入当下，而不是逃避它、忍受它。

反遁世，从现实中获得更多

如果你觉得“平行实境”是个陌生的名词，这很正常。开发平行实境游戏，仍然是一个高度实验性的领域。自 2002 年以来，“平行实境游戏”这个词就成了技术性的行业术语，但仍有大量玩家和游戏设计师对此所知甚少，游戏世界的局外人就更不必说了。

随着游戏开发人员日益推进游戏对现实生活的影响极限，平行实境概念也越发成为游戏前景讨论的中心环节。它有助于推广游戏技术可以用来组织现实世界的活动这一观念，最重要的是，它唤起了一些创新的想法，融合了我们对游戏的喜爱以及对现实生活的渴望。

前不久，一个星期六的早上，我在 Twitter 上跟大约 50 个平行实境玩家和开发人员反复探讨“平行实境游戏”的定义。我们尝试想出一个简短的定义，真正捕捉到平行实境游戏设计的精髓，甚至尽可能地描述所有技术和形式元素。当然，后一点不一定非做到不可。我们集体拼凑出了一个关于平行实境游戏的描述，貌似比此前我看过的任何定义都更准确地抓住了它的精髓：**平行实境就是反遁世的游戏。**

游戏化洞察

平行实境游戏旨在让人不能或不愿进入虚拟环境时，更轻松地产生我们渴望的 4 种内在奖励：更满足的工作、更大的成功希望、更强的社会联系以及更多的意义。它们无意削弱我们从玩传统的电脑和视频游戏中所获得的真正奖励，但它们强有力地证明，这些奖励理应更轻松地在现实中获得。

换句话说，平行实境游戏跟普通游戏相反，你玩它不是为了逃避现实，而是为了从现实中得到更多。平行实境游戏开发人员希望我们不光全情投入游戏生活，更全情投入现实生活。

除了这一共同使命，优秀的平行实境游戏在风格、规模、范围和预算上都有着巨大的不同。类似《家务战争》这类平行实境游戏，雄心相对较小。它们在我们的个人生活里选择了一个极为具体的领域尝试改善。另一些平行实境游戏的目标非常大胆，涉及整个社群，甚至整个社会。例如，重塑公众教育，帮助玩家发现人生的真正目的，甚至改善我们的死亡或濒死体验。

当然，并非所有平行实境游戏都是为了改善我们的生活而设计的。其实，从历史上看，和大部分电脑和视频游戏一样，大多数平行实境游戏都只是为了带来快乐和情绪满足。但我的研究表明，由于平行实境游戏不是在虚拟空间而是在现实背景下玩耍的，它们几乎总有着改善我们真实生活的“副作用”。一些人或许会刻意区分“严肃的”平行实境游戏和“娱乐性质的”平行实境游戏，但我倾向于认为，所有的平行实境游戏都有着改善生活质量的潜力。事实上，新诞生的平行实境游戏①，以改善生活或改变世界为明确目标的比例明显更大。在后面的章节，你将会看到这些有着“正面影响”的平行实境游戏。

- 一些平行实境游戏是艺术家、研究人员、独立游戏开发人员或非营利组织以极其有限的预算设计并内部试玩的。它们多由相对较小的团队开发，玩家也只有几百或一两千人。
- 另一些平行实境游戏则得到了数百万美元的投资，由大型基金会支持或财富 500 强企业赞助。这些较大的游戏能吸引数万、数十万，甚至数百万的玩家。

尽管如此，如今的平行实境游戏基本上仍是对未来的小规模试探。它们展示了全新的可能性，只是还没有哪一款平行实境游戏真的改变了世界。但综合考虑，它们对利用游戏改善真实生活的重要而繁复的途径，逐一做了验证。所以，让我们来看几个开创性的平行实境项目。在此过程中你会发现，每一款优秀的平行实境游戏，都具有两大关键因素。

第一，与任何一款优秀游戏一样，平行实境游戏必须始终有选择的余地。我敢担保，如果你非得要谁来玩《家务战争》，它的吸引力和效果就损失了一大半。平行实境游戏要发挥效果，必须真正跟现实“平行”。

① 指 2007 年以后设计的，与 2001—2006 年设计的早期平行实境游戏相对比。——作者注

第二，只有选择的余地还不够，一旦活动上路，优秀的平行实境游戏还需要令人信服的目标、有趣的障碍以及精心设计的反馈系统，这也跟任何优秀游戏都一样。这 3 种特征打通了我们征服挑战、发挥创造力、推进能力极限的天然欲望，鼓励我们更充分地参与。这就是最优游戏设计的用武之地。毫无疑问，总有一些平行实境游戏比其他的更有趣、更能激励人，正如传统游戏里也总有最出类拔萃的一样。最好的平行实境游戏跟最好的传统电脑和视频游戏相同，能帮助我们为自己创造更满意的工作，培养更大的成功希望，强化我们的社会纽带，激活我们的社交网络，让我们有机会为宏伟事业做出贡献。

踏上“学习的远征”

有一款平行实境游戏实现了上述所有目标，名为《学习的远征》(*Quest to Learn*)。这一针对公立学校的大胆设计向我们表明，应该如何改革教育、鼓励学生像玩心爱的游戏一样全情投入学习。

游戏化洞察

如今“天生数字化”的孩子们[①]渴望用一种前代人不曾体验过的方式进行游戏。他们中大多数人生下来就能轻易接触到成熟复杂的游戏和虚拟世界，因此他们把高强度参与和积极投入视为理所当然的事情。他们明白极端激活是什么感觉，如果他们感受不到这个，就会觉得厌倦、泄气。他们有充分的理由产生这种感觉：如果从小就是玩复杂游戏长大的，在低动力、低反馈和低挑战的环境下正常发挥就太难了。这就是为什么数字一代的孩子们在传统课堂上比从前的孩子更辛苦。今天的学校基本上只是一大堆只能带来负面压力的长期的必要障碍，学业是强制性的、标准化的，一次失败，终身记录。因此，虚拟环境和传统课堂之间日益脱节。

① 第一代伴随着互联网长大、1990 年后出生的孩子们。——作者注

《教育数字原生》(*Teaching Digital Natives*)作者马克·普伦斯基(Marc Prensky)描述了当下的教育危机:

> “不能激励我,就只会激怒我。”如今的学生是这样要求的。相信我,他们很愤怒。我们教育的所有学生,在生活里都拥有一种真正能激励他们、一种他们经常做也擅长做、一种具备了真正激励和创新元素的东西……游戏就是这种创造性激励参与的缩影。相比之下,学校如此乏味,习惯了别样生活的孩子们根本无法忍受。和前几代成长氛围里没有游戏的学生不一样,这一代的孩子知道真正投入的感觉是怎么一回事,他们很清楚自己渴望什么。

为了尽量弥合这一差距,教育家们用了10年时间把更多的游戏带进学校。教育类游戏成了一门不断发展的庞大产业,它们被用于帮助孩子掌握你能想象得到的所有主题或技能,无论是历史、数学、科学还是外语。一旦这些游戏发挥作用,把良好的游戏设计和浓厚的教育内容结合起来,就为在日常学校生活里备受煎熬的学生们提供了可喜的救济。即便如此,这些教育类游戏充其量只能算是临时解决方案。投入度上的差距日益扩大,一个孩子要接受整整13年的公立教育,在此过程中,十来个教育游戏不足以显著而持久地改变局面。

那要怎么做才行呢?包括普伦斯基在内的一些教育创新家,越来越多地呼吁进行一种更为激进的、以游戏为基础的改革。他们理想中的学校不再使用游戏教育学生。恰恰相反,这种理想中的学校从头到尾就是一场游戏:每一门课程、每一项活动、每一个任务、教学和评估的每一刻,都从最激动人心的多人游戏中借用关键的机制和参与策略加以设计。它不只是一个想法——游戏改革运动已经正式上路了。现在,已经有一所全新的公立学校完全致力于为渴望通过游戏接受教育的学生提供平行实境。

游戏化实践

“学习的远征”为纽约市一所针对6 ~ 12年级的特许公立学校而设计,该学校是全世界第一所以游戏为基础的学校,但创办人希望它有朝一日能成为世界各地学校的典范。学校从麦克阿瑟基金会、比尔及梅琳达·盖茨基金会获得资助,在一队由教育工作者和专业游戏设计人员合作的联合小组指导下，经过两年的课程设计和战略规划，于 2009 年秋季正式开学。毕业于耶鲁大学、在纽约市教育局当了 10 年老师和行政管理人员的亚伦·施瓦茨（Aaron B. Schwartz）任校长，负责学校的运营工作；同时，在游戏产业从业 10 年的资深老兵、专门研究孩子怎样通过玩游戏学习的凯蒂·萨伦（Katie Salen）负责学校的课程和进度设计。

从许多方面来看，预科课程和其他学校差不多，学生们一天里在不同的时段学习数学、科学、地理、英语、历史、外语、计算机以及艺术。但学习的方式很不同：从早晨醒来到晚上最终完成家庭作业，学生们都在从事游戏意味的活动。

学生莱伊（Rai）读 6 年级，她的时间表可以帮助我们更好地理解“远征”校园里的一天。

上午 7 : 15。莱伊还没到学校就开始“远征”了。她正在从事一项秘密任务，解答昨天从学校图书馆的一本书里找到的秘密数学作业。为了早早地到学校见到朋友，她一起床就用手机短信和朋友乔、西莉亚沟通。他们的目标是：赶在其他学生发现秘密数学作业之前将它攻克。

这不是非做不可的作业，而是秘密作业，一次选做的学习远征。它非但不是非做不可，而且还得是孩子们首先发现它的秘密所在，才有完成的权利。秘密任务意味着，不是因为必须要做才去学习和练习分数运算。你是朝着自我选择的目标前进的，这个目标激动人心：抢在别人之前解码秘密信息。当然，不是所有功课都是特别的秘密任务。但如果每本书都可能藏着秘密代码、每个房间都隐含着线索、每本讲义上都留着谜题，有谁会不愿意更投入地来到学校，指望着第一个迎接秘密挑战呢？

上午 9 : 00。上英语课时，莱伊想的不是要得一个好分数。相反，她在尝试升级。她正设法完成讲故事的单元，她已经得到 5 点了，还差 7 点就能升入“故事大师”的级别。她希望今天完成创意写作任务，再给自己的总分加上 1 点。她有望成为全班第一个故事大师，但她并不担心错过机会。只要她愿意解决更多的任务，总能一路升到顶级，赚回相当于“A”的成绩。

练级是一种比基于钟形曲线的传统成绩系统更为公平的模式。只要不断努力，人人都可以升级。升级可以取代或补充学生通过一次性考试所取得的成绩。而且，就算在一次远征中失败了，也不会对你的成绩单造成永久性伤害。只需尝试更多的任务，赚到足够的点数，换回你想要的成绩就行。这种“成绩”系统以正面压力取代负面压力，帮助学生把焦点更多地放在学习而非绩效上。

上午 11 : 45。莱伊登录学校的电脑，升级自己在“专业技能交换”中的个人资料，这里是所有学生宣传自己学习超能力的地方。她打算公布自己是制图大师，而她原本并没有意识到制图也算是一个专业领域。她是在校外因为好玩才这么做的，为自己最心爱的 3D 虚拟世界绘图，帮助其他玩家更好地在里面驰骋。她的地理老师斯迈利先生看到她绘制的一幅地图后对她说：八年级的学生们正要开展一项团队远征，寻找非洲“隐藏的历史”：他们会从过去的日常物品中寻找线索，如交易用的珠子、挂毯和瓦罐。他们需要优秀的数码制图师，帮助他们根据自己发现物品的位置绘测有关这些东西的故事，并为其他学生设计一幅探索起来有意思的地图。

专业技能交换就像是宣传你擅长哪些游戏、喜欢玩哪些游戏的社交网络档案，以及能帮玩家寻找新队友的在线匹配系统。这些系统的设计目的就是鼓励和促进合作。公开自己的强项和兴趣，人们找到你、请你做自己擅长的工作的机会就变多了。在课堂上，这意味着学生们更容易找到途径，成功地为团队项目做贡献。有机会为一个大项目做你擅长的事情，能帮助学生在同龄人中建立真正的自尊——不是那种只为了自我感觉良好的空泛自尊，而是基于你所做的贡献而产生的真正尊重。

下午 2 : 15。星期五，学校总会请一位主讲嘉宾或“秘密盟友”前来。今天，这位秘密盟友是一位名叫贾森的音乐家，他用电脑程序创作音乐。在用自己的笔记本电脑现场做了演示之后，他宣布，过几个星期他会再来，以教练身份帮助学生迎接“最终级别”。为完成最终级别，学生们要组成团队，自己创作音乐。每支团队负责演奏不同的部分，有人说，计算机代码环节需要几个数学高手。莱伊很想参加这个项目，所以接下来的两个星期，她打算多花点时间，完成更难的数学作业。

“远征”的学校网站上说，“最终级别”是“为期两周的‘强化’单元，让学生们更新知识和技能，为复杂问题提出解决方案。“最终级别”是直接从视频游戏里借用的术语。在这一级别，你要面对“终极”怪物或者类似的东西——这头怪兽极其恐怖，所以你必须运用在游戏里学会并掌握的一切，它相当于期中或期末考试。“最终级别”出了名的困难，但攻克它能带来极大的满足。学校在学年的各时间点上安排了多个“最终级别”，以激发学生把所学课程应用于实践。学生们着手应对宏伟的挑战，即使失败了也没有什么好丢脸的，这就是“最终级别”，和一切优秀游戏一样，它的用意是调动你的胃口，更努力地去尝试和练习。

和协作任务相同，“最终级别”要求团队共同解决，每名学生必须取得资格、扮演特殊角色，如“数学高手”。正如《魔兽世界》里的大规模团战，每名参与者都要发挥自己的强项，这是“远征”学校赋予学生更有把握的成功的关键策略。除了基本的核心课程，学生们大多数时间都用于钻研自己有天赋或是本来就掌握得好的科目及活动上。这一策略旨在把每一名学生都培养得真正擅长某件事，把精力集中在自己未来最有可能取得非凡成就的领域上。

下午 6 : 00。莱伊在家里跟一个名叫贝蒂的虚拟人物互动。莱伊的目标是教会贝蒂做带分数的除法。贝蒂是“远征”学校所称的“受教代理”（teachable agent），它是“一种评估工具，要学生们教会数字人物解决特定问题”。换句话说，贝蒂是一个软件程序，它所懂的内容比莱伊少。莱伊的工作就是“教”它，耐心地给它展示解决方案和步骤，直到贝蒂弄懂。

在“远征”学校，这些“受教代理”取代了随堂测验，缓解了压力带来的焦虑。有了“受教代理”，如果你没有真正学会一件事，是不会接受检验的。相反，你指导别人，是因为你真正学会了它，而教别人正好是展示你掌握了它的机会。这是“纳奇斯”的强大威力：学生学得越多，就越能把它传递出去。它也是优秀视频游戏中学习环节运作的核心，“远征”学校将之圆满地转换成了一套可测量的评估体系。

秘密任务、最终级别、专业技能交换、受教代理、点数以及以升级取代成绩，毫无疑问，“学习的远征”是一种与众不同的学习环境，在任务设置上和近年来所有的公立学校都截然不同。它前所未有地将游戏精神注入了公立学校体系，造就了一个学生们分享秘密知识、将智力强项变成超能力、解决宏伟任务、不怕失败的学习环境。

2009 年，“远征”学校只设立了一个 6 年级班次，并打算在老一届学生毕业时每年新增一个 6 年级班次。学校的第一届学生于 2016 年毕业，到 2020 年有望从大学毕业。我愿意打赌，这个班上将出现大量能够创造性地解决问题、擅长合作、满脑子创新想法的青年，他们将全心全意地迎接现实世界的艰巨挑战。

要么自杀，要么把一切变成游戏

要么自杀，要么把一切变成游戏——经历了这辈子最凄惨的 4 个星期之后，这似乎成了我仅存的两个选择了。那是在 2009 年夏天，这本书刚写了一半，我意外脑震荡了。那是一场愚蠢的偶然事故：我站起身，头撞在了一扇开着的橱柜门上，当时立刻头晕目眩、眼冒金星，胃也痛了起来。丈夫问我总统是谁，但我的大脑一片空白。

> 有些脑震荡几个小时或几天之内就能好转，另一些则演变成了持续时间更长的震荡后综合征。我摊上了后一种，头痛和眩晕迟迟不去。任何时候，我一转头，就感觉像是在翻跟头，而且一直处在精神迷朦的状态。我变得健忘得很，总是记不起别人的名字，忘了把东西放在哪儿。要是我想读读书写写字，过不了几分钟，视线就完全模糊了。连跟人对话，哪怕是我感兴趣的话题，也无法保持清醒地坚持到底。甚至连身边有外人或是到公共场合去，似乎也让我无力承受。那时候，我潦草地写下这一行笔记：“诸事不利。铁腕敲碎了我的思想。我的整个脑子都感觉成了真空。要是我无法思考了，那我是谁呢？”

忍受这些症状 5 天之后，我又接受了一轮神经系统检测以证明我一切正常。

医生告诉我，我会好的，只不过恐怕要花上整整一个月时间，才能恢复常态。这期间，我不能读、不能写、不能干活、不能跑步，除非我全无症状。我必须避免任何会让我头部受伤或恶化的活动。可悲的是，我很快就发现，玩电脑和视频游戏什么的连想都别想，它们给人的精神刺激太大了。

这真是一个可怕的消息。一个月都没法做事，时间难熬得简直像永恒那么久。但至少，它给了我一个目标。我在日历上定好了日子：8 月 15 日，我会好起来。我相信它，而且非得相信它不可。

那一个月来了又去了，而我几乎全无好转。这时候，我发现，如果一个月没能痊愈，接下来的可能痊愈期是三个月。如果三个月还没能好转，下一个目标就是一年了。还要靠着受真空加压的大脑再熬两个月，甚至整整一年？我绝望得超乎了自己的想象。从理性上说，我知道事情本可能会更糟糕——说到底，我又没死嘛。但我感觉一层阴影笼罩在真实的自我上，拼了命地想恢复正常生活。

> 医生告诉我，脑震荡后感到焦虑或抑郁很正常。但她又说，焦虑和抑郁会加剧脑震荡的症状，让大脑更难以自愈。你越是焦虑或沮丧，感受到的震荡就越多，恢复期也越长。当然，症状越糟糕，持续时间越长，就越可能更加焦虑和抑郁。换句话说，这是一个恶性循环。要想好得快些，唯一的办法就是打破这个循环。

我知道自己陷在这个循环里了。就我的知识范围，唯一有可能打破它、让我乐观起来的事情，就只有游戏了。这是一个奇怪的念头，但我别无其他的事情可做，除了看看电视，以及用极其缓慢的步速行走。我从来没有设计过保健游戏，但这似乎是一个在全新背景下尝试平行实境理论的绝妙机会。虽然不能读不能写，但我希望自己还能保持创造力。

我立刻意识到一点：这得是个多人游戏。我曾费了很大工夫向亲密的朋友和家人解释，我有多么焦虑、多么沮丧，恢复过程是多么难熬，还对寻求帮助感到尴尬。我需要一种办法来告诉亲朋好友："我碰上了这辈子最大的麻烦，我真的需要你们的帮助。"但我并不愿意变成他们的负担，我想邀请人们来帮助我。

和进行其他平行实境项目一样，重塑现实之前，我必须研究眼下的现实。为此，有好几天，我把能集中精力的有限时间——当时差不多是每天 1 小时，用来上网了解震荡后综合征。根据各类医学杂志和报告，我拼凑出了专家们对所有创伤及慢性疾病一致认同的 3 条关键复原及有效应对策略。

- 第一，保持乐观，设定目标，专注于你取得的任何积极进展。
- 第二，得到朋友和家人的支持。
- 第三，学会像看温度计那样解读自己的症状。你的感觉告诉你什么时候该多做些、少做些或是需要休息，这样，就可以逐渐从事更吃力的活动了。

显然，这 3 条策略在我看来很像玩优秀多人游戏时该做的事情：有明确的目标，跟踪自己的进度，在做好准备的时候解决愈发艰巨的挑战，并跟自己喜欢的人保持联系。这些复原策略唯一缺少的东西，其实就是意义感：有趣的故事、英勇的目标以及参与宏伟事业的感觉。所以，《超好》(*SuperBetter*) 可以上场一展身手了。

《超好》是一个以超级英雄为主题的游戏，旨在将病愈过程变成多人冒险。它帮助患者从伤病或慢性疾病中更快痊愈，同时带来更多乐趣，减少病痛和苦难。游戏一开始有 5 个任务。它鼓励你每天至少完成一个，这样，不到一个星期，就能全部成功完成。当然，如果你挺有感觉，也可以快速完成。下面摘录了一些任务指示，以及我对游戏设计玩法的解释说明。

任务 1：创建你在《超好》里的秘密身份。你是这次冒险的英雄，可以是任何你喜欢的故事里的人物。所以，选一个你最喜欢的故事，什么都行，《007》、《绯闻女孩》、《暮光之城》或者《哈利·波特》、《蝙蝠侠》、《吸血鬼猎人巴菲》。你马上就可以借用他们的超能力，亲自扮演主角了。

我选择《吸血鬼猎人巴菲》作为故事主线，而我则化身成为“震荡猎人简”，我的症状成了吸血鬼、恶魔以及其他我命中注定要对抗的黑暗势力。这一任务的要点是开始认为自己具有神力，而非无能为力。它强调了面对疾病或创伤选择不懈抗争的事实。

任务 2：招募盟友。每个超级英雄都有关键时刻帮大忙的亲密朋友圈子。选择你最想依靠的人，邀请他们和你一起玩这个游戏。请每个人扮演特定的角色：蝙蝠侠需要罗宾和管家阿尔弗雷德；詹姆斯·邦德需要 M 先生、Q 博士和邦女郎；如果你是贝拉，至少会要个爱德华、雅各布和爱丽丝。给每名盟友一个与其性格相关的特定任务。运用你的想象力，想要什么尽管说！既然你在拯救世界，别羞于求助。务必要求至少一个盟友每天或每周通报你的成绩，也就是他们根据你最新的英雄活动来嘉奖你的成绩。

身为震荡猎人简，我招来我的双胞胎姐姐当我的“守护者”，即电视剧里巴菲的导师。她的任务是每天给我打电话，询问我“猎杀”脑震荡的活动情况；她还应该给我意见，并建议我尝试哪些挑战。玩《超好》之前，我不知道该怎样向她解释我真的需要每天和她联系，而不只是周末在电话里听听她的声音。

我找来丈夫当“薇洛”，即巴菲的知己，也是个电脑极客。他的任务是帮我统计得分，帮我读有趣的文章，替我在电脑上做任何我想做、但因为头痛没法做的事情。最后，我找来朋友娜塔莉和罗米尔，还有他们的小腊肠犬莫里斯，当我的“赞德”（Xander，同样是巴菲的好友）。他们的任务是每周来看我一次，给我一点鼓励。

为什么要招募盟友呢？社会学家们早就观察到，慢性损伤或疾病最难的地方就在于请求亲朋好友给予支持。但真正伸出手来，要求得到自己需要的东西非常困难。招募盟友预防了社交疏离，给了想帮忙但不知道怎么帮忙的人一些具体且可操作的事情。

为什么要设定成绩呢？每一个自豪时刻都有助于提升乐观感和控制感，医学上已经证明它能加速所有病情的痊愈，不管是膝盖受伤还是癌症。但要是有人向你汇报你的成绩，它会更有意义，这就是为什么让朋友或家人告知你的成绩非常重要。齐亚什根据《吸血鬼猎人巴菲》每一集的标题给我统计成绩。例如，我一整天都没有检查电子邮件，解开了“眼不见心不烦”成就；每天晚饭放弃饼干和冰激凌[①]只吃蔬菜，获得“丰收”成就。当时，这两件事对我来说就像是“宏伟”的挣扎。

任务3：寻找坏人。为了赢得这场战斗，你需要知道在跟什么东西抗争。观察一天里让你感觉糟糕的事情，把它们列入“坏人”名单。有些日子，你能跟这些坏家伙展开长时间的战斗，有些日子则不能。但每次战斗的时候，都希望能顺利脱身。也就是说，赶在坏人揍扁你之前溜走。只要你一发现坏人，就可以把它们列入名单，如果你彻底战胜了其中一个，就可以将它划掉，宣称自己取得了持久的胜利。

游戏之初，我的“坏人”名单上的重点，是那些明知会让自己感觉恶化但仍忍不住偷偷做的活动：阅读并回复电子邮件、跑步或做其他剧烈运动、玩《幻幻球》、喝咖啡，等等。

越是能准确地找出触发你症状的事情，就越能避免痛苦。从这些事情中顺利脱身，把潜在的失败关头[②]变成了胜利的一刻：我成功地辨别出了触发症状的东西，赶在它造成太大伤害之前溜走了。在我痊愈过程中的精彩一幕是，我让街角皮特咖啡店的全体员工帮我控制早上冰咖啡里的咖啡因含量，要知道早餐喝杯冰咖啡，是我真心无法放弃的享受。他们给我出主意说，不如先从90%的无咖啡因咖啡兑10%的咖啡因开始，慢慢适应，并逐渐增加咖啡因含量，比如一半无咖啡因兑一半咖啡因，等我的大脑最终痊愈，能够重新接受刺激时，再换回100%的纯咖啡因咖啡。

任务4：找到你的“补充能量块”。这是你拥有超能力之后的一大福利。兴许，它们不属于你正常的超能力，但在感觉不舒服的时候，你肯定会有些帮忙改变心情的事情可做。列一份名单，一旦发现坏人占据上风，就把它们召唤出来。你还可以每天尽量多地收集“补充能量块”！

① 饼干和冰激凌是我脑震荡后减压的心爱之物。——作者注

② 潜在的失败关头是指，没法做自己想做的事，或本来力所能及的小事都难以完成。——作者注

为了脑震荡后复原，我开始注意有哪些是可以不因头部受伤而照常能做的事情。抚摸很好，我可以坐下来抱着我的牧羊犬；聆听很好，我可以坐在窗前听播客。我在感官世界里发现的最大超能力来自嗅觉：我真的喜欢上了闻不同的香水味。我会走到卖香水的柜台，在卡片上喷十多种香水的样品，然后带着卡片回家，逐一把它们闻个遍，观察它们出现了什么样的变化，了解不同的“嗅点”。这是一件不会损伤大脑、又让我最为投入的活动。后来，等我的眩晕逐渐好转，我又在清单上加了新的一条：和丈夫一起去爬旧金山市区的小山丘。“补充能量块”能帮助你产生力所能及过好每一天的感觉，具体的积极行动则提高了打破抑郁或沮丧等恶性循环的可能性。

任务 5：创建“超级英雄待做事项”清单。不见得每一个任务都能做到，但心怀远大梦想不会是坏事。请为自己设定目标清单，包括你 100% 肯定自己现在能做到的事情，以及哪怕在生病或受伤前做梦都做不了的事情。清单上的每一件事，都应当能让自己感觉很好或是表现出自己的强项。每天都争取有所进步，完成清单上列出的某件事，并划掉它。务必获得盟友的帮助和建议。

最后这个设想的灵感来自我在新西兰一位职业治疗师网站上看到的问题：“如果我不能带走你的痛苦，你希望生活中另有什么其他改善吗？”优秀游戏的一大特点是：结果的不确定性。你玩是为了确定能做到多好，而不是因为保证能赢。《超好》承认存在未能完全康复的可能性，但它能让失败变得不再那么可怕，因为在这一路上，还有其他大量的目标可追求、其他有益的活动可从事。这就是为什么务必要在游戏中插入一个环节，尽量多地发现仍然力所能及的积极活动。不管治疗或恢复过程中发生了什么，它都增加了我进一步享受生活的希望。

在我的超级英雄待做事项当中，为住在我家附近的人做饼干是最容易的一件。我很喜欢这个任务，一共做了 3 次之多。另一件更具挑战性的任务是找机会穿上我最心爱的紫色靴子，这意味着积攒能量外出见人。在和一大群朋友一起看了一场电影之后，我把它从清单上划掉了。我穿得有点过分隆重了，但不管怎么说，感觉很棒。当然，待做清单上最重要的事情，是完成这本书。

等你完成了 5 大任务，接下来的挑战就是跟盟友们保持频繁联系、收集能量块、对抗坏人并顺利脱身，一一解决超级英雄待做事项。你可能希望用游戏日志、到 YouTube 上传当日视频或在 Twitter 上公布成绩，来“锁定”游戏进度。

每天快结束时，跟一位盟友进行秘密会晤。清点你顺利脱身、收集的能量块和超级英雄点数。尽量多地和其他盟友聊天，告诉他们你做了些什么来达成“超好”。问他们有些什么新想法，可以添加到你的待做事项中。确保至少能有一个盟友每天向你通报成绩。和朋友们在线共享这些成绩，用 Twitter 或 Facebook 更新状态，让他们对你的进步跟帖。

这就是《超好》的玩法。但它真的能改善身体康复的现实吗？最初玩的几天，我的心情比撞了脑袋之后的任何时候都要好。我感觉终于在做一些走向痊愈的事情了，而不是整天躺着、坐等大脑自愈。

我的症状没有即刻改善，但无论如何，我有了更多动力做积极的事情以打发日子。每天，不管感觉多糟，我都会记录下至少一次顺利脱身、抢下至少一个补充能量块、得上几分、解锁一项成就。做这些事情并不需要得到治疗，只是要求你做出努力，更充分地参与到自身痊愈的过程当中。

这不是一件能用科学证据确切地加以证明的事情。我只能说，对我自己而言，痛苦的愁云最先散开了，接着没过多久，症状的迷雾也开始退却。扮演“震荡猎人简”之后的两个星期，根据齐亚什帮我记录的疼痛和精神集中问题日志，我的症状改善了约 80%（采用 10 分制评估），我每天能够工作 4 小时以上了。不到一个月，我就觉得差不多完全恢复了。不玩这个游戏会不会恢复得更快些呢？我说不准，但我感觉它大有助益。但可以肯定的是，在痊愈过程中，我少受了许多苦，这是游戏带来的直接结果。前一天我还沉浸在痛苦中，第二天就没有了；自从我玩起了游戏，就再也没有那么痛苦过。看到我的盟友们加入游戏，我感觉他们真正理解了我的遭遇，我再也不曾迷失在愁云里。

自从发了一条“战胜脑震荡”的推文后，我收到几十个人的请求，要我把所有的规则和任务公布出来，好让其他人也能跟自己的疾病、创伤来一轮“游戏”，比如慢性背疼、社交焦虑、肺病、偏头痛、戒烟的副作用、新确诊的糖尿病、化疗，甚至单核血球增多症。我把游戏规则公布在博客上，并给它起了一个更通用的名字《超好》。毕竟，大多数人说不定并不喜欢“吸血鬼猎人巴菲”。我建议人们使用热门话题标签“# 超好”来标注自己的视频、博客或 Twitter 更新，方便大家在网上找到同道中人。我并没有开发一套网络应用程序或是自动化评分系统，更没有为它建立社交网络。**游戏不一定非得是电脑程序，它也可以像国际象棋或躲猫猫那么简单，只是一套玩家可以彼此传递的规则。**

平行实境游戏可以很简单，一个好点子、一个看待问题的全新角度，就足够了。当然，《超好》无意取代传统的医疗咨询或治疗，它的目的是提供良好的建议，帮助患者在痊愈过程中扮演更积极主动的角色。当生病或疼痛时，你想要的无非是好转。但好转需要的时间越长，整个过程就变得越艰难。

游戏化洞察

当我们不得不面对难以好转的严峻现实时，优秀的游戏能帮助我们更好地应对。有了平行实境游戏，跟心爱的超级英雄故事联系起来，我们可以更容易地保持乐观，因为我们设定了更合理的目标、更好地跟踪自身进展。哪怕苦苦挣扎我们也会感觉成功，因为朋友和家人每一天都在向我们分享骄傲时刻。我们能构建更强有力的社会支持系统，因为邀请人参加游戏比请求他人帮助容易多了。我们会满怀希望地在自己的努力中寻找真正的意义，培养真正的个性，克服不得不面对的艰巨挑战。

新游戏，新社群

本章讨论的 3 个游戏，代表了开发平行实境、解决生活质量问题的 3 条主要途径。

- 《家务战争》是生活管理类平行实境游戏的例子，一种帮助你像游戏般管理真实生活的软件程序或服务。
- 《学习的远征》是组织类平行实境游戏的代表。它把游戏设计作为创造新制度、发明新组织实践的指导哲学。
- 《超好》是概念类平行实境游戏。它利用社交媒体和网络病毒式传播新游戏设想、任务和规则，玩家根据适合自己的方式加以改变和调整。

创造平行实境不光只有这 3 种方法。在本书后面的章节中，你还将看到现场活动类平行实境游戏：召集玩家到实体现场参加游戏，每天只花一两个小时玩；以及叙事类平行实境游戏：使用多媒体讲故事，如视频、文本、图片、音频甚至绘本小说，将真实世界的游戏任务改编成一个引人入胜，可以玩上几个星期、几个月甚至几年的虚构故事。当然，等你读到这本书的时候，说不定又冒出了数百个新的平行实境游戏。这场运动才刚刚起步。我们在设想平行实境游戏运动如何展开的时候，总能够从过去寻求指引。

早在 20 世纪 70 年代，电脑和视频游戏革命爆发之前，另一场游戏革命就出现了，留下了一笔不那么大张旗鼓，但更为重要和持久的遗产，人们称之为“新体育”运动（New Games）。从字面上看，也是“新游戏”的意思，其目标是重塑体育，让它变得更讲究合作、更注重社交、更具备包容性。新体育运动的理念很简单，分为两部分。

- 第一，任何人都不应该因为玩得不够好而当替补、坐冷板凳。
- 第二，竞技比赛不应该争输赢。它应该是为了获得更多的乐趣、比另一支队伍玩得更难也更久。

这个运动的发起人是以旧金山为大本营的一群反文化主义者，他们发明了数十种新体育活动，全都比传统体育活动更傻气、更壮观。

其中最著名的一个叫“地滚球”（earth ball），球的直径近两米，需要几个人一起才能推动它。还有一个叫“降落伞”，由 20 ~ 50 人站在一张降落伞的边缘，一起拍打它、抖动它，使之形成不同的形状和涟漪。他们在湾区（Bay Area）举行了大型的新体育运动会，并在全国各地上万所学校、公园和娱乐部门做了培训，好让这些机构把新体育纳入其教育和公共娱乐项目当中。

当今许多顶级游戏开发人员就是在学校和公园里玩着新体育活动长大的，也不难看出新体育对今天多人游戏和大型多人游戏设计师的影响。从大型多人在线游戏里的合作任务，到游戏机上 256 名玩家的作战环境，现在的视频游戏看起来很像是新体育运动，只是转入了虚拟世界。事实上，过去 10 年我参加的每一届游戏开发者大会上都有人提起“新体育”理论，很多游戏设计师还想方设法地为自己搞到一本自 1976 年出版后鲜为人知、早就绝版了的《新体育之书》（*New Games Book*）。

《新体育之书》里有如何开展新体育活动的说明，以及解释这场运动理念的文章，这些文章更为重要。我的许多同行朋友都承认，他们会狠狠地翻阅这本书，从中寻找游戏设计灵感。

这本书里有一篇文章我特别喜欢，我简直要把上面的铅字都给磨穿了。它就是伯尼·德考文（Bernie DeKoven）撰写的《创建游戏社群》（*Creating the Play Community*），他当时是新运动基金会的共同执行人，现在是一流的游戏理论家。在文章中，德考文呼吁建立玩家自愿参与、为运动效力的社区。他问：什么人愿意尝试这些游戏，并帮忙评估它们是否比传统体育活动更好呢？如果这些新的体育活动真的更好，社群应该教会别人怎样玩；如果不见得更好，玩家们应当提出改进之道，或是着手发明自己的新游戏以供检验。他解释说：

因为这些活动是全新的，我们产生了一种尝试感。没有人能保证什么。如果一项活动不好玩，我们便努力修补，看看能不能让它好玩起来。毕竟，这是一项新活动，它不是官方版。事实上，我们所有人，每一个参加新体育活动的人，就是官方。判断是我们自己做出来的。我们每个人都要承担责任，发现大家能在一起玩、一起享受的东西。

这就是目前围绕平行实境游戏发展起来的社群。我们在开发平行实境的过程中，对真正能提升我们生活质量的东西、对有助于我们更充分地投入真实生活的东西，甚至对单纯的消遣活动，都要持既开放又批判的态度。未来几年将出现大量不同的平行实境，而要塑造这场运动，不能只靠游戏开发人员。玩家比任何人都更有资格判断，新的平行实境游戏是否真的出色。

平行实境游戏提炼了最能为我们带来期望奖励的 4 项设计原则。传统电脑和视频游戏开发人员一马当先，不断创造出获取这些奖励的新途径；而平行实境游戏开发人员借鉴并改进了这些设计策略和开发工具，用它们让世界变得更像游戏。

游戏化洞察

在确定优秀平行实境游戏有哪些不同的构成元素时，总会出现三重附加标准。

第一，我们在什么时候、什么地方需要平行实境？哪些环境、什么样的空间需要它？什么时候抛开现实会更好过？

第二，我们应该把什么人纳入自己的平行实境游戏？除了亲朋好友，我们还想邀请什么人来一起玩，并因之受益？

第三，我们应该采用什么活动作为平行实境游戏的核心机制？游戏设计讲究结构性，包含三大块：目标、规则和反馈，但在符合要求的结构当中，我们可以要求玩家做任何事情。我们应当鼓励哪些习惯？我们应该增加哪些活动？

这 3 重不同的标准，就是接下来 3 章的主题，反过来，它们又涵盖了 3 种关键类型的平行实境项目：旨在让不同活动变得更具奖励性的平行实境，旨在建立全新的现实世界社群的平行实境，以及旨在帮助我们培养日常习惯、变得幸福的平行实境。

REALITY IS BROKEN

第 8 章
实时反馈
游戏化的激励机制

- 与游戏相比，现实不得要领，而且费力不讨好。游戏帮助我们感受到更多的奖励，让我们全力以赴。

- 瞬时的积极反馈让玩家更为努力，更成功地完成艰巨的挑战。把我们本来就喜欢的事情变得更像游戏值得一试，它能让我们做得更好，把目光放得更为高远。

平行实境如何让不同的活动变得更具奖励性？我在奥斯汀会议中心的人群中抱怨说："如果说我这辈子有什么遗憾的话，那就是我练的亡灵法师居然比我还聪明。"从技术上来说，此话不假：就算你把我这辈子在现实世界里从小学到研究生得过的所有"A"加起来，总数仍然比不上我在《魔兽世界》的虚拟化身的智力点数。一旦告别校园，你在生活里变得再聪明也得不了分了。

发出如此感慨时，我正在西南偏南年度互动大会（SXSW Interactive）上做主题演讲。自然，我选择的主题是：现实世界未能像一款优秀游戏那样让人投入，我们该怎样弥补它？我对听众说："要是在这场演讲中我每次冒出一个聪明设想，都能加 1 点智力就好了，或者至少在当众演讲方面能多加几点。"我解释说，尽管自己喜欢演讲，但它也是一件让人精疲力竭的活动。要是我围绕演讲桌走动，我的 PPT 上能弹出一些"+1"的对话框，一定能带给我不少激励。

+1，在真实的生活里"升级"

几天后，我回到加利福尼亚的家里，收到了一份来自陌生地址的电子邮件，邮件主题是"克莱承认你的强项"。克莱是谁？我不认识哪个叫克莱的人呀。不管怎么说，我还是打开了电子邮件。

你的一位朋友克莱·约翰逊，承认你的一些强项，并为之 +1 点。具体来说，他们认可的是以下这些属性：

+1 智力

+1 公众演讲

+1 启发

恭喜！日安。

过了几分钟，克莱·约翰逊本人发来了另一封电子邮件。

一如你在西南偏南大会上的请求，你的公开演讲已经 +1 了！刚才应该已经在收件箱里看到它了。你在演讲中说到这事儿的时候，我想："她为什么不能在公开演讲上 +1？"于是我就建了这个网站：plusoneme.com。演讲很棒，来看看有多少人受了你的启发吧。

我点开链接，果然，那儿有一个完美的网络小程序，列出了 37 种不同的个人强项：如创造力、慷慨度、速度、时尚、倾听力、毅力，并根据它们为人们提供属性统计，进行跟踪。

游戏化实践

这套属性统计涉及范围广泛，十分多元化，比我从前在角色扮演游戏里见过的要丰富得多。对于你送出的每一个"+1"，都可以附上理由："+1 毅力，为你在会议上坚持自己的主张。""+1 耐力，为你今晚熬过了这么漫长的回家之路。"不管对方是否注册，你都可以为他们送去"+1"的电子邮件。如果他们加入了这一网站，创建了配置文件，他们的"+1"点数就能够随着时间的推移累积起来。到目前为止，我已经积累了 +25 的创新力，因为每当我展开创新工作，就会请同事们去为我"+1"。

你可以在自己的博客或社交网络主页上添加"+1"的订阅源（feed），好让亲朋好友看到你在擅长领域里升级的速度有多快。说到底，如果你希望在真实生活里升级，也就是说，如果你希望对自己正努力尝试的东西拥有一套客观尺度，"Plusoneme"应用正合你意。

因为克莱·约翰逊给了我第一个"+1"，我决心对他多做些了解。原来，他是阳光实验室（Sunlight Labs）的名誉总监，这是一个致力于让政府变得更加透明、更便于普通人参与的开源开发社区。我们就如何利用游戏反馈系统提高民主参与度进行了一些十分有趣的对话。老实说，如果有一天我看到冒出一个Plusoneme.gov 网站，帮助选民更好地为当选官员提供反馈，一定不会感到惊讶。

游戏化洞察

"plusoneme"不是游戏，它没有内置目标，对你如何获得"+1"也不做限制。它更像是一种游戏的姿态、一种大声的沉思：在现实生活中，每当我们克服障碍、努力工作时，不断获得实时的积极反馈会有什么感觉呢？我们会更有动力吗？我们会感觉得到了更多奖励吗？我们会加倍向自己提出挑战吗？

越来越多的平行实境项目暗示，所有这些问题的答案都很肯定："没错。"帮助我们在真实生活中升级的系统、为我们提供与现实活动相关的自愿障碍、让我们获得更好的反馈，确实可以让我们变得更为努力。

这也是游戏对现实的又一重修补：

REALITY IS BROKEN

8号补丁：人生的升级

与游戏相比，现实不得要领，而且费力不讨好。游戏帮助我们感受到更多的奖励，让我们全力以赴。

一款优秀的游戏有着用之不尽的内在奖励，任何玩它的人都能无限地唤起积极的情绪，在最有可能收获满意回报的地方付出最大的努力。

享受现实，重新夺回控制权

我讨厌坐飞机，但还是花了大量的时间搭乘飞机，每年超过 150 个小时。我坐飞机时总是紧张。这么多年来我已经好了不少，但仍然没有办法在飞机上正常工作、就餐和睡觉，当然更没有办法在飞机上放松了。有一半的时间，我几乎焦虑得有点病态。就算飞行过程没有问题，因为压力和时差我也会精疲力竭，要好几个小时甚至一整天才能恢复。超过 2 500 万的美国人都对飞行有恐惧感，52% 经常搭乘飞机的人说，形容空中旅行最贴切的词语是“令人沮丧”。这对我们的健康和福祉产生了重大后果。

游戏化洞察

失控是一种基本的紧张感觉。研究人员已经证实，它极大地冲击着我们的幸福和身体健康，而且它不只出现在我们受负面影响的时候。每当尝试一种自感危险或无力的经历，我们的免疫系统就会遭罪，事后的几个小时甚至几天，我们都会产生较强的焦虑、沮丧和悲观感。

当然，游戏帮助人们重新夺回控制权。真正的游戏在定义上始终是自愿参与的，它始终是我们自由选择的结果。同时，在游戏中朝着目标前进、变得更加擅长，为我们注入了尽在掌握的力量感。

由于商业飞行使得这么多人陷入紧张不安的状态，机场和飞机成了游戏设计干预的完美目标。如果我们能期待航班而不是害怕它们，如果我们能在行程一开始就感到强大而非无助，世界各地频繁飞行的旅客的生活质量便会扶摇直上。就连最害怕飞行的那一部分旅客，也无须一听到出差就后退，能更多地见识外面的世界了。

但什么才能让飞行真正变得有奖励呢？忘掉常客里程和其他旅行奖励计划吧！如果你本来就对飞行感到沮丧或担惊受怕，赚取更多的里程是不会让你更快活的。我们需要的是内在奖励项目，有两个专门针对空中旅客的新游戏向我们展示了该如何实现它：《喷气人》（*Jetset*），全世界第一款针对机场的视频游戏，以及《云中日》（*Day in the Cloud*），一款飞机内部的寻宝游戏，用于在 3 000 米高空上飞行的飞机之间玩耍。

《喷气人》是一款 iPhone 手机游戏，由总部位于亚特兰大的开发商 Persuasive Games 开发，以卡通的形式模拟机场安检线。

游戏化实践

《喷气人》游戏载入后，就能在 iPhone 屏幕上看到虚拟乘客鱼贯通过卡通金属检测器，而虚拟行李则滚动着通过 X 光机。你在游戏中的角色是安检人员：点击屏幕、没收违禁物品、发现可疑乘客。如果检查得太慢，乘客会错过航班；而检查得太快，你可能会错过违禁品或是让犯罪乘客溜过去。玩得越久，队伍越长，安检传送带运行得越快，跟上新的安检限制就越难，如"不得携带增压奶酪""不得携带宠物蛇""不得携带布丁杯""不得携带机器人"等。

游戏的首席设计师伊恩·博格斯特（Ian Bogost）就是个频繁出行的商务旅客，在自己忍受了无尽的安检折磨之后，想出了这个点子。游戏充满讽刺意味，玩家的评论常常提到，自己玩的时候会忍不住笑出声来。这正是游戏的一个主要目标：要让游客在紧张的环境下笑起来。博格斯特告诉我："但愿它有助于旅行常客在通过机场安检时发笑，而不是被它折磨得发狂、恼怒。"

从技术上说，你在任何地方都可以掏出手机玩《喷气人》，但正式升级、解锁纪念奖品发给亲朋好友的唯一方式，是在真正的机场玩这个游戏。因为《喷气人》会用手机的 GPS 数据来判断你真正置身何处。如果你实际的 GPS 坐标跟游戏数据库里的任一机场相吻合，就能获取跟现实地点完全吻合的定制机场游戏关卡。完成这一关卡，就能解开一个特定的本地成就，或者用《喷气人》的话来说，叫作"土特纪念品"。例如，在新墨西哥州阿尔伯克基国际机场，能获得一根虚拟的绿辣椒，而在洛杉矶国际机场，能得到一副巨大的虚拟太阳眼镜。

每次赚到纪念品，可以用游戏内置的手机 Facebook 应用程序将之发给亲朋好友当礼物。礼物不只让他们知道你在机场打赢了一局游戏，还告诉他们你的行程即将开始或结束。换句话说，《喷气人》让你在玩的时候实时更新行程到社交网络。

到访的机场越多，就越能收集到稀奇古怪的纪念品，所得的旅行战利品也越多。要是你总在同一机场进出怎么办？可以玩越来越难的关卡，获得本地纪念品的最高版本。在现实生活里经常飞行，你的本地机场虚拟安检级别就会提升。从本质上说，这就是《农场小镇》机场版，为玩家在本来充满压力的环境下提供了幸福生产力和社会连接感。从这个意义上看，《喷气人》属于平行实境游戏，而非平常的休闲小游戏。它有意识地提升玩家在现实环境中的现实生活体验。

虚拟纪念品和能量块对玩家真的有价值吗？博格斯特当然希望如此。他专门把这些东西设计出来，让它们带给频繁飞行的旅客更多的快乐和个人满足感。

博格斯特告诉我："商务旅客一边抱怨自己的出行公里数太长，一边又着迷一般获取更多里程。这是一个弄巧成拙的系统：它拿你痛恨的东西来奖励你。"更何况，依靠有着明显货币价值的奖励来让人们开心、保持动力，这种做法难以为继。航空公司能够派送的免费座位数量有限，它们愿意认可的 VIP 成员数量也有限。博格斯特指出，一旦开始赚取奖励的人变得太多，航空公司就会改变规则，把免费座位变得更稀缺难得。这不是一场公平的游戏。

相比之下，《喷气人》一类优秀游戏的潜在内在奖励却用之不尽。**任何玩它的人都能无限地唤起积极的情绪，而个人满足感、自豪和社会联系是完全可再生的资源。如果目标是内在奖励，就可以将更多的奖励提供给更多的人。**

游戏化洞察

在机场安检线或登机口排队等候，是典型的不必动脑子的强制活动。但《喷气人》是一项在排队时自愿选择承担的特殊任务，换句话说，它是不必要的障碍。你把精神集中在游戏里的不必要障碍上，而不是现实安检和登机过程的强制障碍，也就立刻将心态从消极受压变成了积极激活。你不能退出安检和登机仪式，但你可以选择进入游戏。这是改变局面的一种微妙而强大的方法。你不再感受到外部的压力，而是集中在游戏的积极压力上。

我最喜欢《喷气人》的地方是，在玩的时候，不是梦游一般走过你生活里痛恨的环节：你积极投入当下，主动承担一个只能在当前机场玩的游戏任务，充分发挥自己的地理位置优势。

> 充分利用当下一刻，是一项重要的生活技能：它提醒你有能力在任何时候让自己开心，从而帮助你累积起自我效能感。

《喷气人》或许无法一劳永逸地解决机场安检及登机口的即时沮丧，但它提醒我们，你有能力改善个人体验。出于这个原因，它出色地预示：基于地理位置的游戏将来可以在改善我们的生活质量方面扮演重要角色。**基于地理位置的优秀游戏，可以将任何空间化为内在奖励的现场。**想想看吧，将来我最爱的 3 大游戏现场，大概会是牙医诊所、汽车办证大厅和公共交通工具。

只要有不愉快、令人沮丧的强制体验，改善它的保险做法就是设计一套只能在这个场所玩的优秀游戏。《喷气人》有效地解决了机场问题。但实际的空中体验又怎么办呢？《云中日》对此发起了挑战。

接受挑战。
掠过地面。
请保持坐姿。

——《云中日》的试玩邀请

假设有两架普通的商业航班，在两座机场之间同时反方向飞行，你让它们在一场在线智力及创造力的宏伟战斗中彼此对抗。飞行期间，乘客们齐心合力为自己的飞机赚取尽量多的点数。到两架飞机着陆时，哪一架飞机的总分最高，哪一架飞机上的全体乘客就算赢。

游戏化实践

《云中日》是美国维珍航空公司和谷歌应用套件构思推广的一款游戏。一开始，它在洛杉矶和旧金山两地机场往返的飞机上进行内测。尽管它尚未应用在维珍航空公司旗下所有的航班上，但它强有力地表明：利用当前已有的技术，这种创新完全有可能应用在空中。

游戏利用了维珍先进的机上娱乐系统，包括席间聊天和即时通信，实时显示飞机位置、高度和速度的谷歌地图以及笔记本、手机和掌上电脑可用的 WiFi 网络接入。

等飞机飞到 3 000 米以上，也就是飞机打开 WiFi 系统的时候，玩家就能开机、登录，参与到游戏中了。游戏由几十个谜题和创意挑战组成，必须在飞机下降到 3 000 米之前完成。

每一个谜题和挑战对应着不同的海拔高度：海拔越高，难度越大。例如，低海拔的难题说不定是走个简单的迷宫，回答跟电影有关的百科问答，类似："'女士，我感觉你可不只是想跟我调情啊？' 1967 年的哪部电影里出现了包含这句对白的难忘场景？"

高海拔的谜题是一些更棘手的任务，如门萨级别的密码破译，以及更生动的目标，如通过游戏人物的"真实"电子邮件账户窥探秘密的个人信息。如果你不擅长解决谜题，也可以尝试创意挑战，如："为《云中日》写一首主题曲。歌词应该有四行韵文，再加朗朗上口的四行合唱。你的歌词里必须以'云'或'卷云'、'层云'、'积云'、'雨云'等词为韵脚。"

这些谜题和挑战很多，一个人在一次航行中几乎是不可能完成的。而这就是你的同机旅伴们大显身手的地方了。游戏鼓励乘客共同合作，各自承担不同的挑战，逐个征服，分享答案。你可以找跟你坐在同一排的人做搭档，共用一台笔记本，也可以利用椅背通信系统与其他人交流点子和答案。

飞机上玩这套游戏的乘客越多，飞机可能得到的分数也就越高。所以，它真的能激励你去接触看起来善意、好奇或有点无聊的人。在游戏过程中，你不仅可以跟他们合作，而且游戏要求你接入互联网，等你上线，就能轻松地通过电子邮件、Twitter 或即时通信软件让朋友或家人参与进来。事实上，许多《云中日》的玩家都在 Twitter 上组建了临时团队，以便在游戏中获得帮助。不是所有搭乘试玩航班的乘客都提前知道有这款游戏，但一位游戏的组织者事后告诉我，每个航班上总有十来号乘客一早就准备好要玩了。这些"地勤"合作人员在飞行过程中充当了个人支持系统的角色，这不仅对游戏有好处，对所有通常上了飞机就觉得焦虑和无聊的人也有好处。

游戏里还有计时器，向你显示本次航行还剩多少时间，也就是离你结束谜题和创意挑战还剩多少时间。等飞机降落到 3 000 米以下，最终得分便计算出来，报告给两架飞机。一位玩家在飞机落地后写博客说："突然，我听到身后整架飞机的旅客传出了欢呼声：'我们赢啦！'"获胜的乘客们走下飞机时，维珍航空公司的地勤人员会像欢迎凯旋的英雄们一样向他们表示祝贺。

所有这一切构成了一幅精彩画面：两架飞机在天空中相对而过，一架朝南，一架往北，它们一边以每小时数百公里的速度飞行，一边在云层中解决着相同的难题。好吧。这或许听起来很有趣，但你却想：有什么必要呢？既然航班已经在做它们的本分工作，安全地将我们从一个地方运送到另一个地方，为什么还要提供游戏呢？我们真的需要随时随地"找乐子"、"冒险"并"进步"吗？不，当然不是！

如果你在飞机上能睡得好、专心工作，或是能放松心情读书、欣赏景色，关掉游戏，像往常一样置身旅行的现实即可。《云中日》内测期间，测试航班上大约有一半的人选择玩游戏，而另一半的人则照常做自己的事。但几百万人在搭乘飞机方面都有困难，它会导致无穷无尽的紧张、焦虑和疲惫。既然一件事这么多人都有困难，会导致这么多不必要的日常痛苦，如果有可能，我们应该让它变得轻松些。如果你上了飞机会紧张、无聊、无法入睡，一款优秀的航班游戏应该能在你需要的时候调动你，给你提供积极的刺激，让你真正享受飞行。

《云中日》清楚地表明，现实的技术和人类的欲望已经就绪，完全能够造就截然不同的现实旅行了。不妨再考虑其他的一些设想。比如，一款仅限在飞行过程中玩的角色扮演游戏，它能确切地记得你的进度，每当你登上这班飞机，就能重新载入。它的虚拟地图和谷歌实时地图完全重合，每一项任务只有在你实际飞行越过相应地区时才能进行。

开启了 GPS 功能的合作挑战，要求你跟地面上距离飞机半径在 160 公里内的人结伴组队，并跟你同步展开虚拟行动。这样一来，飞越内布拉斯加和飞越堪萨斯变得不同起来，因为你或许在内布拉斯加有盟友，如果能让他们登录，在你飞过当地的 15 分钟内来一起玩游戏，就能帮你挣到更多的点数。

当然，常客里程也可以改造得比现在更为有用。例如，你可以把它们当成经验值，分配到各项技能、天赋和能力上，帮你的飞行虚拟化身升级。航班游戏甚至提出了一种升舱的新模式，第一个得到若干点数的玩家就可以赢取头等舱座位。

《云中日》的一位玩家在内测中报告："这时候，一位空乘人员问我要不要换到头等舱去，那儿有更大的空间，而我又是明星玩家。我有点舍不得，因为这样我就得跟坐在身边的新朋友告别了。"最终他说服了空乘人员，让他俩一起搬到头等舱去继续合作。

归根结底，你在空中度过的每一公里都代表了积累更多的任务点数的可能性，飞机上的每一名乘客都是潜在队友，飞越一座城镇时都有机会跟住在当地的人连线，整个飞行经历顿时焕然一新，不再只是从甲地到乙地这么简单了。航班游戏的例子，代表了游戏开发的一种基本趋势：**开发与日常生活相联系的游戏。它们有助于人们减少痛苦，更多地享受现实世界。**

游戏化洞察

如果一种经历对我们太难，就可以通过提供挑战性的目标，如跟踪点数、关卡和成就，通过提供虚拟奖励的方式让它变得更容易。说到底，这是游戏设计师未来最重要的工作：让那些对我们来说困难的事情，变得尽可能地更具内在奖励性。

至于那些我们本身就很喜欢的活动，又会怎么样呢？游戏能激励我们在本来就热爱的活动上做出更多的努力吗？

试图通过加点、升级和成就改善本来就喜欢的活动，带有一定的风险性。经济学家证明，要是为人们本来就在做、本来就喜欢的事情提供外在报酬，如金钱或奖品，实际上反倒会让他们觉得动力不足、奖励变少。但游戏点数和成就没有外在价值，所以，只要它的主要奖品仍然是荣耀、自夸和个体自豪，使具备游戏反馈机制的愉悦体验贬值的风险就相对较低。可这种风险也并非全然不存在。和金钱或奖品一样，赚到点数和升级的机会有可能让我们分心，偏离我们喜欢做一件事情的最初原因。

游戏化洞察

显然，游戏类反馈系统该用在什么地方、用在什么时候，我们一定要深思熟虑。如果生活中的一切都变成了解决更难的挑战、争取更多的分数、达到更高的级别，我们就有可能变得太过关注积极反馈带来的满足感。而单纯地享受一件事情，恐怕是我们最不愿丧失的能力。

那么，为什么要冒这种风险呢？因为以游戏类的反馈系统衡量努力，能方便我们更好地发挥。19 世纪伟大的数学物理学家开尔文勋爵说过："无法衡量，就无法改进。"我们需要实时数据来理解自己的表现：我们是变得更好了，还是更糟了？我们可以利用定量基准，即想要实现的具体数字目标来集中精力，激励自己更加努力。

玩家为什么能把几乎每一款游戏都越玩越好？实时数据和定量基准就是原因所在：他们的绩效以进度条、点数、级别和成就的形式，持续地得到测量和反馈，玩家很容易看到自己什么时候得到了怎样的进展。瞬时的积极反馈让玩家更加努力，并成功完成更艰巨的挑战。

因此，把我们本来就喜欢的事情变得更像游戏值得一试。它能让我们做得更好，帮助我们把目光放得更为高远。

给我们所做的事情都来个“+”

让我们来看看游戏类的《耐克 +》(*Nike+*)跑步系统，这是一套在跑步爱好者中大受欢迎的激励平台，尤其是那些希望跑得更快更远的人。一位刚使用《耐克 +》的跑步爱好者在留言板上发表了一篇这样的帖子：

> 酷跑竞地《耐克 +》。
>
> 数据！数据！今天早晨我必须起床跑步，因为我需要更好的统计数据！这是真实世界的成就点数！还有谁来和我一起玩？求挑战者！

第一次使用《耐克 +》系统跑步，我就跑出了有生以来最快的速度。我跑的是自己最爱的线路，伯克利山的 7 公里小径。6 年来，我每周都会跑上几回，从没跑出过低于 41 分 43 秒的成绩。但在我的第一轮《耐克 +》上，我的成绩锁定在了 39 分 33 秒，比我这辈子最快的速度快了两分多钟。怎么会突然跑得这么快了呢？没什么好神秘的：出色的实时反馈和回家能够获得在线奖励的承诺给了我激励。

诚然，跑步本身就是奖励：你可以感受到内啡肽，头脑清醒，耐力增加，消耗热量，变得更为强壮；但它也是挣扎：抽出时间，说服自己起床，不管炎热还是下雨都要出门，击退因从事高度单调性的活动而带来的无聊。跑步爱好者喜欢跑步，但动力始终是个问题。因此，《耐克 +》的设计目的，就是为人们提供除了明显有益于身体之外的内在激励。以下是《耐克 +》的运作方式。

游戏化实践

几乎任何一款标准耐克运动鞋的鞋底，都装有一种比扑克牌筹码还小的廉价传感器，成本大约是 20 美元。传感器内置了加速计，可以靠运动激活，通过无线发射器跟你的 iPod 通信，告诉你现在跑得多快、跑了多远。要是你跑步时用 iPod 放着自己喜欢的歌，iPod 的屏幕上便会实时显示你的跑步数据。

获得实时反馈，让人跑得更快更远了。当因为疲惫或分心而在不知不觉中放慢速度时，你能马上看得到，所以，它能帮助你把注意力拉回步伐上。与此同时，逼自己跑得更快，即刻带来了更多的奖励，因为跑得越快，数字降得越慢。设定目标时间并争取达到是一回事，知道你迈出的每一步够不够快、能不能达到预定目标，则完全是另外一回事了。

等回到家，可以把 iPod 插上电脑，系统会自动把数据上传，添加到你的跑步资料库里。这时候又出现了在线奖励。你每跑 1 公里，就能挣到 1 点；等挣到足够多的点数，就能升级。《耐克 +》现有 6 个级别，采用了与武术同样的颜色分级法：黄带、橙带、绿带、蓝带、紫带、黑带。和所有优秀的网络游戏一样，最初，《耐克 +》升级升得很快，但随着时间的推移，就要付出更多的努力才能进入下一级。

现在，我是绿带级跑步爱好者，使用《耐克 +》后共累积了 438 公里，再跑 560 公里就能升入蓝带。这是个令人生畏的数字，但我升级的动力很强，我敢打赌，跑后面 560 公里所用的时间，会比跑最初的 438 公里更少。

基于《耐克 +》传感器收集的数据，可以凭借自己的最短时间和最长距离赢取个人在线奖杯，如完成了 10 公里跑或 100 天跑了 160 公里。如果有哪一回跑得特别好，在你来得及喘过气之前，就会有一位类似兰斯·阿姆斯特朗（Lance Armstrong）①这一级别的著名运动员向你发出欢呼，并送上以下音频信息：“恭喜！在这一公里中，你刚刚打破了个人最好成绩！”或者“要努力呀！这是你跑得最远的一次”。

如果你愿意，可以把跑步资料库和成绩设定为只供个人浏览，也可以将统计数据和成绩推送给网上的《耐克 +》友人、你在 Facebook 上的每一个熟人，甚至 Twitter 上的所有人。我最喜欢的一项《耐克 +》激励功能是“给力歌”。它相当于视频游戏里的“血包”或“能量块”，只是以音乐的形式呈现。每当需要能量提升或额外动力继续跑下去或加速冲刺时，只需按住 iPod 中央的按钮，就会自动触发你预设好的最爱跑步歌曲。对我来说，跑步过程中按下中央按钮，感觉就像是解开了某种连自己都不知道的神秘的超级跑步能力。我耳朵里涌进的快速节拍、蓬勃鼓点和励志歌词，就像是一种咒语——我感觉自己在现实世界中也具有了召唤魔法的能力，就像回到了虚拟世界。

所有这一切，实时统计数据、升级系统、个人成就、自定义给力歌和《耐克 +》，造就了一款非常出色的跑步游戏，它利用更佳反馈和奖励帮助你付出更大的努力、拥有更大的雄心。但既然能和别人一起玩，你怎么会甘心一个人玩呢？围绕《耐克 +》建立起来的在线社群，把它变成了一桩真正壮观的东西：不只是一

① 兰斯·阿姆斯特朗，美国著名职业自行车运动员，1999—2005 年连续七届夺得环法大赛冠军，创造了环法历史上的奇迹。——译者注

款跑步游戏，还是一款大型多人在线跑步游戏。《耐克 +》在线社群共有 200 多万名活跃成员，人人都收集、分享自己的跑步数据，参与挑战，为团队任务做出贡献。

> 每一个人都可以自己设计挑战，邀请任何想参加的人一起玩。它可以是竞赛性质的，人人都努力跑出最好成绩；也可以是合作性质的，尝试让所有参与者在时间用完之前成功完成挑战。挑战的规模可以小至两人，如夫妻之间、兄弟之间，比比看谁在一个星期内累积的跑步里程最长；也可以设定为一群朋友或同事参加的团队事件，10 人、20 人、50 人，或是街区之间、部门之间，有多少团队能在时间用完之前集体累积 1 000 公里的跑步里程？
>
> 挑战还可以面向公众，有几百、几千甚至上万名竞争者参加。我写这一部分的时候，《耐克 +》社群里有 7 000 多个用户创建的公开挑战。其中有个人合作挑战项目“绕着地球跑”，每名参与者要跑 40 076 公里，挑战的到期时限设在 2027 年，让这个雄心勃勃的目标显得稍微合理了些；还有团队竞争项目，要求参与者带着宠物狗跑步。在这一公共挑战项目中，玩家可以根据狗的品种选择队伍。目前总计有 50 多支不同的团队，拉布拉多犬和比格犬的总跑步里程数暂时领先，紧随其后的是杂种狗，澳大利亚牧羊犬的步速最快。

挑战项目把跑步爱好者的个人目标放到了更大的社会背景中，让每一次慢跑都变得更有意义了。每一次跑步都累积成了另一种东西：根据最能激励自己的因素，我可以选择参加调动了我战斗灵魂的挑战赛，也可以参加唤起了我对团友责任感的挑战赛。

当然，优秀的大型多人在线游戏没有虚拟化身就不完整了，《耐克 +》也不例外。加入《耐克 +》社群时，可以创建一个“迷你”小人，官方叫作“跑步小伙伴”，它可以按照你的形象进行自定义（见图 8-1）。虚拟化身的能量水平和动画都以跑步活动为基础：能跑多远、跑步的频率怎样。如果你连续跑了好几天，“迷你”小人就会欣喜若狂，一跳三尺高。如果你懈怠了一两个星期，“迷你”小人就会噘起小嘴，没精打采地揶揄你。几天前，我的“迷你”小人就冲我做鬼脸说：“要是我练习跑步跟打《幻幻球》似的那么上瘾就好了。”

每当登录《耐克 +》，“迷你”小人就会致以欢迎，你可以把它嵌入 Facebook 的个人资料或博客里，好让别人看得到，甚至还可以下载能随时显示“迷你”小人的屏幕保护程序，这样哪怕你不想跑步的时候，也要被迫跟它面对面。

图 8-1　我的《耐克 +》“迷你”小人在揶揄我

最近的研究表明，这种氛围式虚拟化身（ambient avatar）反馈极为有效。斯坦福大学虚拟人机交互实验室（VHIL）进行过一次广为流传的实验，研究人员证实，在锻炼身体时，看着外形酷似自己的虚拟化身长胖或变瘦，能让我们坚持得更久、练得更卖力。较之没有使用虚拟化身反馈的参与者，从虚拟化身那里感受到“替代性强化”① 的参与者平均多做 8 次锻炼。这很好地说明，如果是在家里或健身房，当人们对着屏幕锻炼身体时，迷你化身很有用。而且，许多家庭健身游戏，包括《Wii 塑身》（*Wii Fit*）和《EA 运动活力》（*EA Sports Active*），都利用虚拟化身鼓励参与者做强度更大的项目。

① 替代性强化（vicarious reinforcement），是指一种榜样替代的强化。一般来说，学习者如果观察到他人成功的行为、获得奖励的行为，就会增强产生同样行为的倾向；如果看到失败的行为、受到惩罚的行为，就会削弱或抑制发生这种行为的倾向。心理学家班杜拉将这种现象称为替代性强化。——译者注

但这并不是说，锻炼身体的人非得待在屏幕面前，才能得到虚拟化身的反馈带来的好处。在另一项实验中，斯坦福实验室的研究人员发现，只要给受试者看一段外形酷似的虚拟化身跑步的简短动画，受试者在离开实验室之后的最初 24 个小时里，平均会多花 1 个小时跑步。随便看一个虚拟化身是没有激励效果的，只有当虚拟化身跟受试者的外貌极为相像时才管用。

研究人员推测，看到自己的“虚拟版本”积极地活动，刺激了受试者对自己在现实生活中积极体验的记忆，提高了他们参与活动的可能性。研究人员谨慎地指出，本次研究中的参与者全是加利福尼亚北部的大学生，普遍而言是健康而苗条的。但没有任何证据表明，本来讨厌跑步的人会因为看了自己的虚拟化身跑步而多跑 1 个小时。因为虚拟化身强化的是对跑步的积极感受，而非从无到有地创建这种情感联系。

> 昨天，距我第一次登录《耐克 +》跑步几个星期以后，我的“迷你”小人在 iPod 上跳了一圈舞说：“我真是喜不自禁！我是一台跑步机器！”今天，我又跑了一次步，她高高地跃起并喊道：“我什么都能做到！感觉太好了！”我不得不承认，这两段动画相当准确地描述了我的心情。它完全是按照斯坦福大学研究人员推测的方式运作的：我的“迷你”小人提醒我为什么如此热爱跑步，从而让我更可能走出房间投入跑步。

但除此之外，还有些别的什么东西在暗暗滋生。我发现自己之所以想多跑步，是为了讨“迷你”小人的欢心。虽然稍显荒谬，但这种情感联系随时都会出现在游戏里，尤其是在养成游戏里，如 Xbox 平台上的《宝贝万岁》（*Viva Pinata*）系列，玩家照料野生的皮纳塔动物生态系统；或者任天堂的《皮克敏》（*Pikmin*）系列，玩家负责照料一群渴望获得取悦，但说不出话来且高度脆弱的生物。麻省理工学院研究人员朱迪思 · 多纳特（Judith Donath），研究了我们对虚拟生物形成的情感依恋。她认为，程序设定游戏角色表现出对我们的依赖，唤起了人类渴望照料、关心它们的天生欲望，更何况，它们是可爱又无助的小生物。多纳特解释说：“和它们玩耍感觉像是在照料，这是一种负责和利他行为。我们对它们产生了同情，对它们的幸福有所投入。”

在自己行为的直接影响下，我们的虚拟生物表现得越是开心，我们对自己照料他人的能力就越是感到满足。虚拟生物的幸福，不如点数、级别和成就等反馈那么明显。但随着我们将游戏的绝佳设计策略应用到现实活动当中，不断学习如何更有效地激发自己，它有望变成一个更有开发潜力的奖励创新领域。

不管是通过 GPS、运动传感器、生物识别装置（跟踪心率或血糖水平等），甚至只是手动输入状态更新，我们越是跟踪、自我报告每天的活动，就越能够规划进度、设定目标并接受挑战，在现实生活中彼此激励，就像在游戏里一样。鉴于《耐克 +》系统获得了巨大的成功，不难想象，在其他我们希望做得更快、更多、水平更高的活动上采用《耐克 +》的一些策略，是完全可行的。

如果写作本书期间，能有一套“写作 +”系统，我肯定会爱死它的。我会拥有一个“迷你”写手，它的心情和活力视我每天写了多少字而定。我有机会取得成就，比如连续写了十几天或是一天写完了最多字。这套系统还能跟踪我写作的复杂度，比如每个句子写了多少字、每一段落写了多少句话。我可以利用这些数据来提高文章的清晰度，并调整其结构。我会和其他作家展开友好竞争，比如现实生活里的朋友或是我仰慕的作家。如果能把自己的每日写作数据跟现实生活里喜欢的作家进行实时比较，如柯蒂斯·希登费尔德（Curtis Sittenfeld）、斯科特·韦斯特费德（Scott Westerfeld）、科里·多克托罗（Cory Doctorow）和艾米丽·吉芬（Emily Giffin）等，应该会获得更多灵感。

> 我们因为渴望完成而从事的任何项目或挑战性爱好，都能从类似于游戏的反馈及氛围支持中受益。说不定，未来我们所做的每一件事情都可以来个“+”：烹饪 +、阅读 +、音乐 +，甚至……社交 +？

这就是社会化网络应用程序《四方》（*Foursquare*）背后的理念，它希望激励玩家投入更有趣的社交生活。

重返现实，游戏的正能量

《四方》的设计前提很简单：如果你多出门，多跟朋友们面对面待在一起，就会更开心。《四方》由纽约独立开发人员丹尼斯·克罗利（Dennis Crowley）和纳文·塞尔瓦杜莱（Naveen Selvadurai）联手创造，得名自经典的红色橡胶球操场游戏。

要加入《四方》，每当你出现在自己感兴趣的公共场合，只需打开手机应用程序登录，告诉系统你在哪儿就行了。这就是所谓的“签到”。你或许会发现，自己一到餐馆、酒吧、咖啡馆、音乐厅、博物馆或者其他任何你想去的地方就会签到。签到之后，《四方》会向你的朋友们发送实时提醒，如果他们在附近又刚好有空，就可以出来跟你会合。如果你想跟朋友们碰头，它还可以告诉你，他们是否已经在这附近。最重要的是，《四方》会记录你在什么时候、和什么人一起到过哪儿“签到”。2010 年年中，超过 100 万人通过《四方》系统跟踪、分享自己的社交生活数据，有 75% 以上的用户每个月签到 30 多次。

通过这些数据，《四方》产生了个人社交生活的一系列在线指标：出门走动的频率、到访了多少个不同的地方、每周跟多少不同的人消磨了多少时间以及拜访心爱场合的频率。就其本身而言，这些指标没有太大意义，只是一种量化个人行为模式的数据而已。《四方》真正出众的地方，在于它围绕数据建立起来的挑战和奖励制度。《四方》最受欢迎的功能是名为“地主”的一项竞争挑战。

游戏化实践

“地主”竞争的规则如下：如果你在某地的签到次数比其他任何人都多，那么我们就认为你是该地的“地主”。可一旦有别人的签到次数比你更多，那“地主”的头衔就归他了。

只要你变成“地主”，《四方》就会向你的朋友发送公告。更妙的是，一些酒吧和餐馆会为“地主”提供特别优惠。

例如，旧金山的“沼泽”咖啡馆会为现任“地主”提供免费饮料。显然，这是咖啡馆的一手妙招，让玩家有了额外动力每晚带朋友来得到或保住“地主”头衔，从而带动整个星期的生意。这也是传统实体企业如何通过积极参与此类平行实境游戏增进服务的绝妙例子。目前，数以百计的经营场所，无论是加利福尼亚萨克拉曼多动物园（Sacramento Zoo），还是北卡罗来纳州立大学学生会里开的温迪快餐店，都为《四方》玩家提供优惠或赠品。

人们为什么喜欢当“地主”呢？因为努力当上你最爱场所的“地主”，给了你一个机会，多做自己本来就喜欢做的事情。它给了你借口，尽量多地留在让你感觉最开心的地方。如果你发现别人在和你争夺“地主”头衔，就会得到一个友好的对手，激励你更频繁地拜访当地，其中的道理与《耐克+》挑战者能推动你跑得更快更远类似。

《四方》还是一套由虚拟奖杯和勋章构成的个人成就系统。每当你在同一个城市签到第十个、第二十五个、第五十个、第一百个不同场所时，奖杯自动进入你的个人资料。为了赢得这些奖杯，不能光满足于在同一个地方当“地主”，还要到平时不常去的地方，扩大你的社交视野。你还可以到纽约、旧金山、芝加哥和其他主要城市的美食榜上榜餐厅就餐，赚取“美食家”勋章；又或是邀请10个以上的《四方》朋友同时到同一个地方签到，赚取“随从”勋章。

《四方》改善你正常社交生活的原因很简单：要想把《四方》玩得好，就必须更投入地生活。必须频繁地去自己最喜欢的地方，尝试自己从未尝试过的事情，到自己从没去过的场合，更多地和不经常见面的朋友聚会。换句话说，**这个游戏并不会因为你已经在做的事情奖励你，它会因为你做了新鲜的事情、变得更长袖善舞而奖励你。**

在社交生活里引入令人侧目的数据还有一个更为明显的好处。由于玩家都希望自己的统计数据尽量准确并让人记忆犹新，他们更有可能每到一个地方就签到、更新状态。这样，朋友们就更容易找到他们，也更容易安排聚会。

游戏化洞察

更多地跟朋友见面、打破日常活动惯例带来的真正奖励，与虚拟勋章、社交点数和网上吹嘘全无关系。真正的奖励是你所感受到的积极情绪，如发现和探索；你拥有的全新体验，如多听现场音乐、多品尝美食；以及通过和喜欢的人在一起所建立的稳固社交联系。《四方》并不是要取代这些奖励，相反，它让你注意到它们的存在。

有一件大受欢迎的游戏 T 恤，胸口画着这样的图案：虚掩的门口放着一枚 Xbox Live 风格的徽章，旁边写着一行字："成功解锁：终于出门了。"这是个笑话，可它同时也道出了在非虚拟环境下，尝试过有意义的平衡生活所暗含的挑战意味。当我们挣扎着在虚拟和现实生活冒险中寻找平衡，《四方》一类的游戏能朝正确的方向推我们一把，帮助我们在最有可能收获最满意回报的地方付出最大的努力：**凭借优秀游戏的帮助，回到现实世界。**

REALITY IS BROKEN

第 9 章

和陌生人结盟，创造更强大的社群

游戏化的团队机制

- 与游戏相比，现实孤独而隔离。游戏帮助我们团结起来，从无到有创造更强大的社群。

- 我们其实真心愿意与最陌生的陌生人分享。只要我们愿意，只要我们需要，就能够和别人建立关系。人类再也没有理由在这个世界上感到孤独，不管是在虚拟世界，还是在现实世界。

WHY GAMES MAKE US BETTER AND
HOW THEY CAN CHANGE THE WORLD

平行实境游戏怎样创造全新的真实世界社群？一个寒冷而沉闷的下午，你走在一条繁忙的大街上。你正心有所思，突然一个女人的低语在你耳边响起："附近有个爱人……"你环顾四周，但每个人似乎都跟你几秒钟之前一样，沉浸在自己的世界里。如果真有一个"爱人"，你完全不知道那会是谁。

接着，你再次听到那个声音，这一回是为你更新游戏状态："你的生命现在升到六级了。"比"爱人"高一级。大街上的某个陌生人刚刚给了你一条命。但那会是谁呢？是那个与你隔了几栋楼，坐在台阶上、耳朵里塞着耳机的孩子吗？他好像是在听音乐，但其实他也是在听"爱人"的声音吗？或者，是那个戴着蓝牙耳机、来回踱步的西装男？他看起来正在打公务电话，但或许，他就是你的秘密恩人？

又或者，"爱人"已经走远了？也许你又是一个人了。还没走出半条街，声音又插了进来，这一回很紧急的样子："附近有个舞者。"紧接着又是一声："附近还有另一个舞者。你的生命现在是四级。"该死！刚才是谁偷走了你两条命？

肯定是一对一起玩的情侣，因为你竟然这么快就连丢了两条命。你转过身，看到一对情侣手牵着手朝反方向走开了，他们的套头衫下可能戴着耳机。你之前没注意到他们，但他们肯定是"舞者"。你得赶紧离开这里，免得他俩绕回来，再抢走你两条命。

很明显，你必须尽快找到另外的“爱人”，组队恢复彼此的命。如果命降到零，你就要出局了。但要如何发现隐藏在人群里的其他玩家呢？游戏说明建议：“你可以找个陌生人，问他‘你是爱人还是舞者？’”但那感觉太莽撞、太冒失了。你觉得扫视人群，寻找看起来也在找人的人更靠谱。这样的话，你可以走向看似最有把握的陌生人，站到他们附近，试试看你的命是增加还是减少。

如果没有什么反应，你就知道他们不是在玩游戏，也用不着打扰他们。但如果你的命增加了，就可以试着朝他们微笑一下，来个视线交流。你试着向陌生人表明，你值得信任……

熟悉的陌生人

学习如何向陌生人提供安慰以及如何接受陌生人的安慰，是这款游戏的主要挑战。自然，它的名字就叫作《陌生人的安慰》（*Comfort of Strangers*）。它由英国开发人员西蒙·埃文斯（Simon Evans）和西蒙·约翰逊（Simon Johnson）设计，针对的是城市户外空间。

游戏化实践

《陌生人的安慰》可以在带蓝牙探测器的掌上电脑和手机上玩，每当身边几码开外出现其他玩家，就会用耳机或听筒提醒你。掌上电脑自动检测你身边的其他玩家，并登记你的命是增加还是减少。一半的玩家叫“爱人”，组成一支团队；另一半是“舞者”，组成另一支团队。如果你碰到自己团队里的玩家，就得到一条命；但如果遇到对方团队的玩家，就会失去一条命。

《陌生人的安慰》采用匿名方式：你下载并启动应用程序，漫步城市的街道，完全不知道还有哪些人、有多少人在玩。这个游戏没有图像或屏幕显示，你可以把掌上电脑放在衣兜里悄无声息地玩。你在玩它的唯一迹象是戴着耳机，但因为公共场所使用耳机或耳塞的人越来越多，这也算不上太显眼。

游戏一开始，你并不知道自己属于哪一方。你必须通过耳边低语的声音，跟踪自己的命是增加还是减少来判断自己到底是“爱人”还是“舞者”。每个人最初都有 10 条命，等到只有一支团队还有命时，游戏就结束。

按照埃文斯和约翰逊的说法，游戏旨在唤起人们在城市生活里常见的孤独和匿名感，为陌生人提供一个途径，让彼此之间产生意义，哪怕为时短暂。他们解释说：**“游戏让玩家沉浸在人群当中，让他们直面城市生活唤起的矛盾情感，以及因为匿名而产生的自由和孤独。除了想留下来继续游戏里的冲动，玩家还创造了一种即兴的临时社会团体。”**他们必须依靠直觉判断谁在玩、谁代表了游戏里的哪一方。他们不能再把陌生人当成挡了自己路的障碍物，而是要学会看出陌生人所代表的潜在关系。

《陌生人的安慰》带来的情绪影响极为强烈。它不仅提高了你对陌生人潜在角色的认知，还唤起了你对他人的真正好奇心和对联系的渴望。刚开始游戏时，你感觉好像只有自己一个人在玩。而每当你遇到另一名玩家，总会感到宽慰，哪怕他们属于另一方。我向西蒙·约翰逊打听这款游戏的社会目标，他说，这是有意识设计的：

> 我们希望玩家找到某种途径来和周围的陌生人联系，所以，我们努力让他们感到迷惘和孤独。我们在这款游戏里让玩家保持一定的不确定性，让他们不知道有谁在玩。我们故意混淆玩家和非玩家之间的界限，这样一来，每当发现其他同样在玩的陌生人，你就会感到安慰，哪怕他们属于对立方。因为，他们至少理解你的行为，知道你也是同一款游戏的一部分。

《陌生人的安慰》游戏时间可长可短，视玩家克服接触陌生人迟疑感的意愿而定，也视玩家学习在人群中抱团的能力而定。

从理论上说，如果这样的游戏大受欢迎，就可以把它当成日常惯例，随时玩。你走到室外就登录游戏，一边处理日常事务，一边留心来来往往的路人里是否有其他玩家。但在实践中，这样的游戏还比较新颖，玩家没有达到连续游戏的临界规模。所以，玩家们在线组织游戏，设定具体的游戏时段和游戏地区，例如在某一天几点钟的某个街区。这种事先安排保持了玩家的匿名性，同时也保证了玩家参与的人数，好让他们有更大的机会彼此相遇。

由于临界规模对《陌生人的安慰》等游戏极为重要，2008 年，埃文斯和约翰逊在布里斯托尔为创新户外游戏举办了“趣味游戏节”（Interesting Games,

Igfest）。游戏节旨在为其他致力于让城市空间变得更有趣、更友好的游戏开发人员提供支持和曝光。它也是日渐增多的全球城市游戏节[①]的一分子，这些活动的举办目的，是为了检验游戏改善现实空间社群意识的能力。

在整个星期或周末，这些户外游戏节将玩家积聚到临界规模，最大限度地把创新游戏介绍给公众。它们体现了游戏对现实的第九重修补：

REALITY IS BROKEN

9号补丁：和陌生人结盟

与游戏相比，现实孤独而隔离。游戏帮助我们团结起来，从无到有创造更强大的社群。

从无到有的"社群精神"

从无到有地创造社群是什么意思呢？社群（community）和人群（crowd）之间的区别很难一言以蔽之，但我们都知道，也都感觉得到。

游戏化洞察

社群让人感觉很好，就像是有了归属，融入其中，一起积极地关心某样东西。一群有着共同利益的人开始互动以促进这一利益时，社群就出现了。它要求群体里的每个人都积极参与。

为了把一群陌生人变成社群，必须遵循两个基本步骤：第一，培养陌生人之间的共同利益；第二，给他们机会和途径围绕这一利益开展交流和互动。

这正是优秀的多人游戏最擅长的事情。它把一群人的注意力集中在共同的目标上，哪怕他们认为彼此之间毫无共同之处。它还给了他们追求这一目标的手段和动力，哪怕他们此前毫无互动的意图。

---

① 全球城市游戏节包括2006年在纽约创办的年度"出来玩"游戏节，2007年在伦敦创办的"躲猫猫"游戏节，2005年在韩国首都首尔创办的城市游戏节等。——作者注

陌生人之间的游戏社群能维持下去吗？那可不一定。有时候，游戏进行多久，社群就维持多久。玩家也许永远不会再见、不会再交谈，但这完全没有问题。我们大多认为，社群要维持得足够久、足够稳定，这样才好。没错，社群的力量必然是随着时间的推移而增长的，但即便社群只能维持短短几天、几小时甚至几分钟，也能带来实实在在的好处。

有了社群，我们就能感受到人类学家所说的“社群精神”（communitas）。社群精神是一种强烈的团结感、凝聚力和社会纽带感，能预防孤独和疏离。在一个从前让人感到无趣、乏味的空间体验到社群精神的短暂爆发，还能永久性地改变我们与这个空间的关系。它会成为一个我们愿意为之行动、为之效力的地方，而不再是一个匆匆走过或冷眼旁观的地方。

游戏化洞察

即便小尝社群精神，也足以把我们从孤独带回社交世界，或是恢复我们的活力，重新积极参与，投入到周围的生活中去。

埃文斯和约翰逊认为，在日常游戏中体验到社群精神，能唤起社群的行动，让世界变得更加美好。学习与陌生人即兴朝着共同的目标奋斗，教给了玩家所谓的“群体智能”（swarm intelligence），这是一种能让人变得更擅长、更容易团结起来朝着积极目标奋斗的智慧。“我们在玩此类游戏的过程中，渴望群体智能可以实现其他一些革命性创举：低碳的未来、群体创造力、依靠更少的物质而过得更幸福。”

这并不是什么激进的想法。为了理解其中的原因，让我们来看看另外两款旨在于特定的公共空间出人意料地创造群体精神的游戏：《意外的幽灵》（*Ghosts of a Chance*），一款为国家博物馆设计的游戏；以及《活力》（*Bounce*），一款为养老院设计的游戏。两款游戏均为突破性项目，展示了和陌生人找乐子、利用游戏构建社群参与能力的重要性。

创建有意义的社会参与空间

大多数博物馆设立了会员资格：会员缴纳年费，就可以多次参观博物馆。这是筹集资金、提高参观量的极佳途径，但对于会员体验而言，效果并不是特别出色。基本上，博物馆的会员和其他游客完全一样：参观博物馆的馆藏，但并不与其他会员交流，也不知道哪些人是会员。

最近，史密斯森美国艺术博物馆（Smithsonian American Art Museum）着手实验新的会员模式，也是一条真正属于博物馆的途径。这一模式呼吁会员为博物馆馆藏贡献真正的内容，并在每次参观博物馆的间隙，与其他会员合作。为了检验这一会员参与模式，史密斯森博物馆为旗下的一处主要设施——鲁斯基金会美国艺术中心（Luce Foundation Center for American Art），开发了一套为期 6 周的平行实境游戏，名为《意外的幽灵》。

人们形容鲁斯基金会美国艺术中心是史密森博物馆“最扎眼的存储设施”。它展出了 3 500 多件美国艺术作品，包括雕塑、绘画、工艺品、民间手艺，密密麻麻地堆在从地板到天花板整层楼高的玻璃柜子里。它的主要目的，是尽量多地或者比其他画廊多得多地展览史密斯森的藏品。

由于艺术品摆得太满，参观鲁斯基金会美国艺术中心简直有点像是在探险：在所有不同的作品中，必须找出最能打动你的特殊对象。该中心的核心使命就是教参观者真正聆听艺术品想要表达的是什么，它的教育素材往往侧重于“艺术品打开了创造者的生命和时间之窗”。博物馆里有一种感觉，历史像幽灵一般徜徉在艺术品之中，等着向参观者倾诉自己的传说。学习如何聆听这些传说，如何通过艺术品低声述说自己的历史，就是《意外的幽灵》这个游戏的灵感之源。

游戏化实践

《意外的幽灵》游戏从一段貌似博物馆发布的新闻稿开始。博物馆网站邀请会员和普通参观者见见中心新上任的两位策展人，丹尼尔·利比（Daniel Libbe）和戴西·福特尼斯（Daisy Fortunis）。新闻稿称，两位策展人会在自己的博客和社交网络页面上撰写与工作相关的文章。但仔细读了小字说明之后，你会意识到，丹尼尔和戴西并非真正的策展人，他们是史密斯森美国艺术博物馆在一款全新实验性游戏里引入的虚拟人物。

如果你想了解更多，可以在 Facebook 上把这两个虚拟人物加为好友，关注他们的博客。这时候，你会发现丹尼尔和戴西正经历着一场奇遇：他们定期和鲁斯画廊里出没的两个幽灵沟通。这两个幽灵是一男一女，生活在一个半世纪以前。世人对历史漠不关心的态度激怒了他俩，他们威胁要摧毁博物馆的宝贵文物，除非他们的故事能陈列进博物馆的玻璃柜子，否则决不罢手。

丹尼尔和戴西又惊又怕，但好在他们足智多谋，安排了一场特殊的单日展览。自然，展览的名字就叫“意外的幽灵”。可惜缥缈的幽灵无法创造真正的艺术，所以，丹尼尔和戴西需要博物馆的会员帮忙。玩家将幽灵的故事转化成能在特别展览中展出的艺术品，借此阐释两位幽灵的历史。

游戏的机制就是这样建立的。每个星期，幽灵向丹尼尔和戴西揭示自己人生的新一幕戏剧性篇章，用神秘的措辞描述自己感觉最能抓住他们的历史精髓的艺术品类型。而后，丹尼尔和戴西把新的信息传达给游戏玩家，并交托一件重要的使命：把艺术品真正做出来，送到史密斯森美国艺术博物馆展览。

例如，在第一个任务中，玩家了解到一个幽灵因为一段关于亡友的回忆而饱受折磨。这位亡友是一户富裕人家的年轻姑娘：

> 她是来自另一个时代的女孩，她走过的时候脸会红，塔夫绸裙子被衬架撑起来，沙沙作响。她努力练习怎样转头，才能让发亮的卷发飘动起来；她和妹妹在椭圆的镜子前一练就是几个小时。她刚刚 20 岁，自信满满；她懂得欣赏自己的价值；她的新一段冒险正等着她。找到伴侣，外出旅行，而后，醉心于家务：她热爱园艺、清洁、调教仆人……

玩家的挑战是做出这个女孩最珍贵的一件首饰，幽灵称之为“底层叛徒的项链”（Necklace of the Subaltern Betrayer）。项链的设计说明简单而充满诗意：“我希望项链完美地绕过她的颈项，只留下足够我再次悄悄摘下来的空隙。”

玩家们在网上论坛讨论这一挑战：“底层”到底是什么意思？他们了解到，这是政治学术语，指的是社会中缺乏权力或地位的人。他们讨论项链应该对故事进行老式还是现代诠释，他们合作解开故事的含义，分析蕴含其中的文化线索，并拟定策略：如何设计项链来唤起这样一个故事，传达如此强烈的情感。玩家们站在社群的角度，认为项链应当传达这样一种感觉：对有钱有势的女性沉重而僵化的社会期待。

- 一位玩家创造了一串名为“有人在监视我”的项链，由数十个小方块构成，每一个方块上都印着一只凝视的眼睛图案。眼睛按一、二、三的几何形状重叠，并用一条美丽的粉红丝带串起。这条项链的审美风格既充满少女气息，又暗含着恐吓意味。
- 另一名玩家提交了名为“封禁”的项链，由带刺的铁丝和红宝石串成。两套作品的设计和标题都暗示了，佩戴者为自己的社会地位所困，她的财富使得她无法追求自己想要的生活。

博物馆将收到的所有玩家创作的艺术品在鲁斯基金会美国艺术中心联机编目并存档。世界各地的玩家可以看到对该轮挑战的不同阐释，他们或者上网浏览，或者亲自参观博物馆的临时展厅。当年年底，史密斯森美国艺术博物馆的 6 000 多名会员和粉丝参与了这次在线体验,250 多人出席了“意外的幽灵”展览开幕式。

为什么要设计一款游戏，而不是由博物馆公开发出邀请呢？对此有两个很好的理由。由于它是“游戏”，而非严肃的艺术竞赛，通常不认为自己跟艺术品设计有什么关系的人会自由自在地进行尝试，不用担心尴尬。游戏的结构以及它的线索和叙事，同样给了更多非典型的博物馆会员，如学生和青少年，一个通过在线讨论、分析艺术品来参与策划展览的机会，哪怕会员本身并未投稿。这些玩家充当了“意外的幽灵”展览的虚拟“监护人”。

要成为任何一个社群的成员，都需要理解社群的目标、接受实现这些目标的策略和实践。而参与“意外的幽灵”项目，在这两方面都教育了博物馆的参观者。虽然这是一个游戏，可博物馆方面认真地将参与的玩家当成了艺术家和策展人。

博物馆技术应用顶级专家尼娜·西蒙（Nina Simon）报告说：“游戏作品正式进入藏品数据库，其存储和接触方式也都完全和其他文物一样，指定专人照料、馆员戴白手套，等等。这样，博物馆的秘密规则就成了玩家们踊跃参与的新动力——当他们看到博物馆的内部运作时，就有可能又多了一层新的喜悦。”

换言之，游戏推倒了将博物馆管理工作与参观者隔离开来的“四堵墙”。在此过程中，它彻底再造了博物馆会员资格的概念，让博物馆变成了一个真正的社群。

我们已经习惯把博物馆看成一个消费知识、艺术和思想的空间。《意外的幽灵》表明，在游戏社群的 3 大基本组成部分，即合作、创造、为更宏伟的目标做出贡献的推动下，我们可以将之变成有意义的社会参与空间。

与最陌生的陌生人分享

该怎样做才能说服年轻人给祖父母多打电话呢？进一步而言，该怎样才能说服年轻人常给别人的祖父母打电话呢？这是一款名为《活力》（*Bounce*）的游戏的双重目标。它是一款电话交谈游戏，旨在支持跨代社交互动。

游戏化实践

玩《活力》只需要短短 10 分钟。你登入游戏，就跟一位“资深经验代理”现场通了电话，这个经验代理是某个至少比你年长 20 岁的人。你们按照一系列电脑提示互相交换过去的故事，以便发现你俩共同的人生经历。例如：有什么事情，你们俩都用双手来干？哪一项有用的技能，你们都是从家长那儿学会的？哪一个遥远的地方，是你们俩都去过的？你的目标是在时间用完之前，尽可能多地找出和这位资深经验代理的联系点。

《活力》是加州大学一个四人计算机专家和艺术家团队共同努力的成果。我们的目标是，设计一款能引发较强弥合代沟社群感觉的电脑游戏。

由于退休中心、老人院和长期护理安老院有可能处在极度社交隔绝的状态，它们对这样的游戏有着莫大的需求。其中部分属于环境问题：它们大多是用途单一的空间，没有太多的人流，也少有不同年龄群体混合的机会；但另一部分也是文化问题：哈佛大学和斯坦福大学的大量研究已经证明，对老年人的成见是一个最广泛、最棘手的社会偏见。在美国，特别是在 30 岁以下的年轻人中尤为普遍。年轻人总会把老年跟力量、地位、能力削弱等负面特质联系起来，这让他们总是逃避跟老人交流，哪怕自己的亲人也不例外。

我们的团队花了大半个夏天，集体讨论出了一款游戏的潜在概念，以游戏的方式帮忙弥合代沟。作为研发过程的一部分，我个人用了相当多的时间给我生命中的两位重要长者打电话：我的爷爷赫伯，那年已经 92 岁；还有我丈夫的奶奶贝蒂，当时 87 岁。我对他们进行“用户调查”，搞清楚哪种游戏会有意思，便于快速掌握，尤其是对不习惯玩电脑游戏的年长者而言；我们还商讨了让他们和游戏技术互动的最佳途径。

和他们打了那么久的电话，我得到了极大的回报。显然，电话对双方而言都是熟悉的技术，任何人在任何时候使用都很方便。事实上，由于煲电话粥是如此容易又值得一做，所以，给年轻人一个有趣的理由给长者打电话，就成了我们游戏的目标。

但你要如何围绕打电话来设计一款电脑游戏呢？我们决定，每轮游戏只有两名玩家，因为这样打电话最能让双方满意。规则应该是什么呢？玩家的年龄至少应该相隔 20 岁。当然，双方玩家都应该在电话连线上，但由于老年人连续使用个人电脑的可能性较小，我们决定，两名玩家中只有一方需要待在电脑前。该玩家将登录到游戏网站，接着给对方玩家打电话。

这款游戏叫作《活力》，我们希望通过这种交流，快速、轻松地激发双方的生命故事。网站会向玩家弹出一些需要通过合作完成的问题：你们都曾在什么地方游泳？哪一本书，你们都曾向朋友们做过推荐？哪一种经历会让你们俩都感到紧张？游戏的挑战是给每个问题找出适用于双方的答案。比方说，答案可以是这样的：“我们都曾在太平洋游泳。”“我们第一次约会时都很紧张。”等你们找到共同的答案，其中一个玩家就把它输入数据库。你们有 10 分钟来回答 10 个问题，这 10 个问题是从数据库的 100 个问题中抽出来的，任何一个问题都可以跳过。游戏网站会倒计时，并在最后显示你们的得分。

游戏化实践

我们在加利福尼亚州圣何塞市的一处老人院对游戏做了一个星期的实验。对这种游戏，你并不愿意一开始就公开邀请人来玩；打电话的人互相之间要有一定程度的信任，才能以积极的态度参与。所以，我们通过电子邮件和社交网络把老人院的电话号码发给信得过的朋友、家人和同事；还把电话号码给了圣何塞市中心附近来参加科技艺术节的人，希望他们会是积极的玩家，而不是破坏游戏的“捣蛋鬼”。我们在老人院安排了一位现场“红娘”，对打进电话的人跟老人们进行配对。

对老人和较年轻的玩家而言，这都是一个略带风险的提议。毕竟，与陌生人交谈有时候会尴尬，好在游戏为对话提供了清晰的结构和主题。事实上，通话双方都朝着同一个目标，为得到高分而努力，这让他们立刻建立起了关系。

玩家的策略各不相同。有一类玩家会风风火火地列举自己做某事的每一个地方；另一类玩家则会询问自己的伙伴：“你是在哪儿长大的？你周围有什么湖泊吗？你到什么海附近旅行过吗？”常见的答案往往激起对方的连番肯定：“啊，天哪！我知道那条河！在我们还小的时候，爸妈带着我和妹妹去那儿漂流过！”而罕见的答案则往往会引出一段偏离游戏的闲聊：“你曾在阿拉斯加游泳？够冷的吧？”

游戏雏形非常成功。几乎每个玩过的人都再次打电话来要求再玩，每一名老年玩家都报告说，游戏之后他们情绪高涨。游戏把老年人称为“资深经验代理”，这个简单的事实似乎在让老人们开心的过程中发挥了很重要的作用。它奠定了游戏的基调，给了他们参与的信心。但最成功的设计元素是得分，它既是一个数字（10 分制），也是一首诗。

我们希望双方玩家都产生一种感觉：他们不仅交谈过，还共同创造了某样东西。所以，游戏结束的时候，网站把玩家的答案变成了一首简单的现代诗。玩家可以把它打印出来，或是把它转为电子邮件，还可以将它在线留存，随时查看。以下就是两名玩家共同创造的一首诗歌：

法国鲁日蒙，共照婚纱照，谷仓跳探戈
拧弯回形针，肉桂小面包，爱吃牛舌头
穿上一条裙，跳进太平洋，齐齐入暗房

这首诗的每一句都代表两个年龄相差至少 20 岁的人在人生中有过的共同经历。我从没见过这两位拧弯回形针时感到紧张、都在谷仓里跳过探戈的玩家，但我能想象，他们第一次在电话里意识到彼此竟拥有这么多的共同点时，会是多么激动。

归根结底，游戏的乐趣很简单：电话铃响起，打电话的是个陌生人，你偶然发现一个跟你迥然不同的人却同样拥有一段引人入胜的生活。当然了，这款游戏也可以在亲人和邻居之间多次玩，因为它可以带来成千上万次独特的访谈经历。当你意识到，自己和一个来自完全不同年代的人竟然拥有这么多共同的有趣生活经历时，你们可以无限次地联系下去。类似《活力》这样的游戏，能让人更方便地接触某个或许会因更了解你而受益良多的人。

本章介绍的 3 款游戏展示了游戏怎样迅速、有效地让我们团结起来，共同体验社群精神，更积极地参与社会公共事务。

游戏化洞察

社群游戏能给我们的现实生活带来极大的好处。它们可能会让我们产生新的兴趣：发现自己比想象中更关心某些公共空间或公共机构，或希望与其他人一起投入讲故事或艺术创作等活动。就算游戏结束，我们或许也会发现，自己对这些空间、机构和活动比从前更为投入。

另一方面，我们感受到的社群精神或许只是社会联系的一阵短暂火花，仅此而已。但即便是一起玩一个很短的游戏，它也能提醒我们：我们其实真心愿意与最陌生的陌生人分享。我们收获了信心：只要我们愿意，只要我们需要，就能够和别人建立关系。

有了这种信心，人类就再也没有理由在这个世界感到孤独，不管是在虚拟世界，还是在现实世界。

REALITY IS BROKEN

第 10 章

让幸福成为一种习惯

游戏化的持续性

- 与游戏相比，现实令人难以忍受。游戏让我们更容易接受好的建议，并尝试培养更快乐的习惯。
- 我们不能让幸福知道我们来了，只能偷偷摸摸地从侧面包抄。好的游戏具有强大的力量，能永远地改变你看待自己和自身能力的方式。

平行实境游戏如何帮助我们养成世界上最幸福的人的日常习惯？向人行道上的陌生人高喊致意；在墓地玩扑克；脚不动，原地跳舞——也许这些并非典型医嘱。事实上，我敢肯定，没有哪位心理学家曾要求患者从事这些活动。但是，这 3 条不同寻常的指示，是直接以积极心理学手册上提出的切实建议为灵感之源的。举例来说：

- 每周两次实践友善行为。较之只是自己微笑，我们让别人微笑时大脑会体验到更强效的“多巴胺剂量”。
- 每天花 5 分钟左右思考死亡。研究人员认为，我们可以诱发一种名为“创伤后幸福”的成熟感恩心理状态，有助于我们欣赏现状，更享受生活。
- 多跳舞。跟着自己喜欢的音乐同步肢体活动，是诱发“欣快”这种极端幸福形式最可靠也最安全的一条途径。

这 3 条指导原则代表了当今一些最常用的特定幸福活动，而本章开头的说法，只是对其做了更具游戏意味的阐释。

幸福活动的3大障碍

那么，究竟什么才是幸福活动呢？它们就像是积极心理学里的日用复合维生素：经临床检验和证明，小剂量服用能提高我们的福祉，它们的设计目的就是更轻松地融入我们的日常生活。除了前文罗列的 3 种活动，科学文献还提出了数十种不同的幸福活动可供选择，包括每天向某人表达自己的感激之情，每当碰到负面生活事件，就给它列一份“塞翁失马，焉知非福”的好处清单。这些活动有一个共同点：它们的作用已经被耗资数十万美元的研究所肯定，这些研究令人信服地证明，养成了此类习惯的人，几乎个个都变得更幸福了。

当然，如果真有这么容易，我们早就变得更幸福了。事实上，从所有可测量指标来看，我们并不比 1990 年积极心理学兴起之前更幸福。全球临床抑郁症和轻度抑郁症的患病比例迅速升高，以致世界卫生组织最近提出，抑郁症已经超过心脏病、哮喘和糖尿病，成为对全球健康最具威胁性的慢性疾病。在美国，人们常常在公共场合扮幸福，私下里却承认，我们的生活满意度低得惊人。

在最近的一次美国全国调查中，50% 以上的美国成年人自称“对生活缺乏太大的热情”“没有积极、高效地投入世界的感觉”。尽管我们有了远超以往的、科学的自我帮助工具，如畅销的积极心理学书籍、无数的杂志文章和博客帖子，但情况仍然毫不乐观。

那么，问题出在哪儿呢？原来，**只知道什么能让我们幸福还不够。我们必须采取相应的行动，而且要经常性地采取行动**。事情越来越明显，以科学发现辅助日常生活实践并不容易。我们需要培养新的幸福习惯，仅靠自己还远远不够。实际上，说到提高我们的集体幸福水平，自助几乎不管用。没有了临床实验或教室等结构及社会性支持，这些自助建议我们根本没有办法自己付诸实行：要么是一个人做不到，要么是没法做。其中主要原因有 3 点。

第一，幸福活动做作、不自然。这是最重要的一个原因，对此索尼娅·柳博米尔斯基总结得最准确。她感叹道：“为什么那些效果最好的幸福活动，听起来总是那么……呃……装腔作势？”

柳博米尔斯基得到了国家心理健康研究所 100 万美元的研究资助，检验了十多种不同的幸福活动，她发现，尽管这些活动有着无可争议的效果，但仍有不少人拒绝尝试。据柳博米尔斯基所说，最常见的抱怨是，幸福活动听起来就“老套”“做作”“傻乐”。

柳博米尔斯基承认："这种反应是可信的，我没法否认。"我们本能地抗拒缺乏真实感、不自然的活动，还有很多人对纯粹的感觉良好深表怀疑。难道表示感谢不应该是自发自愿的吗？不断地寻找黑暗中的光明，难道不是过分天真了吗？我今天就是不想做出什么善意姿态，那又怎么样？说到行善事、感觉好，我们似乎认为，如果静待灵感降临会更"真实"，而不管想不想都坚持去做，实在让人难以接受。最重要的是，对这些赤裸裸的积极活动，我们就是充满了怀疑和猜忌。当今的流行文化里有一种讥讽、玩世不恭、保持疏远的发展趋势，让自己投入幸福活动似乎跟这种情绪风潮不太搭调。

积极心理学家马丁·塞利格曼解释说，把积极心理学应用到实际当中，"很大的障碍来自人们普遍认为这种幸福不真实"。科学拼不过我们的本能反应，遗憾的是，积极心理学家们最多也只能建议我们把嘲讽、怀疑的态度抛到一边去。对很多人来说，幸福活动需要放到一种天生更具吸引力、不那么做作的包装里去。

第二，我称其为"自助悖论"，即自助无法达到长久的幸福。自助通常是个人的、私下的活动。对有些活动，如克服恐惧、确定事业目标、应付慢性疼痛、进行健身锻炼，我们有理由相信自助能发挥作用。可要是事关日常幸福，个人的、私下的活动是没有办法成功的，因为，根据大多数科学结论，一个人没法长久保持幸福。

> 研究了全球幸福发展趋势的埃里克·韦纳报告说："自助产业链帮不上忙。它告诉我们幸福要到内心去寻找，结果，在本应该向外……找其他人、找社群、找跟我们的幸福源头息息相关的人性纽带时，我们却向内看了。"

这里，韦纳提出了一个绝妙的观点：**自助一般不是社会性的，但很多幸福活动却是社会性的。**此外，积极心理学已经证明，任何让人感到真正有意义的活动，都需要跟更宏伟的项目或社群挂钩，自助却大多不是集体活动，更何况，许多自助建议都以书籍的形式呈现在人们面前。

以自助的方式接近幸福，违背了积极心理学迄今为止确立的几乎所有结论。即便我们能够摆脱前文提到的做作问题，把幸福想象成一个自助过程，也注定会失败。

> 从理想上说，幸福需要以一个集体的过程去靠近。幸福活动要和朋友、家人、邻居、陌生人、同事，以及其他所有构成了我们社会纽带的人一起去做。

第三，改变想法比改变行为容易。这是一个并非幸福科学独有的自助问题，正如哈佛大学心理学教授泰勒·本-沙哈尔所揭示的，较之主动适应生活，我们更乐意学习新东西。“从理论过渡到实践很困难：改变根深蒂固的思考习惯、改变我们自己和我们的世界，需要大量的努力。一旦发现理论难以应用于实践，人们往往就会放弃它。”我们要么从不尝试，要么试过之后感到厌倦或沮丧。

本-沙哈尔在幸福自助畅销书《幸福的方法》（*Happier*）一书的末尾，最后一次试图说服人们将读到的内容付诸实践：**“通往不幸有一个最简单的步骤：什么也不做。”**遗憾的是，我们大多数人读了有关幸福的书或杂志文章之后，正是这么做的：绝对什么也不做。书面文字是沟通知识的强大途径，但这种最有效的途径不见得能激励人们。我们就是没有办法通过自助克服抑郁症。除了幸福科学的沟通平台，还需要建立起能鼓励人们投入经科学证明的幸福活动平台。

所以，才有了在人行道上致意、在墓地玩扑克、原地跳舞等想法。这些来自一个我参与设计的大规模公共游戏，旨在为尽量多的人创造机会，投入通常难得尝试的幸福活动。这几个“群体游戏”（crowd games）[①]分别叫《残忍的善意》（*Cruel 2 B Kind*）、《墓碑得州扑克》（*Tombstone Hold' Em*）和《绝密舞蹈》（*Top Secret Dance-Off*）。它们是“幸福黑客”这种全新设计实践的完美案例。

幸福黑客文化的3大特征

“黑客”（hacking）一词起源于20世纪50年代，麻省理工学院的学生将之定义为“创造性地摆弄技术”。

① 群体游戏，就是要在人数众多的群体里玩，而且通常是面对面聚在一起。——作者注

当时，黑客们摆弄的主要是收音机，这是一项社会性的活动：他们会自豪地向任何注意到自己的人炫耀最出色的黑客活动。今天，我们大多认为黑客活动主要局限在计算机范畴。你可能会把“黑客”这个词跟恶意或非法的电脑活动联系在一起，但在高科技社群，它更多地指聪明、创造性的编程，尤其是漂亮地抄捷径完成某件棘手的挑战性活动。和麻省理工学院的黑客起源一样，黑客们一贯有着炫耀、自由分享成功的“黑客活动”的传统。

最近，特别是在硅谷业界，“黑客”一词广泛地用来指一种创造性地动手解决问题的活动，通常跟计算机有关，但并不总是如此。称为“生活黑客”的运动，就是这一现象很好的例子。**生活黑客寻找简单的技巧和窍门，改善日常生活的生产力，比如“10/2 规则”**。“10/2 规则”的意思是，每工作 10 分钟就放松两分钟，做一件有趣的非生产活动，查查电子邮件啦、吃些零食啦、浏览新闻标题啦。

这一理论认为，每次只全神贯注地工作 10 分钟是很容易的，这样的话，每个小时就能有 50 分钟在高效工作。对于很多人来说，这是生产力的一轮巨大提升。为了便于培养这样的习惯，生活黑客们开发了桌面和手机应用程序，每隔 10 分钟就“嗡嗡”叫一声提醒你休息，再隔两分钟又提醒你回归工作轨道。

生活黑客的立场跟自助形成了截然对照，它以更为集体的方式找出解决方案，并一起进行检验。顶级生活黑客梅林·曼（Merlin Mann）解释说：“自助书籍大多会讲一些崇高的概念，而生活黑客则是要把事情办成，以最温和的途径解决生活里的问题。”任何出色的黑客行为，不管是“黑”电脑还是“黑”生活，都应当可以免费应用、极端轻便，也就是说便于实施、成本低廉，无需任何特殊设备或专业知识。本着这种精神，几年前，我创造了“幸福黑客”（happiness hacking）这个词。

> 幸福黑客，是将积极心理学的研究生活转化成游戏机制的实验性设计实践。它尝试让幸福活动感觉起来不那么做作，并将之置入更大的社会背景当中。

我现在设计游戏的时候，总会在游戏机制中置入一种经过检验的幸福活动，有时候，还会完全根据全新的研究结果来创造游戏。这就是我努力让游戏对现实进行的第十重修补：

REALITY IS BROKEN

10号补丁：幸福的黑客

与游戏相比，现实令人难以忍受。游戏让我们更容易接受好的建议，并尝试培养更幸福的习惯。

幸福黑客之一：残忍的善意

科学文献最常建议的两种幸福活动是表达感激、实践善行。最近的研究表明，**哪怕我们根本不认识自己感谢的人、善待的人，也能体验到由此产生的好处。**哪怕感激之情和对陌生人的友善行为稍纵即逝，也会对我们的幸福造成深刻影响。来自陌生人的积极姿态，能极大地丰富、满足我们的日常生活感受。

社会学家将我们与陌生人之间的积极关系称为“短暂的公共社交”。我们在各种公共场所都能体验到它：人行道、公园、火车、餐厅、体育馆、咖啡厅，等等。这种短暂的社会互动持续时间很短，大多具有匿名性：与另一个人目光相对、互相微笑、为别人让出地方、捡起别人掉落的东西、各自走在路上。但这些简短的接触，日积月累地对我们的心情产生了总的影响。

研究人员已经证明，哪怕每天只是跟亲切友好的陌生人共享短短几分钟的公共空间，也会让我们更为乐观，提高我们的自尊，让我们感到更安全，感觉和周围的环境联系紧密，帮助我们更享受自己的生活。而如果我们以同样的善意回报他人，自己也会同时受益：**我们帮助别人或与之展开合作，激活了大脑的奖励中心**。但是陌生人并不总是彼此友好相待的。一些研究人员相信，随着时间的推移，我们的共同空间正变得越来越不友善了。

游戏化洞察

达契尔·克特纳设计了一种简单的方法来检验这一理论：一种用于衡量共享环境社会福祉的数学方法，叫作“仁率”（jen ratio）。“仁”来自中文，意思是“人性善意”。它比较的是在特定时间段和特定地点，陌生人之间的总积极互动和总消极互动。比率越高，该空间的社会福祉越好，在那儿待过之后就越可能感到快乐；比率越低，该空间的社会福祉越低，如果在那儿待得太久，幸福感就会减少。

要衡量一个空间的仁率，只需仔细观察它在固定时间段的表现即可，比如 1 个小时。记下陌生人之间的所有积极和消极微互动，跟踪比较两者的总数：人们有多少次彼此微笑、善待对方，人们有多少次互相冒犯、动粗、公然冷漠。所有积极的微互动，如微笑、热情道谢、帮忙开着门、关心地询问等，都记录在比率符号的左边；所有消极的微互动，如讥讽、翻白眼、撞人之后不道歉、低声骂脏话，都记录在右边。

仁率，是一种预测待在特定地点会让我们开心还是不开心的方法，它简单而强大。克特纳研究了近年来的社会福祉和社会空间调查，得出一个结论：“美国表现出明显的‘仁’丧失迹象……仁率日趋为零。”

那么，我们怎样才能提高日常公共空间的仁率呢？解决方案倒是一目了然，只是难以执行：我们需要说服大量的人多微笑、更热情、多表达感激和赞美之情。显然，积极心理学家早就给了我们这些建议，但正如柳博米尔斯基的研究所示，这些建议很难直接刺激人们采取行动。单枪匹马地想要提高大型公共空间的仁率，谁都会感到畏惧吧？**要提高仁率，一群人一起做恐怕比一个人做更有效果。**但我们确实没有走出去集体表达感激之情和善待陌生人的社会传统啊。

身为游戏设计师，我很清楚，只要让这种行为变得更具挑战性和社交性，就完全有能力解决这些问题。要在游戏中解开陌生人的善意，来上一些任性的限制、一些多人障碍和一套反馈系统，就足够了。

那么，一个善意的游戏到底应该是什么样的呢？谁会玩它呢？几年前，我就在问自己这些问题，我和好朋友兼游戏开发员、Persuasive Games公司共同创始人伊恩·博格斯特一起决定，发明一款以善待陌生人为核心机制的游戏，只是这种善待行为要尽可能偷偷摸摸地进行。

它的运作方式跟热门校园游戏《刺客》（*Assassins*）一样。《刺客》的玩法是：玩家通过电子邮件收到自己分配的“目标”，之后的几天甚至几个星期里在整个校园里跟踪目标，用水枪或其他玩具武器将之“消灭”。不过，在我们的版本里，游戏时间更短，只有一两个小时，空间范围更小，就在几个街区、一个公园或是一处大型公共广场。玩家们也不是用玩具武器互相厮杀，而是用善意互相“厮杀”。最重要的是，他们没有具体的目标对象，所以，身边的任何人都是送上一句恭维或“谢谢你”的大好猎物。最后，玩家“被杀”之后不是出局，而是联手合作，开展规模更大、更壮观的善意活动。

我们根据莎士比亚的悲剧《哈姆雷特》中的名句，把这个游戏叫作《残忍的善意》。2006年，我们在旧金山市和纽约市最先推出，此后，又在底特律、密歇根、南非的约翰内斯堡、瑞典的斯德哥尔摩、澳大利亚的悉尼等城市推出。以下是它的玩耍方式：

游戏化实践

《残忍的善意》是一款行善刺杀游戏。游戏一开始，将通过电子邮件或短信分配到3种秘密武器。在旁观者眼里，这些武器看起来就像是偶发的善意行为。但在其他玩家看来，友好的手势是能让他们倒地不起的致命动作。

一部分玩家的命门是“恭维”；而另一些玩家则会死于“微笑”之手；你和你的伙伴，则可能被他人的“乐意相助”给撂倒。

你可以尝试杀死参与这个游戏的任何人，可你不知道到底还有谁在玩这个游戏，没有任何有关目标对象的信息。没有名字，没有照片，什么也没有，你只知道在指定的游戏时间，他们确实在游戏场地之内。你遇到的任何人都可能是你的目标，找出他们的唯一办法是用你的秘密武器攻击他们。

要当心：猎人同时也是猎物。其他玩家同样分配了秘密武器，他们也在寻找你。你对刺杀目标所做的任何反常行为，都有可能暴露你的秘密身份。攻击的时候要保持冷静，因为你不想惊扰无辜的旁观者……也不想泄露你的秘密身份。

很多时候，你和另一名玩家会同时发现并尝试干掉对方！出于这个原因，武器依据经典的剪刀、石头、布模型来分配：比方说，“热情欢迎”克“谢谢”、“恭维”克“微笑”。如果双方玩家同时使用的是相同的武器怎么办？那就会出现平局，这时你们转身，朝反方向跑，等 30 秒之后再度出手攻击。目标对象被成功暗杀后，“死掉”的玩家就跟在“杀手”身后，继续跟踪幸存玩家。团队越来越大，直到最后两帮行善刺客展开一场蔚为壮观的终极厮杀（见图 10-1）。

交叉开火中会伤及无辜吗？噢，是的。但你的秘密武器无非是一种随机的善意行为，只有碰到其他玩家它才会“残忍”起来……

图 10-1　伦敦的一队《残忍的善意》玩家

（亚历克斯·西蒙斯［Alex Simmons］摄于 2008 年伦敦“躲猫猫”游戏节）

除了这套基本的规则，我们还创造了一套武器库，列举可以用来充当武器的做法，并邀请玩家补充自己的点子。比如：

- 欢迎你的目标对象来到这座美丽的城市或这个美丽的街区。
- 对你的目标对象说："你今天气色真好！"
- 指给目标对象看一样神奇的东西，比如："这只鸟真神奇呀！"
- 赞美目标对象的鞋。
- 为目标对象提供某种具体的帮助。
- 向目标对象正在做的事情道谢。
- "大为震惊"地赞美目标对象。
- 向目标对象眨眼微笑。
- 志愿回答目标对象对附近某个具体东西的提问。

除了把玩具武器换成善意动作，我们所做的另外两项重要设计抉择是缩短游戏时间、模糊玩家的人数和身份。正常版的《刺客》在时间和空间上都拉得太广太长，不足以对局部环境造成重大影响。减少游戏时间、缩小游戏场地之后，游戏的影响和强度会大大提高。此外，在传统版《刺客》中，玩家知道自己的目标到底是谁。交火中偶尔也会误伤陌生人，但它基本上是意外情况，无端"遇刺"的受害者大多不觉得有趣。那些没有参与游戏的，没人乐意突然被水枪射成落汤鸡！可在《残忍的善意》当中，我们就是想让旁观者"中枪"，不管它是否能增加玩家的得分，每一次积极微互动都会提高仁率。事实上，对非玩家"擦枪走火"的次数越多，效果越好。

老实说，旁观者遭到玩家意外"攻击"的时候，还是挺吃惊的，但或许也挺受用。碰到最好的情况，"误伤"的受害者真心觉得自己受到了欢迎、得到了赞美或表扬。游戏刚开始，玩家们畏手畏脚，团队规模很小，往往就是这样。可过了一会儿，玩家们胆子变大了，队伍的规模也壮大了，善意行为顿时显得不自然起来，陌生人不免感到好奇：怎么人人都在这么"做作"地表示善意和感激呢？这是游戏的预期效果之一：如果善意行为出现得不合时宜，会让人好奇它到底表示什么意思。当然，到了游戏的尾声，二三十个肾上腺素激增的玩家一起去恭维别人，显然绝不是什么短暂的日常公共社交活动了。没有人会误以为这是普通的善意举动。但这种壮观的活动又朝着另一个积极方向发展了：它给整个环境带来了新奇感，引发了人们的好奇心。它让人眼前一亮，但这又是善意的。在游戏里融入这种反常奇观的目标，是把人们的社交热情给“狠狠地摇出来”。

长期的低仁率可能会让一些旁观者过分冷嘲热讽、缺乏热情，对他们而言，受到一个陌生人或一群人的欢迎、感谢、讨好或恭维，恐怕不是什么积极的体验。这就是为什么我们要精心检测不同的“武器”，找出总能唤起积极反应的动作。我还观察并拍摄了许多现场游戏，专门寻找绝大多数旁观者受益的迹象。迄今为止，我的研究表明，人们给出的反应绝大多数都是积极的，如微笑、睁大眼睛表示好奇、惊讶、愉悦，很少有人翻白眼或做出其他消极反应。

不过，说到底，这款游戏最大的受益者还是玩家。因为，你在玩《残忍的善意》时，表示感谢、实践善行的基本幸福活动变得更具吸引力了。

第一，让善意活动变得更有意思了。表达善意的过程中出现了两点障碍：不知道要去攻击谁，还要偷偷躲着其他玩家。游戏的大多数时间，你都在环境中穿梭、低调地搜寻目标。你忍不住对看到的每个人都好奇：他们也是在玩游戏吗？陌生人成了潜在的目标和盟友，而要判断他们是否知道你的秘密，唯一的办法就是积极与之互动。

第二，刺激人产生肾上腺素。恭维别人成了一种勇敢的行为：你必须调动神经，克服无视陌生人的社会规范，还必须尽快行动，因为时间每流逝一秒，其他玩家就可能瞄准了你这个目标。游戏带来了明显的自豪时刻。玩家和团队成功干掉别人，会大声欢呼叫喊，在这个过程中，你“误杀”的旁观者数量强化了这一自豪时刻。我观察了几场游戏，粗略估计出参与者平均每误伤他人 5 次，才能成功地干掉一个目标对象。

第三，比普通的善意行为更具新奇性。它鼓励你在不同的环境下善待陌生人，有着无穷无尽的可能性。《残忍的善意》最常在市中心玩，可它并不仅仅是一款适合人行道和公园的游戏，任何公共空间都可以因为仁率的提高而获益。我已经收到人们的报告，说在高层办公大楼、艺术节、图书馆、商场、会展中心、公寓、大学宿舍、火车，甚至在沙滩上，都玩过《残忍的善意》。

第四，给了你参与幸福活动的合作者。你可以找朋友跟你组队，随着队伍不断扩大，会累积起一种以善意杀敌的集体使命感。我参加过的最大规模的一次游戏，有200多名玩家在3×3条街道见方的街区范围内活动。这是一种充满激情的经历，足以永远改变你对自己行善能力的看法。就算只玩过一两次《残忍的善意》，也会发现自己不停地想着，要把友好姿态视为随时随地可用的秘密武器。玩家们初次玩这款游戏的几个星期、几个月之后，就是这样对我说的。游戏给了你看待两种幸福活动的不同视角，为它们注入了更多的兴奋、自豪和社会能量。

和许多幸福黑客活动一样，《残忍的善意》并非一款产品。它不用下载软件，不需要购买授权，不必支付费用。它的本意是要解决一个问题，即如何增加公共空间仁率。任何人在任何地方都可以采用它。发明它也没有什么成本，伊恩·博格斯特和我免费出力，整个项目在试玩和推广上我们大概只花了不到500美元。

游戏可以通过任何一种移动通信技术来玩：短信、手机电子邮件和Twitter，都是最流行的《残忍的善意》平台。为了帮助传播这一幸福黑客活动，《残忍的善意》网站上包括了若干必不可少的工具。有一段6分钟的视频，录下了游戏从开始到结束的所有亮点，帮助潜在玩家快速上手。还有一份单页“小抄”，上面写着规则和常见问题，玩家可以把它打印出来，带着它参加游戏。

要跟踪所有开展过的《残忍的善意》游戏很困难，因为组织者无须获得我们的许可，所以，我只能依靠人们主动提供的反馈报告。推出这款游戏3年之后，我每个月仍能听说一些新组织者的消息。至少，《残忍的善意》已经在全世界4大洲10个国家的50多座城市上演过。

游戏化实践

最近，我听说欧洲规模最大的哥特节“夏季黑暗”（Summer Darkness）打算开展《残忍的善意》游戏，这大概要算一个最有趣的游戏环境了。3位游戏组织者从主办城市荷兰的乌得勒支给我发来电子邮件说：“终极目标：让来自欧洲各地的‘哥特人’和‘平民’，即非‘哥特人’一起在街头游戏。”

如果说有任何群体会认为直接的幸福活动太过做作，我敢肯定，那一定是“哥特人”。众所周知，哥特亚文化信奉黑暗、神秘和病态的意象。在哥特故事、音乐和风格里，深深地盘踞着孤独和疏离。“夏季黑暗”的官方宣传口号就是“黑暗的地下生活方式”，所以你很难料到这里的人会主动和陌生人展开热情互动，更别说公开表达感激、偶尔做出善意行为了。

我认为，这一群体把《残忍的善意》看成一项具有吸引力的活动，可以绝妙地证明：**哪怕是最不加掩饰地做好事，也能变成顽皮的娱乐**。这也是幸福黑客行得通的证据。你绝对可以把积极心理学中关于做什么对你好的建议，改造成真正去做的事情。

幸福黑客之二：拿敬意搞怪

《墓碑得州扑克》是《得州扑克》的变体，为了便于在墓地里玩而设计。毫无疑问，这也是我设计过的最有争议的游戏。有些人觉得，在现实世界的墓地里玩游戏太不庄重——这么说简直太温柔了！尤其是在美国，我们的哀悼文化很讲究沉默、私密和庄严。尽管墓地在 19 世纪和 20 世纪初都是大受欢迎的公园和公共休闲场所，但今天却基本上变回了单一用途的纪念地。墓地就是让送葬的队伍短暂停留哀悼的，一些历史较为悠久的或景区墓地可能会吸引其他游客，但他们大多会尽可能不惹人注意地穿过墓群。

但这是我设计过的最为自豪的一款游戏，原因在于：玩家广泛报告说，玩过《墓碑得州扑克》之后，他们都能以更积极的心态去思考死亡和失去挚爱的事情了。而这正是游戏的意义所在。它是一次幸福黑客行动，希望以更具社交性、更愉快的方式来缅怀逝者。

《墓碑得州扑克》的核心活动是学会怎样根据墓碑的形状（对应牌的花色）、碑上的人名和死亡日期（对应牌的分值）把它看成一张牌。一旦能把墓碑读成牌，就能分辨身边“这手牌”的大小。只要有清晰标示的墓碑，那么在任何一座墓地都能玩这个游戏。

游戏化实践

理解《墓碑得州扑克》的关键在于，墓碑的顶端只有 4 种形状。尖的等于黑桃，雕像等于梅花，圆的等于红心，方的等于方块。这是你判断花色的方法。接下来，记下墓碑上死亡年份的最后一位数。这就是牌的分值。逝于 1905 年，分值为 5；逝于 1931 年，分值是 1。

要是墓碑上有两个名字呢？那就别管日期了，这是一张 J；3 个名字是 Q；4 个或 4 个以上的名字，那就是 K。为了弄清牌面，你大概要扫扫落叶或尘土。这太好不过了——有助于照料那些古老的石头。对它们温柔点儿！

现在，让我们来看看一局牌怎么打。玩法和正常的《得州扑克》一样，但顺序反过来。

把所有的牌都提前翻出来。5张公共牌。现在大家下注，每对选手（你得找个牌搭子才能玩）有3分钟来寻找自己的两张最佳底牌。

你可以在墓地的任何地方挑选任意两张牌。只不过，这一回你用的是墓碑，而非普通的扑克。要点在于，你俩必须同时能摸到墓碑和对方。假设我一只手摸到了一张红心10，另一只手扯着我牌搭子的脚丫，而他则努力伸手去摸另一张红心，来完成一手“同花顺”。如果我俩摸不到，就不能说自己有这手牌（见图10-2）。

找到你喜欢的一对牌以后，拿出一对扑克筹码来放在上面。现在，你的对手们就不能再把这两块墓碑当成自己的底牌了。

所有这一切发生得很快，因为3分钟后，拿着计时器的人就会高声叫道：“集合啦！”所有人都得飞快地跑回来，说自己找到了什么牌。拿到最好一手牌的人必须提供证明，而赢家通吃预先下的底注。如果碰上平手，最先回到集合地的人赢。

还有一点：《墓碑得州扑克》不得二次压注，也不得虚张声势地叫牌唬人。要赢，只能真正拿到好牌。所以，赶快和你的牌搭子一起出动，找出最好的底牌吧！

图10-2　国会公墓的一队玩家

两名在华盛顿特区国会公墓玩游戏的玩家，正努力拿到自己最好的一手底牌。

（齐亚什·蒙瑟夫，摄于2005年）

《墓碑得州扑克》让玩家有机会真正认识墓地里安息的人们。你阅读石碑，默念他们的名字，开始为他们的人生故事感到好奇——因为每一次选择一对底牌，其实就是在招募两名逝者做你的盟友。在修葺得当的陵园玩这款游戏很好，但到一个没什么人去、需要你稍加关怀的墓地玩更好。因为它更具挑战性，更能让你有所得。当为了看清碑文、把杂乱的石头从墓碑附近清理掉的时候，你不只是在墓地玩耍，也是在给予照料。

游戏需要至少 4 个人玩，人数较多则更理想。人数越多，墓地的气氛越活跃。我曾在堪萨斯城、亚历山大、纽约、洛杉矶、旧金山等城市历史悠久的公墓，组织过 20 ~ 200 人的《墓碑得州扑克》游戏。有这么一大群人，同时就会有十多对人在“翻牌”，他们四散在墓地的长椅旁、树桩侧、台阶下。每回组织这种大型游戏，我都会事先征求墓地管理方的正式许可和协助。但我也在奥斯汀、赫尔辛基、巴塞罗那等其他许多地方玩过小规模的非官方游戏。如果玩游戏的人不多，比如 4 人、6 人或 8 人，就不会引得太多人侧目。再说，你肯定会小心翼翼地避开那些出于传统拜访陵园的来客。

不过，在进一步分享玩《墓碑得州扑克》的经验之前，或许有必要解释一下我怎么想到要设计一款专门在墓地玩耍的集体游戏，以及幸福研究是怎样说服我承担一个如此超乎寻常的项目的。

> 2005 年，我在一家名叫 42 娱乐（42 Entertainment）的游戏公司任首席设计师。我们接受委托，为美国西部主题视频游戏《西部枪手》（*Gun*）[①]开发一项平行实境游戏活动。这一平行实境活动的目标，是让玩家有机会亲身经历《西部枪手》的世界，即 1880 年前后的美国西部。活动的核心环境是采用了西部主题风格的在线扑克平台，玩家受邀参加在线得州扑克锦标赛（背景设置为过去），跟来自 1880 年的若干历史人物同台竞技。这个游戏别出心裁地把历史角色扮演和纸牌游戏结合了起来。

平行实境游戏通常会包含真实世界的元素，由于《西部枪手》里汇聚了死于旧西部的现实人物，我们想出一个点子：利用真正的墓地来举办现场活动。因为

① 《西部枪手》游戏由 Neversoft 公司开发，Activision 公司发行。——作者注

我有组织现场游戏的专业经验，所以就负责构思在墓地举办一场活动。

一方面，我为这个概念感到兴奋异常。在一个污蔑视频游戏玩家对暴力麻木不仁的世界，把玩家送到埋葬《西部枪手》人物的真实墓地，我觉得这个想法很有点挑衅的意味。但我同时也为触犯墓地的文化惯例感到有些忐忑不安。我真的不想组织那种粗暴、不受认可的“快闪”活动，所以，我开始研究各地历史悠久的公墓，琢磨玩家可以在墓地做什么事情。

我发现的第一件事情是，美国的墓地在打动人们多来看看这方面束手无策、完全绝望。据公墓行业统计，在逝者刚刚下葬的拜祭之后，每座坟墓平均一世只能得到来自所有亲朋好友的两次拜祭。我们以为墓地是哀悼的空间，但事实上，哀悼的人并不经常过来。与此同时，社会规范一般并不鼓励其他人在这里多花时间，它将这种行为看成一种病态、有欠体面。

因此，墓地大部分时间空无一人。墓地空间乏人参与是个大问题，从产业的角度讲是这样，因为墓地的资金很快就会用完；从社群的角度看也是这样，因为拜访墓地的人越少，它得到的维护就越少，遭到的破坏就越大；甚至从幸福的角度看也是这样，根据研究，我们在墓地所花时间越少，就越有可能因死亡感到恐惧和焦虑。

> 我第一次听说这些问题，是因为看了《纽约客》上一篇关于美国墓地衰落的文章，它发表的时候，我正好着手进行相关研究。文章中，塔德·弗伦德（Tad Friend）指出，尽管公墓所占绿色空间开支庞大，维护成本又日渐上升，但当今的美国人拜访墓地的次数仍远远少于过去。他问道：“墓地是为谁而建的？生者还是逝者？”由于我们并不经常拜访墓地，显然，我们相信它们是为逝者修建的。但诚如塔德·弗伦德所说，这很荒谬，“它们是为生者而建，死者无法享受。公墓从业人员要探讨的技巧，就是让生者去拜访墓地”。他记录了美国各地部分墓地为与生者增进关系而做的各类尝试。比如，好莱坞的陵园两侧晚上要放电影，堪萨斯城举办了5 000米公墓赛跑，华盛顿特区的公墓设有遛狗俱乐部。

随着对这个问题的进一步研究，我发现，许多墓地奋力求生的主要原因在于，美国人希望将死亡从我们的现实生活中尽可能地抹除干净。几十年来，私人墓园悄悄卖了出去，改建成了新的高速公路、学校和公寓，剩下的墓园也大多迁到了更偏远的地区。与此同时，许多公共和纪念墓地所得资金不足以定期进行维护；墓地拜访率太低，让它们无从向公众展现自己的价值。一些地方社团接受了从前属于教堂而现已裁撤的废弃坟场，希望修缮并保存其历史价值。

关心和运营墓地的人提出了很多保护它们的理由：它们是历史数据的独特载体，有着重要的建筑价值，还有着极强的伦理必要性，葬下挚爱亲人的家庭期望坟墓得到永久照料。

所有这一切，都是如今让墓地空间保持活跃的宝贵理由，但真正让我信服的，还在于幸福研究。

- 埃里克·韦纳在全球幸福趋势报告中写道：“奇怪的是，死亡这个主题十分频繁地出现在我的幸福研究中。也许，不想到自己的死亡，我们没法真正地幸福。”这个说法很陌生，但并不算新鲜。
- 幸福历史学家珍妮弗·迈克尔·赫克特（Jennifer Michael Hecht）在《幸福神话》（*The Happiness Myth*）中用了整整一章的内容“提出了一条古老的建议：为了改善我们现在的生活，要记得死亡，将它牢牢地刻在脑子的最前沿”。她将这个概念一路追溯到了柏拉图时代，柏拉图劝学生们“要定期进行死亡冥想”。佛陀也说过：“在所有正念冥想中，以死亡冥想为最。”
- 就连以鼓励追随者寻求单纯快乐而闻名的古希腊哲学家伊壁鸠鲁，也把死亡放在自己幸福愿景的核心地位，认为我们只有告别了对死亡的恐惧，才能真正享受生活。

据赫克特所说，自古以来，死亡冥想只有一个目的：以平静、成熟的感恩心态代替对生命的恐惧和焦虑。如今，这些传统得到了当代科学的肯定。积极心理学家发现，**面对死亡可以迫使我们转变心态，有助于我们珍惜现状，把注意力集中到对我们最重要的内在目标上。**赫克特创造了一个词来描述这种关注力上的转移：创伤后幸福感（posttraumatic bliss）。“对生命的感受，不管是好是坏，都是智力或意志力取代不了的，而垂死状态可以让你进入创伤的正面化身：创伤后幸福感。”

研究人员已经证明，**在做过临终医疗诊断的患者中存在创伤后幸福感的现象。似乎有什么东西点化了他们的脑袋，给了他们更享受生活的力量。**他们意识到了生活有多么珍贵，性情也变得明显更为开朗，并有了关注积极目标的新能力。泰勒·本－沙哈尔在《幸福的方法》一书中引用了心理治疗师、经常陪伴垂死患者的欧文·亚洛（Irvin D. Yalom）的一句话：

> 他们对琐事看得很开，并有了一种控制感，不再去做那些不想做的事，会更坦率地与亲朋好友沟通，全身心地活在当下，而不是沉湎于过去、醉心于未来。

本－沙哈尔注意到，这种强烈而罕见的积极关注力，很难从普通生活中获得，特别是我们又花了那么多时间来回避死亡这个问题。

如果不依靠临终诊断或濒死体验，我们能学会品味生活、实践同等强度的积极关注力吗？这似乎正是传统及宗教建议背后的设想。如今，本－沙哈尔等积极心理学家建议，想象自己已处于弥留之际，以唤起这种积极的清净和澄澈，应该也是这个道理。

但独自临终反思这种幸福活动，有很多不尽如人意的地方。这根本就是我们大多数人不想做的事情，就算是，也不会认真地做，或是长时间地做。我们不仅要说服自己总是想着死，而且，赫克特还指出，古代哲学家还主张“要积极地冥想，积极地表姿态”。

此外，我们很难强迫自己理解个体死亡的现实，而懂得死亡的普遍性更容易。墓地的作用就在于此。它向我们展现了大量清晰而不可否认的历史证据：**死亡把我们所有人联系在了一起，死亡也让人有可能更充分地享受生活——只要我们愿意多花时间来这儿。**

研究进行到这个阶段，我确信，多花时间在墓地是一个值得尝试的社会目标。

较之把历史性的视频游戏现场还原，一款墓地游戏能做的更多。《西部枪手》项目是实践幸福黑客活动的绝佳机会。而要让这次的幸福黑客发挥作用，关键是要产生一种普遍认为与群体游戏联系在一起的积极情绪：兴奋、好奇、兴趣、社交，并把这些积极情绪在墓地这一自然背景下释放出来。

等开始在墓地试玩，其中的设计元素也迅速就位了。我知道得有一项具有针对性的活动，从某种角度来看，它和悼念逝者毫无关系，悼念只是游戏的副作用而非目标。既然得州扑克曾是这次平行实境游戏的主题，那么把类似的游戏带到墓地自然合情合理。

但扑克需要贴合环境，利用墓地的天然条件，要不然，你可以随便到什么地方玩这款游戏，那它的意义就全没了。利用石碑当扑克的点子就是在这时候冒出来的。墓碑是所有公墓唯一共有的特征，它保证了游戏能在任何一座公墓进行。仔细观察碑文，直接迎合了幸福黑客活动的目标——你“解码”的每一张牌，都意味着你直接面对了死亡，只是这种方式不会唤起你的恐惧或焦虑。

至于其他设计细节：我把它做成了一款依靠伙伴的游戏，因为这似乎是个能展开社交、进行合作的好办法。**合作总能在游戏里唤起积极情绪和意义感，有了身体接触的合作尤其如此。**此外，触摸是建立社交纽带最快的一种方式：手牵手、抚摸别人的背或轻拍肩膀，能释放让我们彼此喜欢、信任的后叶催产素。但达契尔·克特纳的积极情绪研究表明：“我们生活在一种缺乏触摸的文化当中。”也就是米开朗基罗所说的：“触摸，可以赋予生命。”要让墓地活跃起来，我再也想不出比让人群一浪接一浪地释放后叶催产素更好的办法了。

当游戏真正进行时，墓地里弥漫着一种少见的快乐参与氛围，它明显打破了墓地惯有的独自默哀或集体哀悼的氛围。同时，朋友之间甚至陌生人之间常常闲聊起来，提起自己哀悼、离别的经历。我组织的每一次《墓碑得州扑克》活动都出现了这样的情形，从环境来看，也几乎不可避免。这样，游戏圆满地完成了自己的使命：它把我们放在一个能提醒我们“尘归尘、土归土”的完美环境之下，又激活了积极的情绪，建立了良好的社交纽带。

这就让我们回到了潜在的争议上。好多报纸文章对《墓碑得州扑克》做了报道，网上有读者评论说，这个游戏显得“不敬”“麻木”，甚至“猥亵”。这些争议引出了一个问题：在墓地玩游戏合适吗？根据我的经验，绝对合适。我组织过十多次《墓碑得州扑克》的试玩活动，大多数参与者都认为，这款游戏很适合墓地这一空间，从游戏带来的直接结果看更是如此：墓碑得到了生者更多的关注，得到了更好的照料。

游戏化洞察

《墓碑得州扑克》比我参与过的其他任何项目都更能表明游戏的一项关键力量：它给了我们公然反其道而行之的许可。游戏要求我们不依惯例行事和思考，而我们也很习惯如此。置身游戏创造的社会安全“金刚罩”之内，我们创意非凡，在社会惯例之外嬉戏玩耍。聚在一起参加《墓碑得州扑克》这种非传统游戏的人越多，感觉就越安全。大众群体天生有着重新定义规范的社会权威。

幸福黑客活动真的有效果吗？我和上百人玩过《墓碑得州扑克》，玩过以后又和几乎每一个人都聊过它。游戏一般会紧跟着餐厅或酒吧等社交聚会之后进行，是强烈情绪体验之后的解压途径。

玩家最常见的反应是，玩过之后，感觉在墓地停留“更舒坦”了。其他常用来描述游戏体验的说法还有“奇妙的快乐”“放松”，对现场其他人表示“感激”“产生了联系”。我甚至还跟到访墓地的其他访客聊过，他们在远处瞅见了我们的部分玩家，向我打听游戏的情况。只有一位访客对此表示了惊慌。大多数情况下，我听到的是以下情绪的各类说法：看见心爱的人最后的安息之所非但不孤独、不空虚，反而挤满了跑动、微笑、大笑、一起玩乐的人，真的很好。

自从第一次在网上发布了游戏规则之后，跟大多数优秀的黑客活动一样，《墓碑得州扑克》主要通过口口相传推广了开来，我时不时听说这个游戏现身世界各地的公墓。这大概是幸福黑客活动最好的结局了吧——一个解决方案，经过了测试、验证和分享，继续在那些能从中受益的人群里面传播。今天，《墓碑得州扑克》变成了一种病毒式的幸福方案：应用免费，不需要额外的产品、特殊的物资或技术。你需要的只是一套普通的扑克——能拿来当成筹码的东西，也有人用硬币或者彩色玻璃球，再邀请朋友或陌生人和你一起玩就行了。

◀幸福黑客之三：戴着面具跳舞▶

"这一堂幸福课再简单不过了：如果你有机会在圆圈里跳舞，那就从椅子上站起来跳吧。"这是珍妮弗·迈克尔·赫克特在《幸福神话》里的建议，它有着充分的理由。纵观人类历史，一起跳舞就是一种特殊幸福的可靠来源：舞者快感（dancer's high）。

舞者快感是内啡肽与后叶催产素相结合，再加上迷走神经受到强烈刺激时带给我们的感受，即我们成为一起活动的群体中的一员，在音乐的节奏中"失去自我"的感觉。[①]这是一种充满兴奋、心流涌动和喜爱之情的复杂感觉，很难通过其他途径体验到。

但团体舞蹈也让很多人觉得尴尬。从自我意识到社交焦虑，再到对一切群体活动的不屑，所有这一切都可能妨碍我们参加或享受跳舞。对很多人而言，当着其他人的面投入地跳舞、全无保留，是一个艰巨的任务。它需要你放得开，向人们展示你一般情况下都藏起来的那一面：热情洋溢、毫无戒备。对一部分人来说，展现这一面需要对周围的人充分信任。实际上，按照积极心理学研究人员的说法，跳舞之所以是如此强大的幸福活动，信任正是其中的一个原因。

我们跳舞的时候，会强行进入一种情感和社交脆弱状态，只能希望并信任别人会拥抱我们，而非妄断评判我们。与此同时，我们也得到了拥抱别人、帮助别人对跳舞感觉更好的机会。换句话说，与人跳舞是接受和表达我们的同情、慷慨以及人性的一个机会。因此，达契尔·克特纳写道："舞蹈是通往一种神秘感受

① 内啡肽因肢体动作而产生，后叶催产素因抚摸和同步动作而产生。——作者注

最可靠、最快速的途径。这种神秘的感受，自古以来有过许多名字：同情、大爱、狂喜、仁；这里，我称它为‘信任’。跳舞就是信任。”

但首先，我们必须同时拥有跳舞的欲望和勇气。我们中的很多人不是少了前者，就是缺了后者。

有些人一贯不喜欢“太投入”。集体跳舞尤其能让各种“做作”预警系统铃声大作。最出名的一种集体舞就称为“摇摆做作”（hokey pokey），也绝非事出偶然。比方说，在婚礼上或是节日游行中出现大型群体舞时，要是你没有心情跳舞，被拉进人群会让你感到难以置信的无奈和不真实。还有些人有欲望，但没有勇气。

“多跳舞，如有可能，参加群体舞。”这条幸福建议越是反复回荡在我面前，我就越是相信，必须想个办法让性格内向、宁肯待在边上看的人也参与进来，让本来就愿意跟人一起跳舞的人得到更多跳舞的机会。毕竟，哪怕是随时愿意跳舞的人，也不见得随时都能碰到足够多的机会：我们根本就没有太多能够一起跳舞的日常场地。于是，我开始琢磨：要怎样才能让我们每天都偷偷摸摸跳几分钟，而不仅仅是在周末专门抽空去跳舞呢？

我的解决方案是，把大型多人在线角色扮演游戏的所有基本机制全都用起来，只是把传统的角色扮演任务和团战换成现实生活里的舞蹈任务。我称它为《绝密舞蹈》，并将一起跳舞的冒险活动与独立的社交网络平台共同推出。

游戏化实践

诚征冒险家，无需舞蹈天赋。

欢迎来到《绝密舞蹈》——这是一套地下网络，普通人可以通过它激活舞蹈的奥秘。据说，这种神秘的能力是天生植入我们大脑的，必须靠极不寻常的舞蹈体验才能将它解锁。

《绝密舞蹈》是一项可以在世界任何地方进行的冒险活动。它不需要舞蹈技能或天赋。事实上，你大概会发现，跳得蹩脚或许能带给你更多的奖励。激活舞蹈的奥秘不需要当个一流舞者，你需要的是做个聪明的舞者、勇敢的舞者、偶尔隐身的舞者。

这项冒险活动包含了多重挑战，需要你在视频上、在家里、在最出人意料的环境下，进行绝密的舞蹈任务和舞蹈角逐。你可以一个人玩，也可以和朋友们一起玩，但必须戴面具或做其他伪装。

在尝试激活难以捉摸的舞蹈奥秘时，你要通过完成舞蹈任务、参加舞蹈角逐来获取点数。随着点数的积累，你会升级。级别越高，激活的舞蹈奥秘就越多。

完成的每一项任务、参与的每一轮舞蹈，还能让你赚到“舞蹈力”，如风格、勇气、幽默和协调等，它揭示了你身为绝密舞者的个人优势。舞蹈力，是由其他“绝密舞蹈”玩家在你视频的下面所写的评论里授予的。

当你达到 100 级，就能完全激活舞蹈奥秘。怎样才能达到 100 级呢？完成 21 项越来越难的挑战性任务，赢得至少 12 轮“舞蹈战”，就能完全激活、投入生活了。

舞蹈任务 1：掩饰自己。

你的第一项任务是掩饰自己。毕竟，这可是绝密（见图 10-3）。但我们又不能全面伪装。那样的话，跳舞就太困难了。因此，为了隐藏你的绝密舞者身份，你可以采用轻量级伪装，把脸遮起来一部分。可以戴口罩、裹围巾、戴巨型太阳眼镜、化浓妆、戴假发……反正脸是你的，怎样遮掩它全由你做主。但一定要真心喜欢你的伪装，因为将来所有的任务和舞蹈角逐都得打扮成相同的样子。蝙蝠侠和神奇女侠可不是每一次拯救世界都换套新衣服，对吧？所以，选一件你喜欢的东西，把它偷偷藏起来，你会用到它的。

现在：拍一段视频，向绝密舞蹈世界做自我介绍。你必须身着伪装并跳舞，挑一首你喜欢的歌作为舞曲。但棘手的地方来了：你得用上自己的秘密武器了。这就是说，你的脚不能动。跳舞，但脚不能动，就好像它们陷在水泥里了。懂了吗？

视频拍得简短些，不要超过 30 秒。等你准备好接受自己的绝密舞蹈身份、开始赚取舞蹈力时，将它上传到绝密舞蹈网站。

诚然，这不是真正的一起跳舞，至少不是传统意义上的那种。大多数舞蹈任务和舞蹈角逐都是一个人跳，然后把视频上传到绝密舞蹈社交网站上。但为了将一起跳舞变得更容易，游戏起到了两点重要作用。

图 10-3 《绝密舞蹈》的一名玩家正在完成"舞蹈任务 1"，戴着面具跳舞。

（《绝密舞蹈》，2009 年 Avant Game 出品）

第一，提供了目标导向、丰富的反馈、障碍密集的跳舞环境，让跳舞变得更具激励性、更有趣、更让人上瘾。换句话说，它提高了人们跳舞的可能性。

第二，《绝密舞蹈》把跳舞纳入集体社会背景，哪怕是一个人在家里跳。把你的舞蹈和在线社群分享，仍然需要勇气；当我们在评论里为其他玩家喝彩时，也是表达同情、慷慨和人性的真正机会。换言之，这款游戏是集体跳舞的黑客行动，是一种让人一起单独跳舞、提高将来真正集体跳舞可能性的方式。

《绝密舞蹈》体验的核心是无穷无尽的舞蹈角逐，每一轮角逐都为跳舞添加了一项毫无必要的独特障碍。通过设置障碍，《绝密舞蹈》提高了你对舞蹈自我意识的难度：在集中精力完成挑战的时候，不一定还有工夫关心自己的样子是否滑稽搞笑。它通过限制跳舞的"正常"方式，允许你"跳"得糟糕。

游戏化实践

第一场舞蹈角逐——跳舞，但脚不能动，是这一设计策略的完美例子，它自动排除了几乎任何一种传统的或显而易见的舞蹈。固定不动地跳舞，需要傻气、创意或是单纯的热情，但并不一定要求优雅、性感和力量，或者任何通常与天生的舞蹈才能联系在一起的东西。

其他舞蹈任务还包括"倒立跳舞"、"在人行道上跳舞"、"与一棵树跳舞"

以及“和着你 7 年前最喜欢的一首歌跳舞”。完成这些任务，意味着你要创造性地对付各种荒唐的限制，包括时间限制，其设计目的是让任务更便于融入你的生活。它希望像刷牙一样，每天跳一点点，长期地跳下去。

同时，舞蹈角逐，即由玩家们组队，每一个提交了舞蹈的队友都可以赚取点数，它要求玩家同步努力，哪怕是独自在跳舞。比方说，最受欢迎的一项舞蹈角逐叫“偷走我的烂动作”，玩家发明一手招牌舞姿，并上传视频做示范。每当有玩家成功学会，并在自己的舞蹈视频里重复相同的动作，这支团队就能赚到点数。

这款游戏运作起来还有什么奥妙呢？我为《绝密舞蹈》制作的其他一些辅助设计，只是对传统跳舞策略的改良罢了。比如，面具从来就是说服人们放下戒备、参与并表演的重要环节。有了面具，我们跳出了自己的惯常定位和行事方式。对那些不觉得自己有什么舞蹈天赋的人来说，他们在《绝密舞蹈》中的伪装，让他们从自我身份的限制中获得了自由。

但“绝密”主题不只是出于掩饰玩家的身份等实际考量，它也是一种围绕一起跳舞、创造超级英雄神话的便捷方法。毕竟，当着别人的面跳舞，是需要勇气的。在鼓励别人跳舞的时候，“绝密”也是很有说服作用的强大推动力。把玩家视为跳舞的绝密超级英雄，是以玩笑的形式认可舞蹈对我们的意义，以及做这件事所需要的真正个人力量。

最后，《绝密舞蹈》设计中最有效的一个元素其实不在于跳舞，而是将克特纳的“仁率”应用到了网络环境当中。我知道，为了让《绝密舞蹈》发挥作用，必须要让玩家们在上传有可能让自己感到尴尬的视频时放宽心。但在大多数视频共享网站上，网友的评论都是极其尖刻、缺乏友善的。在那些地方，批评是常见的反馈，带有人身攻击的味道，脏话连篇、用心险恶。所以我设计了评论功能，专门鼓励玩家留下积极的反馈，要不然就什么也别写。

每当看到其他玩家的舞蹈视频，可以通过给他们的舞蹈力 +1 的方式作为奖励。一些舞蹈力来自传统的舞蹈素质，如美丽、协调和风格。另一些则不那么传统：幽默、鬼祟、充满想象力和勇气。不管玩家

> “天生”的舞蹈才能如何，甚至根本就没有任何舞蹈天赋，也能通过舞蹈力为自己开发出一套独特的跳舞能力和强项简介。我最喜欢的舞蹈力是“热情洋溢”，它可以授予任何跳舞跳得欢天喜地、无忧无虑的玩家。

因此，《绝密舞蹈》是一个有着超高仁率的环境，是一个人人都觉得一起跳舞感到安心的地方。事实上，不止一位玩家在《绝密舞蹈》的聊天室里说，他们上传舞蹈任务视频，是多年来第一次允许别人看到自己当众跳舞。

《绝密舞蹈》是一次比《残忍的善意》《墓碑得州扑克》更为正式的黑客活动。它设有正式的官方游戏网站，大家都在同一个数据库里练级，是同一个在线社区的一员。但从开发的角度看，它仍然是一个超轻量级的解决方案——我只用了短短几天来设计，就推出了这款游戏。

> 它建立在提供廉价服务的社交网络开发平台 Ning 之上，该服务平台允许任何人设立自己的社交网络，就像 YouTube 允许任何人在线分享视频、Blogger 允许任何人建设自己的博客一样。它没有花哨的图形或 flash 动画，只有良好的任务设计和社区支持。

我是为自己的生活创造《绝密舞蹈》这一幸福黑客活动的，我希望跟几个好朋友和家人一起玩。结果，它吸引到了更多的人，远超事前所料。我的扩展社交网络扩大到了同事、熟人，甚至朋友的朋友。2009 年年初，在游戏的最初试玩阶段，总共有 500 人一起玩了 8 个星期。基于它早期取得的成功，《绝密舞蹈》商业版现已开始设计。

尽管《绝密舞蹈》可以一个人玩，但根据我的观察，它同时又带有那么一点社交意味。大部分玩家在玩的时候，似乎都会找来至少一名伙伴，这样他们才能拍下彼此的舞蹈任务，在同一舞蹈角逐中比拼。很多玩家甚至创建了 2 人、3 人、4 人甚至 5 人的团队伪装，打算以绝密团队的形式一起完成所有的角逐。

最重要的是，《绝密舞蹈》让玩家们把自己视为舞者，这样一来，一旦有机会，玩家似乎更乐意在现实生活中一起跳舞。尽管拿不出科学证据，但所有玩了《绝密舞蹈》的朋友，包括我自己，在传统的集体场合如聚会、宝莱坞跳舞俱乐部甚至街头节日等，都变得更爱跳舞了，哪怕游戏早已结束。

> 和所有出色的幸福黑客活动一样，你无须继续玩也能继续收获它带来的好处。好的游戏具有强大的力量，能永远地改变你看待自己和自身能力的方式。

改变看待自己和自身能力的方式

不管我们是用善意互相“厮杀”，是把墓碑变成“梭哈”，还是戴着面具跳舞，有一件事无法回避：有时候，我们只能鬼鬼祟祟地接近幸福。

200 年前，英国政治哲学家约翰·斯图亚特·穆勒提出了一种颠覆性的自助方法。这种方法和日益壮大的幸福黑客社群有着很多共同点。穆勒认为，就算幸福是我们的首要目标，也不能直截了当地去追求。**要锁定幸福太困难、太棘手，而把它吓跑又太容易。所以，我们必须设定其他更具体的目标，在追求这些目标的过程中，我们会附带地将幸福追到手。**穆勒把这种实现幸福的方法叫作“从侧翼出手，就像螃蟹一样”。我们不能让幸福知道我们来了，只能偷偷摸摸地从侧面包抄。这正是幸福黑客活动想要帮助我们做到的事情：以群体的形式从侧翼接近幸福。

事实上，依靠群体游戏，或者更准确地说是依靠黑客活动，我们包围了幸福，从不同的角度一起偷偷摸摸地冲了上来。**我们玩这些群体游戏，因为我们享受沉浸其中的时光，也因为我们渴望多人体验带来的社交联系。**但少数强烈而令人难忘的幸福黑客活动体验，从长期来看，能扭转我们对事情的想法和做法，比如善待陌生人、跳舞甚至死亡。如果你能让足够多的人在同一个地方转向，就真的能改变整体文化。

游戏化洞察

幸福黑客最好的地方在于，要创造一种有效的方法，不需要大量的技术窍门或复杂的开发，只需要对游戏激励人、奖励人、联系人的机制有着深入的理解就行了。凭借创意发明一些不必要的障碍、鼓励尽量多的人试玩，人人都能设计、分享新的解决途径，应对日常生活的幸福挑战。

各类平行实境游戏是为了让我们变得更好、更幸福、更具情绪适应性而设计的。一旦在这些方面有所改善，我们就可以更加全心全意地投入现实世界：以更强的目的感、乐观精神、社群意识和人生意义，唤醒生活的每一天。

但大型群体游戏，不能只是让人变得更好，还得能做更多的事情。这正是本书下一部分的主题，它们能帮助我们解决人类面临的一些最紧迫的挑战。事实证明，我们改善自身的能力也能帮助我们共同解决一些更为复杂、紧迫的问题。[①]游戏不仅能改善我们今天的生活，还能帮助我们为将来创造一笔更积极的遗产。

① 改善自身是指更满意地投入工作，培养真正的成功希望，强化社交联系，参与更宏伟的事业。——作者注

REALITY IS BROKEN

WHY GAMES MAKE US BETTER AND
HOW THEY CAN CHANGE THE WORLD

第四部分

游戏化带给互联时代的现实价值

《新体育之书》

改变玩游戏的人数，可以彻底改变它的性质。

REALITY IS BROKEN

第 11 章 可持续参与式经济

- 与游戏相比，现实难以持续。然而从玩游戏中得到的满足感，是一种无限的可再生资源。

- 成功只能依靠进行更好、更具竞争力的动员，而游戏能激发极端的努力，创建坚持到底、一起完成奇迹事业的社群。积极的情绪，是参与带来的终极奖励。

WHY GAMES MAKE US BETTER AND HOW THEY CAN CHANGE THE WORLD

2009 年 6 月 24 日，20 000 多名英国人联手在网上调查英国议会史上最大的一件丑闻，这次调查导致数十名国会议员辞职，并最终激发了彻底的政治改革。这些普通公民怎么会有这么大的能量呢？他们是通过玩游戏做到的。

游戏开始时，丑闻在报纸上已经酝酿好几个星期了。根据泄露的政府文件，数百名国会议员按照惯例提交非法报销凭证，让纳税人每年为他们完全与政治服务无关的数十万英镑个人支出埋单。《每日电讯报》在一个最够分量的报道中说，来自英格兰南部海岸的议员彼得·维格斯（Peter Viggers）爵士，报销了 32 000 英镑的个人园艺费用，其中包括购买浮动鸭舍的 1 645 英镑。

公众对此义愤填膺，要求公布所有国会议员开支的详细会计报表。作为回应，政府答应公布 4 年来国会议员报销的完整记录。但在普通人看来，政府拿出的数据只是为了阻止公众对丑闻做进一步调查。

> 这些数据未经分类，只是把数百万份开支表单和收据扫描成了电子文档，对谁都毫无用处。文件存储为图像格式，根本没法对报销进行搜索或前后参照。许多数据还用大黑色块涂抹，以掩盖支出项目的详细说明。人们把政府倾倒数据垃圾的做法称为“抹黑门”（Blackoutgate）、“大比例遮遮掩掩”。

《卫报》的编辑们知道，如果全靠自己的记者来整理、理解这批数据垃圾，耗时会太长。所以，他们决定争取公众的直接帮助，揭露当局想要掩盖的秘密。换句话说，他们把调查工作“众包”（crowdsourcing）出去了。

“众包”的力量

2006 年，科技记者杰夫·豪（Jeff Howe）创造了“众包”这个词，是指将一份工作外包给群众。它的意思是，在互联网上邀请一大群人，合作解决大型的项目。维基百科就是一个典型的例子：这一在线百科全书，由超过 1 000 万名不拿薪水且多为匿名的作者和编辑合作撰写。众包是以集体的形式，更快、更好、更廉价地完成单个组织不可能完成的任务。

《卫报》手里拿着超过 100 万份未经分类的政府文件，不知道哪一份文件是哪一位议员放出的烟雾弹，必须依靠全体群众的帮忙进行整理。于是，他们决定接入群体的智慧，但不是通过维基，而是通过一款游戏。

为了开发游戏，《卫报》向伦敦一位年轻而多才多艺的软件开发人员求助，此人名叫西蒙·威利森（Simon Willison）。他的任务是：把所有扫描文件转化并摘要为 458 832 份在线文档，建立一个网站，让任何人都可以去查阅这些公共记录，调查违法细节。开发团队用了短短一个星期的时间，又花区区 50 英镑临时租用了服务器来托管文件，就让《卫报》推出了全世界第一款大型多人新闻调查项目——《调查你处议员的开支》（*Investigate Your MP's Expenses*）。

游戏化实践

怎样玩《调查你处议员的开支》

欢迎加入我们，审查每一份文件，深挖议员们的支出。你的任务：判断它是否包含着有趣的信息，并提取关键的事实。

一些页面包含着“办公用品”的字样或报销表格。这些可以放心地略过。但这里面的某个地方，藏着“浮动鸭舍”的收据。天知道还会出现些什么。如果你发现了某件你认为需要进一步关注的事情，请点击写有“调查这个”的按钮。我们会仔细看看的。

第一步：找出一份文件。

第二步：确定它是什么样的东西，是报销申请、凭证、收据还是空白页。

第三步：转录所列物品。

第四步：就某项报销需要进一步调查的原因给出具体的意见。

哪些东西可疑呢？例如食品账单、多次申请报销金额恰好低于 250 英镑的项目（这是收据报销的上限），以及被拒绝的报销申请。

调查你所在地区的议员：输入邮政编码，就能看到你所在地区所有议员的报销申请和收据，也可以按党派来调查。所有议员的记录都在这儿了，告诉我们你发现了些什么。

REALITY IS BROKEN 游戏化的力量

游戏上线仅仅 3 天，众包活动就取得了空前的成功。20 000 多名玩家已经分析了 170 000 多份电子文档。哈佛大学尼曼新闻实验室（Nieman Journalism Lab）成员、互联网新闻专家迈克尔·安德森（Michael Andersen）当时报道："新闻行业以前有过众包，但《卫报》的项目规模惊天动地：自上线开始 80 个小时，就审查了 170 000 份文件，访客参与率高达 56%。"

访客参与率衡量的是注册并为网络做贡献的人数百分比。对任何众包项目来说，56% 的参与率都是闻所未闻的。不妨对比一下：维基百科的访客只有 4.6% 为在线百科全书做了贡献。再考虑到会计实务工作沉闷乏味的性质，此事就更加惊天动地了。

那么，这一公民新闻项目前所未有的高参与率，原因何在呢？按威利森的说法，一切可以归结到以正确的方式奖励参与者上：一款优秀的游戏所带来的情感奖励。

威利森在尼曼新闻实验室所做的一段采访中说："这一项目给我们上的第一

课就是，要让它感觉像游戏。每当你想要别人给你东西、帮你做事，最重要的一点就是让人知道自己所做的事情有效果。如果你不能带给人‘我顶用’的感觉，就不能让人坚持下去。”

“我顶用”（I rock）的感觉，是对经典游戏奖励的另一种说法，比如拥有清晰的目的感、能产生明显的影响、不断进步、成功的可能性大、体验到大量的自豪时刻等。《调查你处议员的开支》项目具备了所有这些情感奖励，而且是批量化的。

游戏界面让你很容易采取行动，可以立刻看到自己的作用。检查一份文件时，你会在游戏界面看到一排明亮发光的按钮，根据自己发现的内容来判断按哪一个。首先，判断自己在看的文件属于哪一类型：报销申请、收据、发票、采购订单、空白页，或者“我们没有想到的某样东西”。接着判断文章的趣味程度：“有趣”、“无趣”或者“调查这个！我想知道更多”。当做出选择时，按钮会亮起来，可以带给你满意的生产效率感，哪怕你找到的是一份没有什么意思的空白页面。而且，这里总有着成功的真正希望：找到下一座“浮动鸭舍”的可能驱使你快速浏览一份又一份文件。

实时活动反馈会显示最近登录的玩家姓名，以及他们在游戏中所采取的行动。这种反馈为网站带来了社交感。就算你并没有与其他玩家直接互动，也和他们同时出现在网站上，分享着相同的体验。此外，还有一系列贡献最大的玩家名单，以刺激短期和长期参与行为，如过去 48 小时贡献最大者以及网站创建以来贡献最大者。为了庆祝成功参与以及参与的庞大数量，网站上还有一个“最佳个人发现”页面，标注了单个玩家的关键发现。有些发现结果是挑战人们容忍度的顶级奢侈品：比如价值 240 英镑的肖像画、225 英镑的钢笔。其他发现则为数字上的计算错误或不一致，暗示议员将差价装入私囊。

> 一位玩家指出：“一份来自丹尼斯·麦克沙恩（Denis MacShane）议员的发票，第 29 页数学做得太糟了，他填写的报销金额为 1 730 英镑，但所列物品总价仅为 1 480 英镑。”

但最重要的或许是，网站还专门设有一个栏目，题为“数据：迄今为止，我们从你们的工作中所得到的成果”。这一页把单个玩家的努力放入了一个更大的背景中，并保证：做出贡献的人，能看到自己努力的实际成果。

> **游戏发现了如下关键结果：**平均而言，每名议员的开支是其年薪的两倍甚至更高：薪水最高为 60 675 英镑，支出却高达 140 000 英镑；纳税人对议员个人物品开支的总负担额为每年 8 800 万英镑。
>
> **游戏还生成了详细的数据：**每名议员提交的收据和文件数量为 40~2 000 份；按政党和物品类别（如厨房用具、园艺用具、电视、食品等）统计了总费用支出；利用在线地图，比较了申报的总交通费与议员从家乡到伦敦国会的实际距离，从而便于发现议员多报销的差旅费。比如，来自临近地区的议员申请报销的费用是 21 534 英镑，实际路费为 4 418 英镑；也有人申请报销 10 105 英镑，实际路费仅为 1 680 英镑。

曝光这些数字，有助于说明危机的严重程度：大手笔报销吃空额的文化，远比最初怀疑的要普遍。

那么，玩家到底实现了什么成果呢？政府动了真格的：至少 28 名议员辞职或宣布有意在任期结束后退出政界；2010 年年初，司法程序启动，对玩家们发现的 4 名议员进行刑事调查；新的开支条例正在拟定，原有的条例执行得更加严格；最为具体的是，政府勒令数百名议员偿还总计 112 万英镑的报销款。

当然，这些并非全是《卫报》玩家的功劳。但毫无疑问，这款游戏扮演了关键角色。公民记者把丑闻弄到媒体上曝了光，向英国政府施加了巨大的政治压力。游戏持续得时间越长，推动重大政策改革的公众动力就越强。

《调查你处议员的开支》促使数以万计的公民，直接参与了一轮全新的政治改革运动。他们不再只是吵闹着要求改变，而是投入时间和精力，创造改变所需要的证据。最重要的是，玩家群体比其他组织更迅速地完成了这一重要工作，而且完全免费。这便降低了新闻调查成本，加快了民主改革进程。

群体的智慧

并非所有的众包项目都如此成功，超大规模的合作说起来容易做起来难。没有群体，就不能众包；而事实证明，积极参与的群体来之不易。

2008 年，纽约大学教授、互联网研究人员克莱·舍基（Clay Shirky）[①]与 IBM 研究员马丁·瓦滕伯格（Martin Wattenberg）一起研究维基百科到底投入了多少人的努力。他们调查了文章和编辑的总数、每篇文章的平均长度，以及每次编辑的平均时间，考虑到了找出知识差距、确定错误所需要的阅读时间，以及编写程序、进行实时社区管理，好让所有的编辑内容保持前后一致所需要的时间。在做了大量统计计算之后，他们给出了以下估计结果：

REALITY IS BROKEN
游戏化的力量

如果你把维基百科视为一个单位，整个维基百科、整个项目，包括每一个页面、每一次编辑、每一个对话页、每一行代码、每一种语言版本，代表了总计 1 亿个人类思考小时的投入……这是一次估算，但数量级是确凿无误的，就是 1 亿个人类思考小时。

一方面，这一努力规模不容小觑。它大致相当于找来 100 万人，说服每个人为维基百科免费贡献 100 个小时。换句话说：它就像是说服了 10 000 人为维基百科项目投入 5 年全职工作时间。这是相当庞大的工作量，需要很多人来完成，而且他们不为了任何外在奖励，纯粹是主动去实现别人的愿景。

另一方面，考虑到全球有 17 亿互联网用户，每天又有 24 个小时，成功展开大量类似维基百科这种规模的项目理应不难。假设我们能提供合适的动机，又假设我们能动员 17 亿互联网用户全体把大部分空闲时间自愿投入到众包项目中，那么，只要 1 天就能完成 100 个维基百科规模的项目。

① 克莱·舍基的互联网趋势著作中文版《人人时代》《认知盈余》已由中国人民大学出版社出版。——译者注

> 也许这不现实。那更理性地说吧，如果我们能说服每一个互联网用户每周自愿贡献 1 个小时，也能大有作为：每个星期能够集体完成差不多 20 个维基百科规模的项目。

这会让你禁不住好奇：既然潜力如此之大，为什么维基百科只此一家呢？为什么没有别的能达到这个规模的众包项目了呢？

事实是，互联网上到处都是表现不佳、不受欢迎，甚至被彻底放弃的协作空间：没有贡献者的维基、没有帖子的讨论版、没有积极拥护的开源项目、只有极少成员的社交网络、成员很多但参加之后什么也不做的 Facebook 群组。根据舍基的说法，网上有近一半的合作项目没有达到所必需的最低参与人数，与实现目标所需的人数相比差得更远。并不是因为人们花在互联网上的时间太少，而是因为任何严肃性项目要达到必要的临界参与量，都极其困难。

首先，一些参与类网络能带给人更多的奖励，而最具奖励性的网络一定不是那种展开严肃性工作的。网络游戏和像 Facebook 这种有趣的社交网络，能提供稳定的内在奖励流。它们是自发性质的空间（autotelic spaces），也就是为了单纯享受而访问的空间。它们的首要目的就是具有奖励性，而不是解决问题、完成工作。和严肃性项目不同，它们的首要设计目的就是为了鼓励、满足我们的情感渴望。因此，这一类项目吸引了我们的绝大部分在线参与度，也就是我们为一个或多个参与类网络贡献的个体及集体能力。

其次，在各类严肃性群体项目中，我们的参与资源日益变得太过分散，这也是更为紧迫的问题。上个月，我受邀加入了 43 个 Facebook 群组、受邀编辑 15 个维基、为近 20 份谷歌文档出力。还有近 20 个其他集体智慧项目找我帮忙（可惜并未成功），每一个都要求我花费宝贵的上网时间投票、排名、审评、编辑、整理、标注、赞成、评论、翻译、预测、出力，或以其他形式参与到他人认为有价值的点子中去。我可能是一个极端的例子，因为我是个经常上网的人，而且接触过很多在网上做有趣事情的人，但肯定不止我一个人觉得参与邀请多得让人透不过气来。我从朋友、同事和客户那儿听到了越来越多的相同抱怨：太多人对我们的在线参与力提出要求了。

我把它们叫作“垃圾参与”（participation spam）。我们每天收到的参与邀请越来越多，它们不请自来，要你参加某个团体。就算你还没收到垃圾参与的骚扰，那也很快了。

> 根据我自己的粗略估计，互联网上群体参与的公共邀请超过两亿个，横跨数以千计的不同网络，从公民新闻、公民科学、开放政府到同行建议、社交网络、开源创新应有尽有。比如，Ning 网站上创办了超过 100 万个公共社交网络，“Wikia”上创办了 10 000 个维基，亚马逊的“土耳其机器人”[①]上有超过 100 000 个众包项目，DotSUB 网站上有至少 2 000 段视频等着转录和翻译。此外，还有不计其数的小型开放协作项目，如 IBM Lotus 的 IdeaJam 上有 3 300 多个公开“点子空间”，供人们提出和开发创新概念，戴尔的 IdeaStorm 上还有 14 000 多个。

互联网上有 17 亿人，平均下来，每个公开邀请只能分到 8.5 个人。这是个非常小的小群体。这么小的群体，当然不足以建设出维基百科规模的资源。在局面有所改观之前，问题可能会变得更糟。随着推出参与式网络越发容易和廉价，维护却可能越来越困难。互联网上的潜在参与者只有这么多，而参与是一个需要保持心力活跃的过程，但在一个小时、一天、一个星期或一个月里，每名参与者能够合理支配的投入单位（或心力小时）是固定不变的。

为了有效地利用群体智慧，并成功调动群体的参与度，组织需要在新兴的参与式经济中扮演积极的角色。**在参与式经济中，争夺关注度的重要性降低，而争夺脑力循环和互动带宽等东西变得越来越重要**。依赖群体的项目必须想清楚怎样夺取个体为整体做贡献所必需的精神能量和积极努力。出于这个原因，众包的整体文化难以避免“公地悲剧”，即个人自私地耗尽集体资源所带来的危机。在线

① Mechanical Turk，是亚马逊网站提供的 Web 服务应用程序接口（API），开发商通过它可以将人的智能整合到远程过程调用协议（RPC）中。——译者注

社群会竭力争取成员投入更多的精力、时间，合作项目也必然要竞争群体资源。所有的项目都在苦苦挣扎，以求保住自己热情的社群，但是，有成功者就必然会有失败者。协作是这些项目招揽人们参加的金字大旗，可争夺参与者却会是个激烈的过程，不见得所有的项目都能茁壮成长。在考虑这些挑战期间，新兴参与式经济的一些关键问题也随之浮出水面：

- 什么人会完成必要的参与，让看似无穷无尽的参与项目成功呢？
- 世界上真的有足够多高质量的自愿合作者吗？
- 怎样才能吸引到足够热情又足够大的群体来着手应对超大规模的目标呢？
- 什么东西能激励群众坚持足够长的时间，集体创造有价值的东西呢？

我们必须面对事实。激励大批人同时走到一起、为一个集体项目投入大量的精力，甚至让他们全力以赴，这是极其困难的。如今大部分的群体项目都会失败：没能吸引到群体、没能给人群合适的工作、没能给予人群足够的奖励来维持长期参与度。但并非全无希望。诚如维基百科和《调查你处议员的开支》项目所示，也有很多众包项目取得了成功。它们都有一个重要的共同点：采用了优秀多人游戏结构。

三天半就能创造一部维基百科

维基百科是世界上最成功的众包项目，这个项目最活跃的贡献者们早就意识到了这一点。事实上，他们干脆创建了一个特殊的项目，详细罗列了维基百科与游戏相像的方方面面。

50 多位顶尖的维基百科贡献者帮忙做了说明："针对维基百科的上瘾性以及它产生'维基百科狂'[①]的趋向，有一种理论认为，维基百科就是一款大型多人在线角色扮演游戏。"此外，按照维基百科快乐的上瘾者们所说，它在 3 个关键层面采用了和优秀大型多人在线角色扮演游戏一样的运作机制。

① 指对编辑维基百科文章上瘾的人。——作者注

首先，维基百科是一个良好的游戏世界。它的超大规模激起了我们的敬畏和惊奇感，它藤蔓错节的导航又鼓励了我们的好奇、探索和合作。以下是维基百科在最新版维基页面中所做的详细描述：

> 维基百科拥有一个让人身临其境的游戏世界，玩家超过 1 070 万（注册的贡献者，或“维基百科人”），独特位置超过 306 万（维基百科文章），还包括 137 356 个未被发现的秘密地区（“孤独页面”，没有与其他任何文章链接的文章，因此无法通过浏览找到），7 500 个完全探明的地牢（“好文章”，引文出色、证据详尽的文章），2 700 个终极关卡（“精选文章”，在准确度、完整性和风格上得分最高的文章）。

换句话说，维基百科，就像所有引人入胜的多人游戏世界一样，有一个宏大的建筑环境，它邀请参与者花大量时间对其进行探索、采取行动。

其次，维基百科有着良好的游戏机制。玩家的行动有直接和明确的结果：编辑后的文章即刻显示在网站上，带给用户强有力的环境控制感，给用户提供了强大的环境控制意识。这种即时的影响创造了乐观精神和强烈的自我效能感，展示了难度递增的无限工作机会。

> 维基百科人形容说：“玩家可以接受任务（维基项目，将多篇文章组织成一篇更长的文章），打关卡式的战斗（精选文章采用的标准比普通文章要高），进入战斗竞技场（阻止故意破坏文章的行为）。”它还有一套帮助维基百科人在做出贡献的过程中感觉进步的个人反馈系统。“玩家可以积累经验点（编辑次数），进入更高级别（按编辑次数排名的一流维基百科人榜单）。”

同时，和所有出色的游戏一样，要实现这一目标，有着重重阻力。这里不只是需要出色的编辑工作，游戏里还有着明确界定的敌人：对网站进行无益编辑的破坏者。据说，持有不同观点的贡献者之间会爆发“编辑之战”，玩家们已经开发了合作技术和对战工具来解决这些高级挑战。作为编辑之战的升级，越来越多的编辑会加入对话，一起努力工作、寻求解决之道。

最后，维基百科拥有良好的游戏社群。良好的游戏社群要具备两个条件：丰富的积极社交互动以及集体努力的有意义背景，而维基百科两者都具备。维基百科人是这样形容它的：

> 游戏世界的每一个独特位置（文章）都开着一家小酒馆（“讨论页”或讨论区），玩家们有机会跟其他玩家进行实时互动。他们往往会成为朋友，有些甚至还安排了线下的见面（“网聚”，维基百科高频贡献者的现实社交聚会活动）。

讨论页面鼓励社交竞争（对新版编辑展开争论）和协作（改进和组织现有文章）。围绕共同目标持续进行的积极社交互动建立了信任和强有力的纽带，自然而然地延伸到了面对面的关系当中。事实上，每年各地大约会举办 100 场维基百科网聚，从雷克雅未克、开普敦、慕尼黑、布宜诺斯艾利斯，到珀斯、京都、雅加达和纳什维尔，都曾有过。

为宏伟项目做贡献所带来的归属感和意义感，对良好的社群同样至关重要。维基百科的成员们始终朝着超大规模的目标努力：先是以 10 万篇文章为目标，接着是 100 万、200 万、300 万。此外还有可喜可贺的访问量里程碑，即维基百科首次挤入 500 强、100 强、20 强甚至 10 强网站的日子。他们不断沉浸在唤起人们敬畏之心的统计数据中。每当进入网站，首页上 270 多种且仍在不断增加的不同语言版本名录就夹道欢迎他们。

游戏化洞察

维基百科人公开赞美系统良好的游戏性：引人注目的游戏世界、令人满意的游戏机制、具激励启发性的游戏社群，全都是为了让玩家们专注地长期参与。总之，他们认为维基百科就是一款大型多人在线角色扮演游戏：“对这种游戏来说，人们往往会全心全意地玩上 6～18 个月；核心维基百科玩家身上也表现出了类似的模式，即“跳出维基”，离开网站参加其他项目。”换句话说，大多数游戏最终都会让人厌倦，我们耗尽了它们带来的所有挑战和创意的可能性。维基百科也没有什么不同。尽管也有终身维基人，但大多数成员只在有限的时间段内为网站出力，等过了这段时间，他们很可能会转向提供了新内容和新挑战的新系统。

维基百科项目之所以格外引人注目，正是因为在大型多人在线角色扮演游戏中，人们投入了无数宝贵的参与精力。

以有史以来最成功的大型多人在线角色扮演游戏《魔兽世界》为例。目前，它拥有 1 150 万注册用户，每人平均每周花 16~24 个小时来玩，也就是说，仅在这一款游戏里，人们一个星期就会花掉 2.1 亿个小时来参与。根据克莱·舍基的估计，创建维基百科总共用了 1 亿个小时，因此，只是《魔兽世界》社群，每 3 天半就能创造一部维基百科了。

诚然，大多数《魔兽世界》玩家对任何集体智慧项目丝毫不感兴趣。即便如此，仍然有超过 65 000 人次的《魔兽世界》玩家为"魔兽世界百科"出力，它是目前世界上仅次于维基百科的第二大维基项目。就算你只能成功动员这一群体的玩家，那么，利用他们平常玩《魔兽世界》的时间，只需要两个月也能完成一项与维基百科规模相当的众包项目了。比较而言，维基百科用了 8 年时间才收集到了 1 亿个小时的集体认知努力。我最初看到这些数字时，有两点认识。

游戏化洞察

第一，玩家是一种非常宝贵但基本上未获得开发的参与带宽资源。谁能想出如何有效动员他们参与实际工作，谁就能获得巨大的利益。显然，《卫报》的《调查你处议员的开支》就属于头一批成功做到这件事的组织。

第二，众包项目如果想要获取足够的参与带宽、实现远大目标，必须有意识地设计类似游戏的内在奖励。我越发相信，这是大幅提高我们整体参与带宽的唯一方法。如果人人都像玩家那样，把大量时间积极主动地投入到艰苦工作中，就不用争夺稀缺的群众资源了，因为我们能把数量庞大的心力小时投入到重要的集体活动当中。

充分利用玩家参与带宽

我的经验和研究表明，玩家比地球上的任何群体都更有可能为在线众包项目做出贡献。他们有时间也有愿望去解决自愿障碍。他们玩游戏，正是因为他们渴望更多、更好地参与。他们还拥有已经得到检验的计算机技能，以及快速学习全新交互界面的能力。如果正在线玩着游戏，他们就已经拥有了必要的网络接入设备，足以加入任何在线项目，立刻参与其中。

鉴于当今最优秀游戏的高度社会性质，玩家还可能拥有巨大的亲朋好友交际网络，可以把他们从一个游戏带到下一个游戏。这正是为一切参与项目奠定基础的必要基础设施。

就整体而言，玩家比任何群体都花了更多时间积累集体智慧，并对其展开了有效应用。他们是全世界最多产的维基用户。在最受欢迎的维基托管服务“Wikia”上，玩家是迄今为止最主要的内容创造者和最活跃的用户。他们创造了数万个不同的维基（每一个维基都对应着一款不同的游戏），撰写了数以百万计的文章，在整个 Wikia 网络的活跃内容中占了绝大部分。

Wikia 工程兼运营副总裁阿图尔·伯格曼（Artur Bergman）多次告诉我，游戏玩家是网络世界组织性最强、最雄心勃勃的维基用户。2011 年秋天，在看到铁杆游戏玩家通宵排长队等新款游戏发布上市的盛况后，伯格曼说：“玩家们太神奇了，游戏刚一发行，他们就开始了 24 小时不停的编辑工作。一天之内，他们就把所有东西给归档记录下来了。”

新游戏一到手，玩家就开始为之贡献集体智慧。它并不是玩家玩游戏累了之后才做的事情，它根本就是游戏的重要一环。据 Wikia 的流量统计，每一个维基贡献者都对应着数以千计利用该数据的玩家。玩家经常使用集体智慧，因此，他们本能地理解大型群体项目的价值和可行性。

总之，玩家们早就是我们最容易动员的公民了。我们还有充分的证据证明，玩家想做的事情远远不止拯救虚拟世界。有两个重要项目正好显示了在线游戏玩家是多么想为现实世界做好事：对抗全球饥饿现象的游戏《免费稻米》（*Free Rice*）和抗癌玩家在 PlayStation3 游戏平台上主动发起的活动 Folding@home。

《免费稻米》，通过游戏喂饱饥饿的人

“对浪费时间在电脑上玩《空当接龙》感到愧疚吗？请加入 FreeRice.com，和越来越多不愿感到愧疚的玩家一起用这款在线游戏挽救社会价值观吧。”这是《今日美国》上对《免费稻米》的介绍。这是一款旨在帮助玩家通过玩耍对抗世界饥馑的非营利游戏。

游戏的玩法很简单：正确回答一道多选词汇问题，就能赢得 10 粒虚拟稻米。做得越好，回答的问题就越难。我最近一次玩这款游戏，只回答了 6 道问题，就被下面这道题给难住了：“Acrogenous”的意思是什么？

- 自上而下地创造
- 极其慷慨
- 从茎干的顶部生长
- 尖头的

你想存多少虚拟稻米就可以存多少，到游戏结束时，它会转换成真正的稻米，捐赠给联合国粮食计划署。稻米由游戏里每个问题下出现的在线广告商赞助提供。

游戏化实践

玩《免费稻米》游戏时，为了赚取够一个人吃一顿饭的稻米，我要正确回答 200 个问题。但它并不是那种你想玩几个小时的游戏。事实上，通常我每次只玩一两分钟，回答 10 个左右的问题。每当我想飞快地来上一轮有着满意生产力并感觉良好的活动，我就会玩一次。但一天赚 100 粒稻米大概只够装一茶匙的；幸好，玩它的不止我一个人。任何一天，总有 20 万～50 万的人在玩《免费稻米》，按游戏“常见问题”中的说法，所有人的努力每天加起来平均足够换回养活 7 000 人的稻米。

为什么《免费稻米》能够获得这么高的参与度呢？它不仅是一股向善的力量，还有着经典出众的游戏设计。只需要几秒钟就能完成一个任务，意味着你能迅速完成许多工作。你得到即时的视觉反馈：稻米堆在了一个碗里，随着所得成绩的提高而不停上涨。如果犯错游戏会变得容易，而回答正确，游戏则会提高难度，所以，人们很容易体验到心流：你一直在能力的极限上玩耍。自从 2007 年设计出这款游戏以来，它的游戏世界有了明显的扩张：有着看似层出不穷的潜在任务、涉及 13 个不同的学科领域，如名画、世界首都、化学符号，甚至法语词汇。在游戏过程中，你会产生从属于某种宏大事业的清晰感觉。

> 《免费稻米》网站解释说：“尽管 10 粒稻米看似微不足道，但千万要记住，有成千上万的人在跟你同时玩。人人都贡献 10 粒大米，足以创造奇迹了。”迄今为止，人们创造出的奇迹不可不谓宏伟：总计 69 024 128 710 粒稻米，足够为全世界提供 1 000 多万顿伙食了。

《免费稻米》在一个方面似乎是众包哲学的完美化身：为数众多的人聚在一起，每人做出少量贡献，加在一起就成就了大事业。但《免费稻米》还远远不是真正的众包。这是因为稻米并不来自玩家，而是来自少数答应负担稻米成本的广告商。这些广告客户是为玩家耗在页面上的眼球而掏腰包的。所以，实际的游戏活动并不产生任何新的知识或价值，广告客户只是很高兴自己的广告出现在一个每天都有成千上万人看到的页面上。

游戏化洞察

《免费稻米》跟维基百科并不相同，它更像是一种聪明的筹款方式。但《免费稻米》仍然是一个极为重要的项目，因为它无可辩驳地表明，就整体而言，当一个良好的游戏同时也能改善现实世界时，玩家会更幸福。数以万计的人为了帮助一项有着良好用心的事业，跑来玩一款糟糕的游戏，这种事情还从来没有过呢。但杰出的游戏设计和现实世界的结果相结合，则让人无法抵挡。

它还为开发更大的潜力指明了方向。如果玩《免费稻米》的人除了贡献对广告的关注力，还愿意贡献其他的东西呢？玩家最容易贡献的是什么？它加起来会变成什么？对玩家参与解决大问题的潜力，我们通过另一个众包项目可以看得更清楚：Folding@home，一个旨在驾驭玩家的电脑装备做好事的项目。

折叠，轮到你为人类做你该做的事情了

一位博主发现 PS3 上的 Folding@home 之后，在博客上写道："如果你拥有一台 PS3，去救人吧！活生生的性命。"Folding@home 是全世界第一个针对玩家的分布式计算计划。分布式计算系统就像是计算机众包，它把个人电脑通过互联网连接成一台巨大的虚拟超级计算机，以解决个人电脑无法单独解决的复杂计算任务。

多年来，科学家们一直在利用个人电脑的处理能力创造虚拟超级计算机，以解决真正的科学问题。最有名的例子是 SETI@ home，即"在家搜寻外星智能"(Search for Extraterrestrial Intelligence at Home)，这个项目利用家庭电脑，分析来自太空的无线电信号，寻找宇宙中智能生命的迹象。Folding@home 是一个与此类似的系统，由斯坦福大学的生物学家和医学研究人员建立，希望解决人类生物学上的一个最大谜团：蛋白质如何折叠。

蛋白质折叠的重要性在哪里呢？蛋白质是所有生物活性的基石。我

> 们身体里发生的一切，都是蛋白质运作的结果：它们支撑我们的骨骼，移动我们的肌肉，控制我们的五官，帮助我们消化食物、抵御感染，帮助我们的大脑处理情绪。人体中有超过 10 万种蛋白质，存在于身体的 100~1 000 个不同的部位，构成了 20 种不同的氨基酸组合。为了完成自己的具体任务，每一种蛋白质都会折叠成独特的形状。

生物学家说，这个过程就像是一种极其复杂的折纸，各个部分可以按照任何想象得到的组合与形式来安排、折叠。就算你知道一种蛋白质由哪些氨基酸构成、存在于身体的哪些部位，仍然无法预测这种蛋白质会有什么样的形式。不过，科学家知道，有时候出于某种未知的原因，蛋白质会不再进行正确的折叠。它们“忘了”自己应有的“形状”，一旦出现这种情况，就会导致疾病。举例来说，阿尔茨海默氏病、囊肿性纤维化、疯牛病，甚至多种癌症，都被认为是蛋白质折叠出错所致。

所以，为了弄清如何阻止蛋白质错误折叠，科学家希望了解蛋白质到底是怎样折叠的，它们都有哪些形状。但由于每种蛋白质可以有无限多的不同形状，要测试所有可能出现的形状，需要非常长的时间。计算机程序可以模拟蛋白质构成特定氨基酸的每一种可能形状，但仅仅检测一种蛋白质的所有不同组合，就需要花 30 年，而我们体内有数万种蛋白质。诚如 Folding@home 的常见问题栏目中所说：“等待一个结果的时间实在太长了！”这就是为什么科学家们要使用分布式计算系统。如果把工作分摊给多台处理器，处理速度就快得多了。

> 自 2001 年以来，全世界任何人都可以将自己的个人电脑接入 Folding@home 网络。只要自己的电脑处于闲置状态，就可以接入网络，下载一个小小的处理任务，模拟几分钟的蛋白质折叠。完成之后，再把数据提交回网络。

但此后将近 10 年，Folding@home 背后的团队意识到，还有另一种更强大的虚拟超级计算机平台：类似 PS3 这样的游戏机（见图 11-1）。说到单纯的数据运算能力，游戏机明显比普通的个人电脑更强大。这是因为，渲染不停变化的 3D 环境所需要的运算能力，比日常家庭或工作中所需要的强得多。就算从整体来看，个人电脑的拥有数量比游戏机更多，但如果科学家能让一小部分玩家参与到分布式计算项目当中，也能让超级计算能力翻上两倍、3 倍，甚至 4 倍。但玩家们会这么做吗？PS3 游戏机的制造商索尼打赌他们会，事实也的确如此。

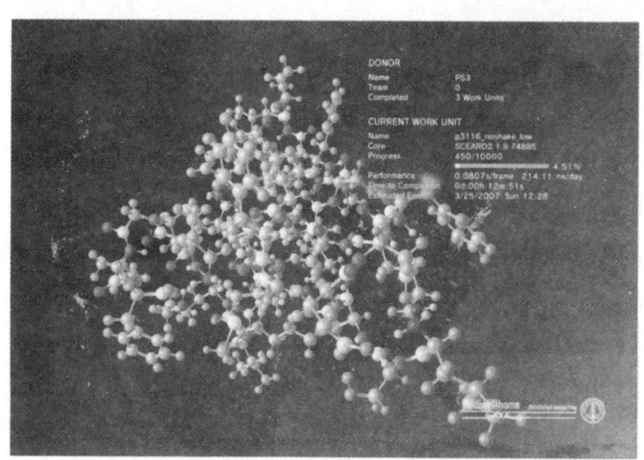

图 11-1　PS3 系统下的 Folding@home 应用程序截图

（索尼公司，2009 年）

索尼公司是一家热衷慈善的企业，它为 PS3 开发了定制的 Folding@home 应用程序。玩家可以登录，接受蛋白质折叠的任务，贡献出自己的 PS3 的计算能力。他们可以立刻看到模拟折叠的过程，观察到自己为这一项目贡献了多少计算力。

“在不拯救虚拟性命的时候，帮忙拯救活生生的性命。”这个消息令人信服，很快就传播开了。索尼推出应用程序的当天，整个网络玩家社区就出现了上千篇博客文章和帖子，探讨“为了更大的福祉而游戏”。玩家社群对这一使命热情高涨。网络帖子和博客文章自豪地宣称：“PS3 玩家要拯救世界了！”论坛上，玩家们互相鼓励：“最近你治好了癌症没？现在是参加治癌活动、享受快乐的最好时机！”他们甚至还成立了相互竞争的“折叠”团队，鼓励彼此采取行动：“没有了你，你的 PS3 做不到。”“轮到你为人类做你该做的事情了。”

6 个月里，玩家们集体帮助 Folding@home 网络，达到了此前其他任何分布式计算网络都未曾实现的超级计算里程碑。PS3 的 Folding@home 项目高级开发人员在 PS 的官方博客上宣布：

> 这是Folding社群和计算机科学领域望眼欲穿等待的一件事：跨越所谓的“千万亿次级”（petaflop）里程碑。千万亿次等于每秒进行1 000万亿次浮点运算。要具体描述这一庞大的计算能力，不妨这么想：先想想计算一笔餐厅账单的小费，再想想计算75 000笔不同的账单，并在一秒钟里完成；最后，假设整个地球上的每一个人都在算这75 000笔账单，并且在1秒钟里完成——这就是千万亿次级的运算。现在，你明白我为什么会说它“庞大”了吧……

有了这样宏伟的背景，也难怪玩家们蜂拥而至了。他们生来就渴求得到机会，为超大规模的目标效力。正如一位玩家所说：“以后，你不仅可以吹牛说，只用一条命就把游戏的最高难度打通关了，还可以跟人说，你帮忙治愈了癌症。”

REALITY IS BROKEN
游戏化的力量

今天，PS3用户提供了Folding@home项目所用处理能力的74%。迄今为止，6大洲有超过100万PS3玩家为Folding@home项目贡献了空闲运算周期。这相当于PS3网络上1/25的玩家。PS3玩家比网络上的其他所有人都贡献得更多，他们在Folding@home论坛上更为活跃，并密切关注着自己努力积累起来的成果。

现在，每一台PS3游戏机都预装了Folding@home软件，让玩家更方便地投身科学使命。事实上，自从2008年9月这款游戏首次推出后的很长一段时间内，玩家们以每天3 000人次或每分钟两人次的速度继续注册、贡献集体力量。

针对PS3的Folding@home项目，是机会与能力相匹配的完美案例，也是一切出色众包项目的基本活力之源。仅仅吸引来一群人是不够的，还要让这群人做一件他们真正有可能成功的事情。每一个PS3玩家都能够轻松、成功地贡献闲置处理能力。与此同时，索尼与斯坦福大学合作，创造了一个做出真正有意义贡献的机会。

我们争夺的是脑力循环和心情份额

玩家热情参与这种大型群体项目，清晰地表明：**人们越发渴望为现实世界出力。**数十年来，玩家们回应着在虚拟世界里采取英勇行动的召唤。现在，是时候要他们回应现实世界的行动召唤了，所有的证据都暗示：他们非常乐于投身现实世界。

那么，接下来要采取的重要一步是，不仅利用玩家手里的游戏机，还要利用他们的头脑。**游戏玩家有创意、善坚持，总是勇于迎接良好的挑战。他们强大的认知储备，再加上久经考验的投入度，是一种有待开发的宝贵资源。**事实上，来自西雅图地区的一支医学家、计算机科学家、工程师和职业游戏开发人员团队，正在着手挖掘其潜力。他们认为，玩家可以利用他们的天然创新力和解决问题的能力，学会为蛋白质设计新形状，为疾病提供积极帮助。他们创建了一款蛋白质折叠游戏，名字就叫《折叠》(*Fold It*)。较之 Folding@home 项目，它代表了一次观念上的飞跃。

《折叠》不再是利用玩家的视频游戏硬件运行复杂的蛋白质折叠模拟，而是利用玩家真正的脑力，让他们运用创造力和聪明才智亲自动手折叠数字蛋白质。

游戏化实践

在《折叠》游戏中，玩家在 3D 虚拟环境下操纵蛋白质，一位评论家称为“21 世纪版的《俄罗斯方块》，屏幕上还挤满了五颜六色的几何蛇”。几何蛇代表了一种蛋白质所有不同的构建元素，即连接并折叠成难以置信的复杂图案、以便执行体内不同生物学任务的氨基酸链。在《折叠》中，玩家的目标是通过将未折叠的蛋白质折叠成合适的形状，了解哪一种折叠模式最为稳定，能成功完成不同的任务。这叫作“蛋白质谜题”。

玩家通过接触“破解了”的谜题来学习如何折叠蛋白质，也就是科学家们已经知道该怎样折叠的蛋白质。等他们掌握了窍门，游戏就鼓励他们尝试预测科学家尚未成功破解的蛋白质折叠形状，或是从无到有地设计一种新的蛋白质形状，供研究人员在实验室里制造出来。

“我们的终极目标是让普通人玩游戏，并最终变成诺贝尔生物学、化学或医学奖的有力竞争者。”在新款蛋白质折叠解谜游戏推出几个星期之前，华盛顿大学计算机及工程学教授、《折叠》项目的主力研究员佐兰·波波维奇（Zoran Popovic），在 2008 年春季的健康型游戏大会（Games for Health conference）致辞中发表了自己的这番诺贝尔雄心。

REALITY IS BROKEN 游戏化的力量

《折叠》推出 18 个月后，吸引了超过 112 700 名玩家注册。据研究人员所说，大部分玩家之前在蛋白质折叠领域都没有任何经验。波波维奇说："我们希望改变通往科学的道路，改变科学的实践者。"

《折叠》团队正在朝着这个方向努力。2010 年 8 月，该团队在著名科学杂志《自然》中宣称，他们实现了第一个重大突破：在一系列的 10 轮挑战赛中，玩家 5 次击败了世界上最成熟的蛋白质折叠算法，还有 3 轮打成平手。文章作者得出结论：玩家的直觉可以和超级计算机相媲美，并且尤其擅长解决需要承担激进创意风险的问题。最值得注意的是，《自然》杂志上的研究文章不只是围绕《折叠》玩家所写，它根本就是《折叠》的玩家们合作写出来的。除了波波维奇及其大学同事们，还有 57 000 名玩家并列为正式合著者。

未来数十年，我们将以群体的形式迎接更多的挑战：更多的公民新闻调查、更多的集体智慧项目、更多的人道主义努力以及更多的公民科学研究。**改变世界的集体工作永远不会少，所以，我们不能因为缺少动力或报酬而限制自己。**

如今，许多众包项目正在尝试用小额报酬，即以少量的金钱奖励来换取贡献。亚马逊的"土耳其机器人"为企业提供了一个全球性的虚拟劳动力市场，参与者每次对人类智能任务[①]做出有益的贡献，它就会支付几分钱，有的项目还会对最出色的贡献提供奖品。例如，CrowdSPRING 市场为提出最有用设想的人提供最低 5 000 美元且上不封顶的奖金，如帮新产品命名、改进现有服务等。

① 人类的智能任务，简称 HIT，一项只能"由人，而非电脑完成的"认知任务，如给图片起名字、总结歌词唤起的情绪特征或描述短片中的动作。——作者注

这些做法背后的逻辑是，既然有人愿意免费贡献，如果得到报酬，他们一定会更乐于贡献。但为做出贡献的人提供报酬，并不是提高全球参与带宽的好办法，这里有两个关键的原因。

- 第一，大量科学研究表明，对我们本来就享受其中的活动，报酬会削弱我们投入的动力。报酬只能动员那些本来绝对不会参与的群体，而且，一旦你停止支付报酬，他们也就不再参加了。
- 第二，我们能为参与社群提供的货币资源是天然有限的。任何给定的项目只有固定的资金可供使用，哪怕是成功的企业，也最终会达到报酬负担的上限。金钱和奖品等稀缺奖励，人为地限制了网络可以鼓舞并维持的参与量。

我们需要一种可持续性更强的参与式经济，利用内在奖励来动员、鼓励参与者，而不是增加诱人的物质报酬。那么，如果没有金钱或奖品，众包经济里最有潜力成为强势货币的东西会是什么呢？

游戏化洞察

情绪将推动这一全新经济。积极的情绪是参与带来的终极奖励，我们天生就具备通过积极活动、积极成果、积极关系产生所需奖励的生理机能，这是一种可以无限再生的激励资源，足以为大型群体项目做动员。在参与式经济中，我们争夺的不是“眼球”或“头脑份额”，而是脑力循环和心情份额（heartshare）。这就是为什么在这种新的经济当中，提供更好、更具竞争力的报酬，不会给你带来成功。成功只能依靠更好、更具竞争力的动员而取得，这种动员通过激励我们朝着集体目标做得更多、做得更久，来增加我们个人和集体的参与带宽。而有关如何增强我们的集体参与能力，没有人比游戏开发人员懂得更多了。

多年以来，游戏设计师就是在磨炼大规模合作的艺术。游戏能激发个人的极端努力，创建了坚持到底、一起完成奇迹事业的社群。**如果众包属于理论，那么游戏就是平台。**

这是游戏对现实的又一重修补：

11号补丁：可持续的参与式经济

与游戏相比，现实难以持续。然而，从玩游戏中得到的满足感，是一种无限的可再生资源。

参与就是一种奖励

优秀的游戏开发人员都知道，情绪体验本身就是奖励。设计《光环》系列视频游戏的邦奇公司刚开始时招聘要求如下：

> 你梦想着创造充满了真正价值和结果的世界吗？你能区分鼓励玩家找乐的奖励和奴役玩家的刺激吗？你可以设计一种方式，既让玩家成长又保持游戏的微妙平衡吗？如果你对这些问题做出了肯定回答，你或许愿意把简历打磨得漂亮些，来应征邦奇公司的“玩家投入设计领队”（Player Investment Design Lead）。
>
> “玩家投入设计领队”带领一群设计师，负责寻找一种稳固的高回报投入途径，借助持久、丰富和安全的激励，推动玩家的行为朝着享受乐趣、喜爱所扮演角色的方向前进，之后，再通过多次的模拟和检验来验证这些系统。

游戏行业之外完全不存在这种工作岗位，但它应该存在。“玩家投入设计领队”，应该是未来所有协作项目或群体活动必不可少的角色。既然游戏本身就具有内在奖励性，那么就没有必要付钱让人们来参加，不管是真正的货币、虚拟的货币，还是其他任何一种稀缺奖品。**如果玩家为了游戏进度、为了充分探索世界、为了社群的成功而投入，那么参与本身就是奖励了。**

那么，究竟怎样设计优秀的玩家投入呢？邦奇的招聘进一步阐明了该岗位的核心职责，概括地说，他们对大型群体项目应该遵循的4项参与原则做了很好的介绍。可以看出，这 4 项原则都是为了一个终极目标服务的。这一终极目标便是：建设一个诱人的游戏世界、一个鼓舞人心的游戏社群，设计令人满意的游戏机制。“玩家终极投入设计领队”要设计机制，推动游戏内置的玩家奖励和动机：让玩家觉得对这个世界及其所扮演的角色有所投入；让玩家有长期的目标；让玩家不必面临悲惨境地，不彼此利用；让内容本身成为奖励。

换句话说，参与者应当能够利用并影响一个以内容及互动为特色的“世界”或共同社会空间。

游戏化洞察

玩家应当能够在这个世界里创造、发展独特的身份。如果要在这个世界工作，他们应当能够看到更宏大的图景，既有迎接越来越艰巨挑战的机会，也有朝着更宏伟的目标而努力的机会。游戏必须精心设计，让人得到奖励的唯一途径就是真心参与。因为在任何一款游戏当中，凡是能带来最大奖励的事情，玩家都会去做。关键在于：内容和体验要具有内在奖励性，而不是为所做的事情提供报酬，否则，人们很快就会感到无聊、琐碎、不得要领。

设计得当的虚拟环境已经调动了玩家的胃口，他们迫切渴望以更好的形式参与现实生活。他们正积极地寻找通往幸福生产力的道路，同时依靠合作完成超大规模的目标。他们是参与带宽的天然资源，是各类公民新闻调查、集体智慧、人道主义、公民科学项目的主力干将。

正如本章所举的例子，未来几十年，众包游戏将在我们实现民主、科学和人道主义目标的过程中扮演重要的角色。这些众包游戏将不再仅限于在线工作或计算任务，它们会越来越多地把我们带到现实环境和面对面的社会空间。这些新游戏将以现实世界的社会使命向群众发起挑战，它们甚至有可能让玩家便利地改变甚至拯救真正的生命，就像今天他们在虚拟世界里所做的那样。

REALITY IS BROKEN

第 12 章

伟大的人人时代

- 与游戏相比，现实毫无雄心壮志。游戏帮助我们确立令人敬畏的目标，一起达成看似不可能完成的社会使命。

- 我们是能够接触他人的人类，我们能够出现在他人的生活中，并为其带去不同。我们拥有社会力量，我们可以驾驭它们。社会参与游戏，把我们变成了现实生活里的超级英雄。

WHY GAMES MAKE US BETTER AND HOW THEY CAN CHANGE THE WORLD

这个世界现在需要更多的“华丽制胜”，即寻常人每天做不寻常事情的机会，比如改变或拯救他人的生命。

> 华丽制胜（Epic Win），名词
>
> 1. 小人物的意外获胜。
>
> 2. 某种效果好得令人难以置信的神奇东西。
>
> 3. 对人们成功做了某事之后的最高级别感叹。
>
> 4. 对发生了某件极其有利且通常不可能的事情表示开心或敬畏：“哇！华丽制胜哦！”
>
> ——《城市俚语字典》

“华丽制胜”是一个玩家术语。它用来描述通常令人惊讶的盛大成功：绝地逆转的胜利、效果异常出色的非正统策略、比预期更加顺利的团队努力以及来自最不可能玩家的英勇行动。

有了“华丽”（epic，在英文中为“史诗的”“宏伟的”之意）这个前置形容词，这种胜利听起来显得很稀有、很特别。但在玩家的世界里，情况并非如此。论坛上到处都是玩家在分享自己最惊人、最有所得的自豪时刻。它们有许多不同的表现形式。

华丽制胜，我们能做得更多、更好

华丽制胜，发现了我们以前不知道自己拥有的能力。一个动作冒险游戏的玩家写道："在《幻象杀手》（*Indigo Prophecy*）那场难得不可思议的办公室战斗中奋斗了1个多小时后，我本来已经灰心丧气，觉得肯定打不赢了，可居然通关了！我筋疲力尽，又充满敬畏。我真的做到了？华丽制胜啊！"

华丽制胜，颠倒了其他人的心理预期。一个虚拟足球玩家写道："在《冠军足球经理》里，我指导三流球队马拉加（Malaga）拿下了欧洲冠军联赛模拟赛季的冠军！太华丽了。这是有史以来最不可能的胜利。"

华丽制胜，发明了以前从没想象过的全新积极成果。《侠盗猎车手》（*Grand Theft Auto*）的一位玩家报告说："我在游戏里的华丽制胜，是在城里最高的峰顶骑山地自行车。用了现实里的25分钟，正好赶上看日出。"

这3个不同类型的华丽制胜有什么共同点呢？它们帮助我们修正了对切实的最佳结果的认识。不管此前我们认为最好的结果应该是什么，但在华丽制胜之后，我们都确立了先例：我们能做到更多，结果能够变得更好。

> 每一轮华丽制胜，都极大地扩展了我们的潜力空间。这就是为什么华丽制胜是造就可持续参与式经济的关键，它把一次性的努力变成了热情的长期参与。

它们让我们对自己的能力极限产生了好奇，因此，我们将来再次采取积极行动的可能性变得更大了。玩家圈里的华丽制胜比比皆是，原因有二。

第一，面对荒唐的挑战、不被看好的长线赔率或是极大的不确定性，玩家培养出了极端的乐观主义精神。他们有着绝佳的信心：哪怕成功的希望不大，但至少有一丝半点的可能。所以，玩家努力争取华丽制胜，从不感到没有意义或绝望。

第二，玩家们不害怕失败。在好的游戏里失败，至少生动又有趣，还具有启发作用，甚至给人带来力量感。

游戏化洞察

极端的乐观和有趣的失败，意味着玩家更有可能把自己置身于华丽制胜会出现的环境下：我们接受看似不可完成的任务，以惊人的积极结果带给自己惊喜。

在理想中，现实世界也能为我们带来跟优秀游戏里一样的工作流，具有同等强烈的满足感。可实际上，现实里的华丽制胜寥寥可数。我们碰不到同样精心设计的机会，也就不可能用自己的超级力量带给自己惊喜。

我们没有源源不断的机会去做那些此刻事关重要、有着明确指示、精确契合我们实时能力的事情。没有这种创新的后备支持，在日常生活里追求宏伟目标并成功完成，绝非易事。

幸运的是，一种名为"社会参与游戏"的新游戏流派正尝试改变这一局面。它们旨在给予玩家在现实中感觉英勇、满意的志愿任务，而且，最重要的一点是，这些任务就像大型多人在线角色扮演游戏里的任务那样便于实现。这样一来，越来越多的玩家会着手积极追求现实世界的福祉，改善、拯救真正的人生。

就拿我的朋友汤姆来说吧。他是个年轻的数学老师，住在俄勒冈的波特兰市。通常，玩《摇滚乐队》或者"所有能让你玩得像个蜘蛛侠、蝙蝠侠的游戏"，都能让他达成华丽制胜。但最近，他开始玩一款社会参与游戏。游戏名叫《非凡》（*Extraordinaries*），极大地扩展了他对自身潜力的认识。

《非凡》，塑造群体的社会参与

《非凡》是一个网络和手机应用程序，旨在帮助你在空余时间做好事。它的设计者是旧金山的一支由设计师、创业家和艺术家组成的团队，游戏的主要目标是，让在现实世界里当英雄变得像在虚拟世界一样容易。

游戏的座右铭是："有两分钟的空闲吗？来个非凡的吧！"玩家可以在任何地方登录游戏，浏览只需几分钟即可完成的"微型志愿"任务榜单，每一项任务都是在帮助一家真正的非营利组织实现其目标。

《非凡》的任务榜单设计得就跟《魔兽世界》里的任务日志一样。你浏览所有可用的机会，看到的每一项任务都配有一个故事，介绍它为什么有助于拯救世界，以及完成的步骤。这里从不缺少需要完成的重要工作，每一件事都是为了让任何有意行善的人方便完成而设计的。

我的朋友汤姆第一次登录《非凡》，立刻找到了一件感到有信心完成的英勇任务。这项任务是利用他的 iPhone 手机拍一张"秘密对象"的照片，附上当前的 GPS 定位标记，上传到数据库。"秘密对象"是一款除颤器，全名叫"自动体外除颤器"，这款设备是为每年上万名心脏病患者病情发作时提供救命电击的。这一任务是非营利组织急救队（First Aid Corps）设计的，它想绘制一份地图，列出全世界每一台面向公众的除颤器。这家组织在任务指示中这样解释：

> 每年有超过 20 万名美国人会突发心脏骤停，5 分钟内，大脑即告死亡。可惜救护车不见得每次都能赶到现场，除非它恰好在附近。
>
> 政府大楼、机场、学校等场所会安装除颤器，并配有电击垫，好让普通市民在紧急情况下救人一命。急救队正在利用《非凡》绘制一份设备分布图，这样，如果有人遇险，911 便可向求助者告知设备所在的位置。

换句话说，如果你能找到一台尚未录入地图的除颤器，给它拍照并报告，就能帮急救队救命了。

依靠良好的任务设计：有重点、有明确的内容、有实践的机会，类似救人性命这种从前觉得不可能实现的事情，现在变得可行了。这就是把志愿工作转换成游戏带来的力量：**如果志愿工作设计得像一个出色的任务，玩家便获得了做了不起的事情的力量。**

在急救队的这项使命中，救命任务的呈现形式和《魔兽世界》里的一样。指令简单，完成任务的理由明确，任务内容完全在你的能力范围之内。如果今天打算去的地方有除颤器，那么你马上就可以化身超级英雄。如果没有，那么无论走到哪里都要怀着秘密的使命，直到找出那个代表除颤器的国际通用标志，那是一个心脏裂开的符号。

汤姆在波特兰州立大学的电梯间提款机机房找到了一台除颤器，他当时正在那儿修读数学研究生。事后他对我说："几年来，我等电梯时都看到它，突然之间，它跟我有了关系，我很高兴拥有这个随机的秘密信息。"当然，这其实并不是秘密信息，除颤器就摆在那里。但汤姆的话说明了《非凡》的承诺是多么有效：给你一个真正的机会，让你感觉自己像是正在完成拯救世界秘密使命的超级英雄。

汤姆完成使命之后，《非凡》的活动公告牌上公布了他的胜利，其他所有玩家都看得见："汤姆拍摄了一台除颤器，帮忙挽救了生命。"

> 后来，汤姆写信告诉我最新进展："就像是救命版的寻宝游戏，棒极了！绝对宏伟的华丽制胜！"完成寻找除颤器任务是一场华丽制胜，因为那天早晨之前，汤姆还不知道自己也拥有可以挽救生命的信息。他拥有了自己不知道的秘密力量，而且他得到了将这一力量真正利用起来的机会。

接下来会发生什么？如果汤姆的除颤器真的挽救了生命，《非凡》会通知他。急救队会更新自己的全球地图，加入每一台除颤器使用情况的新闻报道链接。如果你的除颤器位置旁边弹出了"挽救了生命"的消息框，那你就会知道，自己找到的除颤器那天真的帮上了忙。现在，玩家们需要自己主动跟进除颤器的状况。

但想象如下一幕并不困难：《非凡》平台逐渐演进，每当玩家小小的善举帮忙实现了什么宏伟的事业，它就直接通过短信或社交网络推送更新给玩家。如此一来，发现并分享除颤器位置的小小华丽制胜就会一路前进，带来更壮观的华丽制胜。

《非凡》的行动口号“来个非凡的吧”，其实就是，用你能做到的极限带给自己惊喜吧！重新定义你这一天的最好成果吧，因为我们并不是没有帮助他人的能力，只不过从前没有人向我们展示过，解决一件仿佛不可能完成的任务有多么迅速、多么方便、多么令人上瘾。

REALITY IS BROKEN 游戏化的力量

到 2009 年秋，《非凡》推出才短短几个月的时间，就成了一个精悍但迅速发展的社交网络，3 300 多名成员协力代表 20 多家非营利组织，完成了 22 000 项任务，每名成员平均达成 7 次华丽制胜。仅从这个统计数据来看，《非凡》显然并非全世界最让人上瘾的体验。但它正做着一件极为重要的工作：展示了达成更多华丽制胜的潜力——所有人，每一天。

这是游戏对现实的又一重修补：

REALITY IS BROKEN

12号补丁：人人时代的华丽制胜

与游戏相比，现实毫无雄心壮志。游戏帮助我们确立令人敬畏的目标，一起达成看似不可能完成的社会使命。

为什么我们在日常生活里需要更多华丽制胜呢？眼下，站在整个地球的角度来说，我们正面临着有史以来前所未有的挑战：气候变化、全球经济危机、粮食缺乏、不稳定的地缘政治、抑郁症发作率在世界范围内高涨。请注意，这些问题都不可能在网上解决，它们需要现实世界的行动，而不仅仅是在线互动。

《非凡》这类项目让我们看到了一个令人振奋的成果：**我们不仅可以募集玩家的脑力，还可以做到更多：利用群众的社会参与。**

社会参与不仅利用我们的头脑，还要求我们全身心地投入行动。所以，我们面临的挑战是设计社会参与任务，以辅助数量日益增长的人类智能任务。目前，这类任务构成了在线众包项目的绝大部分。例如，转录 DotSUB 上的视频并配上字幕、对《调查你处议员的开支》项目中某议员的收据进行分析、评估新产品的名字是“好”还是“糟”。所有这些活动的共同点是：它们不仅对我们的认知能力，而且对我们的情感和社会能力提出了要求。

游戏化洞察

毫无疑问，人类智能任务很重要，但我们并不仅仅是思维机器。我们是能够接触他人、感受共情、发现需求的人类；我们能够出现在他人的生活中，并为其带去不同；我们拥有社会力量，并可以驾驭它们在网络空间、也在现实世界里行善，我们需要的只是适当的任务支持。

来看看《非凡》的另一项任务。这是我个人最喜欢的一项，也是最让我感觉华丽制胜的一项。它是一个为克里斯特尔之家（Christel House）所做的社会参与任务。克里斯特尔之家是一家致力于帮助贫困儿童获得必要的教育、营养、保健和指导，使之自力更生并为社会做出贡献的组织。这项任务很好地利用了我们的一些关键社会力量：同情、给予建议、提供积极的情感支持。

任务很简单：给一个孩子发去“祝你好运”的短信。这个孩子正要接受一次有可能改变命运的标准化测试，你可以选择发给美国、墨西哥、委内瑞拉、南非或者印度的孩子。克里斯特尔之家保证你的在线短信会传到一个正在课堂、正要接受考试的学生手里。帮克里斯特尔之家设计这一社会参与任务的助手内森·汉德（Nathan Hand）解释说：

> 世界各地的这些孩子，都要在某个标准化考试里得到一定的分数才

能通过。能否通过考试，有时意味着他们能否毕业，有时意味着他们能否进入下一年级。但不管这个孩子身在何处，都承受着很大的压力，为这次考试做了长时间的准备。我们想做的事情，相当于把“拍拍他的背”这一活动众包出去。

我选择向印度的一个学生发送“祝你好运”短信，还与他分享了自己常用的考试窍门：“考试之前，尽量开怀大笑。如果你在一道难题上卡住了，暂停一下，笑一笑！”科学研究告诉我们，微笑能够触发真正的自信和乐观感觉，哪怕你当时不在这个状态。

点击发送时，我想象印度的一个少年学子收到了我的建议。那一刻，我觉得自己跟另一个本来难得见一面或说上话的人有意义地联系在了一起，真正有希望在另一个人处于艰难关头时给他送上重要的支持。换言之，我确确实实产生了汉德所描述的那种体验，这也是克里斯特尔之家任务的目标：“通过我们，人们真的可以和一个孩子产生有意义的接触。他们生出了温暖的热情，他们想起了我们，想起了远方的那些孩子，这就是一切了。”

在发现这个任务之前，我没有想过要帮助一个跨越半个地球之外的正要参加重要考试的孩子。倒不只是因为它不在我的待办事项清单上，更是因为它没有可行性。然而，克里斯特尔之家任务的良好游戏设计改变了这一局面：**它让人们走入陌生人的生活并扮演有益的角色变得出奇地容易。它向我显示了本来并不知道自己拥有的援手能力，它让我激动得颤栗。**

这本身就是一次华丽制胜，因为它改变了我们对自己是谁、我们能给予多少关注、我们能为别人做些什么的全部认识。

《非凡》完美地证实了如何将华丽制胜融入日常生活，以及我们如何在世界范围内创造更多的参与带宽。但它并非唯一的例子。让我们再来看两个雄心勃勃试图驾驭群体社会能力的项目：《后勤》(*Groundcrew*)，一款能让你美梦成真的移动人事组织平台；《迷失焦耳》(*Lost Joules*)，一款在线节能游戏，邀请你用虚拟货币下注，赌其他玩家能为社会创造多少福祉。

社会参与式游戏创新了人们的潜力。它们充实、扩大了我们的行善能力，显示了我们不分地域、实时帮助彼此的能力。

《后勤》，人人都是“移动人”

《后勤》由马萨诸塞州剑桥市的社会企业家乔·埃德尔曼（Joe Edelman）开发，要解释这一赋予人们希望的项目，最好的办法就是先来看一看这个项目的灵感来源，一款有史以来最畅销的电脑游戏——生活模拟游戏《模拟人生》。

玩《模拟人生》时，你的任务是让你的模拟小人过得健康又快乐。你照料他们的健康、满足他们的身体需求：喂饱他们，让他们睡觉，给他们洗澡。你靠着满足他们的“愿望”，让他们快乐幸福。

> 《模拟人生Ⅲ》的指南介绍说：“模拟小人每天都会冒出一些小小的心愿，希望你帮他们实现。愿望满足能带动模拟小人的心情，并奖励‘生活幸福’点数。”模拟小人通过“心愿面板”来向你表达愿望。“心愿面板”是一种头像显示框，它告诉你每个模拟小人到底在哪里、他们想要什么以及你如何帮助他们得到这些东西。比如：“夜空美丽而神秘。你的模拟小人想要探索星星的逻辑模式了。使用望远镜：幸福点 +150。”心愿面板让埃德尔曼灵机一动：“真正的人也有像模拟小人一样的心愿，问题在于，我们不知道这些心愿是什么或者我们要怎么帮忙。如果我们能接收让真人开心快乐的实时通知，那会是怎样一番景象呢？”

所以，埃德尔曼开办了一家名为公民后勤（Citizen Logistics）的软件公司，为真人开发“心愿面板”。他的愿景是让人们的日常心愿变得易于满足，就像提高模拟小人的生活幸福点数一样。

埃德尔曼意识到，后勤环节是关键。眼下，要想知道此刻我们该在哪里做什么才能让别人开心，是很不容易的。于是，他着手创造了一套新的系统，将心愿实时映射到我们的当地环境中。这个概念有 3 个主要特点。

- 第一，玩家应该能够登录系统，看到当前在自己步行、搭乘公交或驾车可到达的范围之内，每一个有未达心愿的人。
- 第二，自己有心愿的玩家，也应该能够看到本区域所有正在寻找快速愿望冒险的“特工”，并能用短信将自己的心愿直接推送给他们中有空闲的。
- 第三，第一个及时完成了他人心愿的玩家应当赚取声誉点数，暗示他们值得信赖、擅长满足他人的心愿。随着时间的推移，这将让他们能够满足更多具有挑战性的心愿。更妙的是，他们以后还可以用自己赢来的声誉点数，以动员、奖励其他玩家来满足自己的心愿。

埃德尔曼不清楚自己的点子行不行得通，但他相信这值得一试，于是他建立了一个测试平台，邀请自己在剑桥地区的朋友和同事使用。点子立刻就发挥了作用，这让埃德尔曼很高兴，而且，就在系统（埃德尔曼叫它“心愿1号”）上线的第一天。故事是这样的：

> 一位女士在波士顿的某个地下室排练舞蹈。她彻底累垮了，但又不能离开排练现场，所以极度盼望能来上一杯拿铁咖啡，以便能继续跳下去。于是，她便在《后勤》上贴了一条心愿：“帮帮忙吧！我需要一杯拿铁。”
>
> 就在这一刻，另一个身在波士顿的人正在浏览系统，他看到了她的愿望。他意识到自己离这位跳舞的女士只有几个街区远，感觉就像是命中注定一般。他能办到这件事！他知道怎么点一杯拿铁！他可以帮上忙！
>
> 5分钟之后，他走进地下室，高声说：“我有一杯拿铁！”他说话的样子，就像是在宣布全世界最重要的事。对舞者来说，在那一刻，这的的确确也正是全世界最重要的事！她喜出望外。她说，这是她喝过味道最美的一杯拿铁。他则觉得自己像是超级英雄。所有这一切，就发生在心愿贴出的几分钟之内。

好吧，给别人送上一杯拿铁，算不了什么最能改变世界的事。真的吗？埃德尔曼很喜欢讲这个拿铁的故事，尽管它无非是一个琐碎的心愿，但对他而言，足以充分说明：在一个越来越多的人愿意使用手机广播自己在哪里、有什么需要的世界里，达成新一类的华丽制胜完全可行。通过更好地利用人们彼此的空闲时间，它增强了人类日行一善、感觉良好的能力。正如埃德尔曼所说：“倘若分秒之中能让别人的心愿成真，我们就能关爱更多人……如果知道别人需要什么，我们就能去关爱他们。”

这并不仅仅是一个温暖却朦胧的幻想，埃德尔曼说的，就是重塑我们对予取予求的日常经济系统的认识。他说：“要获得一杯拿铁，正常的途径是冰冷的经济交换，每天独自走进一间咖啡馆，拿着好不容易挣回来的钱换一杯拿铁。但我们的这杯拿铁是不同的，它是一种关爱。我所想的，就是发明一种不同的但更好的方式，来满足我们每天的需求。”

> 如果现实生活变得更像是一款游戏，那会怎么样呢？近年来，虚拟社群变得比实体社群更方便了。电脑游戏提供了专家设计的娱乐和休闲……但等我们回过头来对付现实生活，又都孤零零的了。到什么时候，投身现实世界、应对实际问题，才能变得跟在虚拟世界里一样充满冒险意味、一样通力合作、一样便利又一样有趣呢？
>
> 我们对社群的定义是：真正的人、彼此临近、想着对方的需求、亲自出手、互相帮助。我们希望看到美国和世界各地孤独、无助、隔离和不必要的开支越来越少，我们希望增加享受、冒险、欢乐、分享和相互支持。
>
> 我们努力促进人们彼此知晓心愿、互相帮助、送去欢乐，更好地利用我们的生态和社会资源，以真切、深入又出乎意料的方式投入生活。
>
> **——《后勤》创始人乔·埃德尔曼**

想想看你在日常生活中会表达什么样的需求：“我无聊”“我迷路了”“我饿了”“我很寂寞”“我很紧张”。你想要什么东西来满足这些日常需求呢？我能想到许许多多自己有可能提出的小心愿：

- 我工作压力很大，想逗逗小狗放松一下。请现在就牵着小狗过来！
- 我今天早晨从旧金山机场出发，想读读丹·布朗的新书。二手的就行。如果你今天早晨 7 点到 8 点正好在机场，请借书给我吧！
- 我明天要在大学做公开演讲。请过来参加吧，在我演讲结束时起立鼓掌，因为我父母会坐在听众席，我希望他们以我为傲。

这些愿望不会改变我的生活，但它们将彻底改变我的认识：怎样从生活里得到我想要的东西，更重要的是，怎样把我拥有的东西与他人分享。

《后勤》代表了一种全新经济形式的潜力，这种经济围绕 3 种内在奖励的交换建立起来：做好事带来的快乐、完成挑战性任务带来的兴奋、积累有着真实和奇妙意义的点数[①]带来的满足感。这种全新的参与式经济没有任何内在限制：这 3 种奖励都是可以无限再生的资源。《后勤》最初使用的虚拟货币“积极体验”[②]声誉系统，首次实现了这 3 种内在奖励的积累、量化和交换。

埃尔德曼解释说：“对人类经济来说，普及廉价、网络化、可编程设备的重要性与纸币、硬币的发明同等重要。它第一次给了我们改变游戏规则、调整激励诱因、创造更灵活的资源接入方式的机会，同时，也不必像从前所做的尝试那样，会导致巨大的官僚机构和信息低效率。尽管我们还在继续就资本主义和社会主义展开争论，可第三条道路第一次真正呈现了出来。就是现在，我们有机会让事情变得更加公平、更具可持续性、更亲密、更美丽，也更有趣。当动机变得与人类固有的欲望更加匹配，生活也会更愉快、更富冒险意味、更圆满了。”

你参加的任务越多，收到的积极体验就越多。但这只是新经济的开端。要是有人喜欢完成你的任务，同样可以给你积极体验，感谢你给了他们机会来做这些感觉很好的事情。这是一个非常聪明、前卫的想法，它直接来自游戏产业的经济模式。

游戏化洞察

有机会从事艰苦却能带来强烈奖励的工作，人们乐意为此掏钱购买游戏。现实世界的可持续参与式经济也应该尽可能利用这个市场，创造更好、更具有奖励性的工作。

在《后勤》中，你会因为工作做得好而得到虚拟货币，但同时，你也会向其他让你有好工作可做的人支付同一种虚

① 有着真实和奇妙意义的点数是指，你帮助他人愿望成真的能力以及你自己的心愿将来得到满足的概率。——译者注

② 积极体验，即 PosX，positive experience 的缩写。——译者注

> 拟货币。这能为满意的社会参与任务创造市场。它意味着有更多的人来设计现实世界的任务，让你现在就能完成、给你真正的成功希望、提高你的社会连接度、让你度过有意义的每一天。其中的关键在于：除非有聪明人为我们拯救世界的集体工作贡献良好的社会参与任务，否则，我们是无法达成更多华丽制胜的。

当然，有些心愿会来得更为迫切。《后勤》目前和美国退休人员协会（AARP）合作，授权“特工们”让“你身边的老人过上不同的生活”。AARP 是一家针对 50 岁以上美国人的非营利性组织。《后勤》特工会收到短信和电子邮件，告知专门针对老人的社会参与任务：提供交通帮助、购买杂物、收拾家务或是单纯的陪伴。由于这些任务涉及与一个十分脆弱的群体进行亲密互动，不是所有特工都可以负责，只有最受信任的“特工”，才有资格做这些“高度信任”的社会参与任务。他们是那些积累了足够多积极体验点数，并提交了犯罪背景调查资料的人。

我必须承认，埃德尔曼发明现实世界心愿面板时所设想的那种亲密交流，深深地打动了我。我想，在闲暇时间一对一地做回“小奴隶”，改善彼此的日常生活，能极大地改善全球生活质量，更有效、更持续地利用我们的物质资源。但《后勤》同时也是一个延展性极强的项目，能够凭借一个心愿驾驭巨大的群体。

事实上，自从埃德尔曼开发《后勤》平台以来，他的愿景进一步发展，不仅可以让玩家满足个人心愿，还可以实现组织目标。和《非凡》一样，《后勤》已经着手跟现有机构展开合作，为多项有组织的非营利、社会及政治活动寻找志愿者。

《后勤》的第一个群体动员工作是为“青年创业”做的，这是一家鼓励青年采取社会行动、为本地社区创办“福利企业”的非营利性组织。“青年创业”发起了一项名为“菜园天使”的倡议，协调各方努力创办社区菜园，希望把种出来的水果和蔬菜发给最需要的人。许多人都知道也支持这项活动，只是苦于没有便利的帮忙途径。《后勤》就从这里着手，为社区菜园创造华丽制胜工作流。

游戏化实践

"菜园天使"不仅利用《后勤》为日常小活动，如除草、浇水、检查菜园保安情况等寻找志愿者，也用它组织大规模的群体事件，如翻土、拾穗等。"青年创业"不用预先安排活动、期待志愿者主动献身，而是等到《后勤》的可用玩家达到临界规模时再把握时机，策略性地抛出即兴事件，尽可能多地利用玩家的参与度。与此同时，玩家无须预先登记志愿者身份，只要他们正好在菜园附近，又收到了任务短信，就可以赶到菜园完成工作了。每当玩家登入系统报告自己所处的位置，系统就会搜索附近的任务。在《后勤》上测试"菜园天使"等项目时，埃德尔曼报告说："项目可用志愿者的数量增了 100 倍。"

这就是提高我们集体社会参与带宽的方式：**让业余时间勇于奉献的人数增长 100 倍**。不管我们是想帮助个人还是帮助大型组织，随着游戏思维与先进技术的结合，普通人可以奉献的社会参与量出现了大幅攀升。这就是为什么很多社会参与游戏不仅可以利用良好的游戏设计，还可以利用前沿技术，让个人行动更容易植入宏伟的背景当中。到目前为止，移动电话是这一努力的最前沿，但它并不是为日常生活增加华丽制胜的唯一途径。

让我们来看看立志成为全世界最环保电脑游戏的《迷失焦耳》。它把我们的电表变成游戏控制器，帮助我们在自己家里达成华丽制胜。

《迷失焦耳》，关注彼此的善行

想象一个星期五的下午，我请你帮忙做一件重要的事。为了地球，这个周末你需要在家尽可能地节能。多关掉几盏灯，少给电子设备充电，拔掉烤面包机的插头，别用烘干机——把衣服挂在晾衣绳上。帮我这个忙，对你来说有多难呢？

现在，假设我下注 100 美元，赌你这个周末至少能少用 20% 的能源。你会出多大的力来帮我赢？最后，再来假设一个场景。这一次，我下注 100 美元，赌你这个周末做不到少用 20% 的能源。你会尽多大的努力来证明我错了？

但我现在还没法拿你的能源使用情况打赌，不过，等到《迷失焦耳》推出的时候，我就有办法了。这是一个在线股市游戏，玩家用虚拟货币下注，打赌彼此在真实世界的能源消耗量。玩家有强大的动力要好好下注：如果他们赢了，能将赢来的虚拟货币用在《迷失焦耳》内设的“虚拟主题公园”里，那里有很多《农场小镇》式的迷你游戏。你赢回的能源赌注越多，你的《迷失焦耳》虚拟化身就越是强大、富有。

> 游戏凭借智能电表展开运作。智能电表是接入互联网的家用电表，它允许你监控和分析自己是怎样消耗能源的、在哪里消耗了能源，甚至计算出你家里每种设备的耗电情况。研究表明，有了这种反馈，节能变得更容易了：平均而言，智能电表的用户能永久性地节省 10% 的能耗。而这还是在没有亲朋好友或陌生人恭喜你或者打击你的情况下。如果把智能电表转变成一款游戏，你能想象它能帮你节省多少能源吗？

《迷失焦耳》决定找出答案。这款应用程序从玩家那里收集个人智能电表数据，再用具体的节能任务向其发出挑战。之后，它将这些数据公布给其他玩家，他们便对你完成节能任务的能力压注打赌。如果他们认为你做得到，就赌你赢；如果他们对你有所怀疑，就赌别人赢。完成了大多数任务的玩家会成为《迷失焦耳》世界里的超级英雄，不仅为自己带来了更多回报，也为看好他们的人赚了“钱”。

通过营造紧迫感、呈现清晰的挑战以及增加社会竞争的层面，游戏把原本让人觉得平凡、琐碎的行善努力变成了一个非凡的壮举。突然之间，关掉电器变成了一场华丽制胜，还伴有多重奖励：更自豪、更多社会连接感的情绪奖励，以及游戏币形式的虚拟奖励。这是一个非常壮观、非常新颖的设想。

《迷失焦耳》围绕当前不可持续的能源经济，力争创造一种可持续的参与式经济。它鼓励人们减少消耗不可再生能源，同时为其提供了消耗可再生的情绪及虚拟奖励的机会。它也创造了一种帮忙拯救世界的全新途径：对做好事的人报以社会关注。诚如合作设计游戏的理查德·多尔西（Richard Dorsey）所说：“要是我们每次拔下一台设备的插头、关闭电源都有人注意到，岂不是很酷？”《迷失焦耳》把节能行为转换成大型多人体验，将网络效应利用了起来：它把我们个人的华丽制胜放大成了壮观的社会成就。

当然，许多人并不愿意公众对自己的节能行为指指点点，还拿它压注。但考虑到互联网上公众曝光程度的日益加深（博客、视频、社交网络、实时状态更新），变成公众焦点能十拿九稳地吸引来足够的玩家。游戏还采用了特别的双层设计，就算人们还没有准备好公开自己的节能状况，虚拟下注也能带动节能行为。

从这个角度来看，《迷失焦耳》代表了社会参与类游戏空间上的一点重大设计创新。它针对有和没有智能电表的人，创造了两种不一样却同等重要的社会参与任务。

首先，也是最明显的一点，使用智能电表的玩家可以接手减少能耗这个社会参与任务。这是游戏“行善”使命的核心。但除此之外，还有另一种社会参与任务：关注彼此的善行。家里没有用上智能电表的人仍然可以玩这个游戏，对拥有智能电表的玩家下注。这是对公共利益的真正贡献，因为它为节能的人创造了社会奖励。人人都喜欢受到重视，而《迷失焦耳》则用虚拟货币来表明：我们有多么看重他人为改变世界所做的贡献。那么，对《迷失焦耳》这一类游戏来说，它能带来的最佳结果会是怎样呢？

游戏化洞察

游戏是采用新技术的主要驱动力，有了好游戏的推动，人们更乐意采用新技术。而且，随着我们对节能问题的了解越发深入，推动人们采用智能电表技术也就变得越发重要。事实证明，智能电表能极为有效地改善我们的能源消费行为。使用智能电表的人越多，它的效果就越好。

从更广阔的视角来看，《迷失焦耳》的真正潜力是，展示如何更好地利用游戏带来的丰富情感和虚拟奖励，激励人们做出改变世界的行为。眼下，在视频游戏里扮演超级英雄比帮忙解决现实生活里的全球问题更轻松，也更有趣。但

《迷失焦耳》等社会参与游戏正开始打破这一平衡：说不定，我们很快就会发现，这两件事，我们能同时做到。

做现实生活里的超级英雄

本章中介绍的 3 个项目——《非凡》、《后勤》和《迷失焦耳》才刚刚上马。它们的风险还很大，全都处在开发状态，所得结果也十分有限。它们不只是处在技术前沿，根本就是在技术的刀口上：太过新颖、有着很大的失败风险。

事实上，它们甚至有很大的可能遭遇特大惨败。但所有游戏玩家都知道，如果你能从失败中汲取经验，失败同样能带给你奖励和力量。不断检验我们的潜力，看看我们能不能做得超出自己的设想，总有一天，我们会实现眼前认为不可能做到的事情。俗话说得好："就算你摔个嘴啃地，仍然是朝前挺进的。"

游戏化洞察

一旦和现实世界的事业联系起来，华丽制胜便会帮助我们发现自己原先不知道的公益贡献能力。有人以为，普通人在业余时间办不成什么大事，而游戏则帮我们颠覆了他们的认识。华丽制胜帮我们定下了看似荒唐甚至不可能实现的目标——如果我们找不到大量互相帮助、充分动员起来的志愿者，那么这些目标就只能如此。但游戏使得这一切焕然一新。

总之，社会参与游戏把我们变成了现实生活里的超级英雄，而每一个超级英雄都需要超能力。那么，我们最需要什么样的超能力呢？协作超能力，即促使我们齐心合力、放大彼此的强项、在全球范围内解决问题的能力。

REALITY IS BROKEN

第 13 章

认知盈余的红利

- 与游戏相比，现实混乱而分裂。游戏帮助我们做出更加协调一致的努力，随着时间的推移，它们还将赋予我们合作超能力。

- 每一个玩了10 000小时游戏的年轻人，日后都能在游戏环境下实现非凡的成功。每当我们答应一起玩游戏，就是在实践人之为人的一项基本天赋。

到21 岁，美国年轻人平均会花 2 000~3 000 个小时阅读，10 000 多个小时玩各种电脑和视频游戏。只要你是 80 后，这些统计数据就几乎八九不离十地贴近你的真实情况。

为理解这个数字的意义，不妨这么看：10 000 个小时，基本上是普通美国学生从 5 年级读到高中毕业在课堂上所花时间的总量，而且还要全勤。换句话说，他们在初中、高中阶段用在阅读、写作、数学、科学、历史、政治、地理、外语、艺术、体育上的所有时间，跟他们玩电脑和视频游戏的时间相当。在正规教育中，他们的注意力要分散到各个不同的学科和技能上，而玩游戏的时候，他们每一个小时都全神贯注地用在了一件事情上：做一个更优秀的玩家。

在 21 岁之前付出了 10 000 个小时之后，大多数年轻人可不是仅仅会变成优秀的玩家而已，他们会变成格外优秀的玩家。这是因为，至少根据一种理论，**21 岁之前花 10 000 个小时练习，是日后人生实现非凡成功的头号预测指标。**

10 000小时的非凡成功

马尔科姆·格拉德威尔（Malcolm Gladwell）在畅销书《异类》（*Outliers: The Story of Success*）中提出了 10 000 小时理论。

书中，格拉德威尔列举了多个高成就人士的人生故事，包括小提琴演奏家、全明星曲棍球运动员，甚至比尔·盖茨。他发现，这些人在自传中都提到了一点共同的事实。到 20 岁的时候，任何一个领域的顶尖人才，都已经在日后让他们成为超级明星的项目上累积了至少 10 000 个小时的练习时间。与此同时，较次之者，也就是成功但尚未达到超级成功的音乐家、运动员、技术员、商人等，平均则练习了 8 000 个小时。

诚然，天赋也很重要，但不及练习和准备重要。根据格拉德威尔的说法，10 000 个小时的练习和准备似乎是区别“擅长”和“精通”的关键门槛。现在，我们正朝着造就整整一代大师级玩家的道路上前进。每一个玩了 10 000 个小时游戏的年轻人，日后都能在游戏环境下实现非凡的成功。

这是一笔前所未有的潜在人力资源：世界各地的数亿人将在同一件事情上极端出色。这就向我们提出了一个价值千金的重要问题：玩家们擅长的究竟是哪一件事呢?

我研究这个问题将近 10 年了。最初，我在加州大学伯克利分校读博士生时研究它，后来，在未来研究所任游戏研发总监时仍在研究它。多年来，我日益清晰地认识到，**玩家，尤其是网络游戏玩家，都极为擅长做一件重要的事情：合作**。确切地说，我认为网络游戏玩家是全世界最讲究合作的人。

游戏化洞察

合作是一起工作的特别方式。它需要 3 种不同的一致努力：配合，有针对性地朝着一个共同的目标行动；协调，同步努力、资源共享；共同创造，一起生产出新颖的结果。其中，共同创造是合作与其他集体努力有所区别的关键：从根本上说，共同创造是一种生产行为。合作不仅是实现某个目标或力量联手，还是人们一起创造一种单个人无法创造出来的事物。

你可以合作创造任何东西：团队体验、知识资源、艺术

> 作品。玩家们越来越多地合作创造所有这一切。事实上，哪怕彼此正在争输赢的时候，他们也会合作。甚至，哪怕在独自游戏的时候，他们也会合作。

这似乎有违直觉：你在跟某人对抗时，又怎么跟他们合作呢？更难想象的是：你一个人该怎么合作呢？对此，网络游戏玩家凭借两点因素，正做得越来越多：**第一，玩任何优秀的游戏，究其根本都存在合作；第二，新的游戏技术和设计模式支持全新的共同工作途径。**

共享意向

自古以来，和他人一起游戏就一贯要求做出协调一致的努力。不管是骰子游戏、打牌、下棋、体育运动，或者其他任何一种你想得出的多人游戏，莫不如此。

每一种多人游戏都始于合作的协议。玩家同意按照相同的规则和相同的目标来玩，为一起工作奠定了共同的基础。

游戏还要求我们协调注意力和参与资源。玩家必须在同一时间出现并采用相同的思维模式一同玩耍。他们主动把注意力对准游戏，在玩的过程中忽视其他的一切。他们维持着一致的专心程度，也同步参与。

玩家尽其所能地彼此依赖，因为没有挑战，赢了也没有乐趣。通过这种方式，玩家促进了相互的尊重。出于对对方的尊重，他们会全力以赴，并衷心期待能碰到势均力敌的对手、惺惺相惜的伙伴。玩家们随时都依赖彼此将游戏进行下去，哪怕游戏的局面自己并不占上风。玩家每次玩完一场游戏，都是在锻炼自己履行集体承诺的能力。

但最重要的或许是，玩家主动一起工作、假装游戏真的事关重要。他们同心协力赋予游戏真正的意义，互相帮助彼此对玩耍的行为投入情感，获得玩一款优秀游戏带来的积极奖励。无论输赢，他们都是在创造互惠的回报。

总之，出色的游戏不是平白无故出现的，是玩家们一起努力让它出现的。每次跟别人玩游戏，除非要故意破坏这次经历，否则都会积极地做出高度协调、亲社会的行为。没有人强迫玩家遵守规则、专心致志、倾尽全力地玩游戏，维持游戏的进度，或是假装自己在乎游戏的结果，他们完全是为了每个参与者的相互利益自愿这么做的，因为这样才能造就一个更好的游戏。即便涉及激烈竞争的游戏也一样。

以英语“compete”（竞争）这个单词的起源为例：它来自拉丁语的“competere”，意思是“走到一起，共同努力”，前缀“com”的意思是“和”，后缀“petere”的意思是“努力，追寻”。

与某人竞争，仍然需要和他们走到一起：朝着相同的目标奋斗，彼此敦促做到更好，全心全意地参与，直至结束。这就是为什么当今的网络游戏玩家在游戏结束之后，总会向对方道谢，说一声：“打得好！”哪怕他们刚刚在虚拟世界互殴过、炮轰过、浑身挂了彩。玩家们心怀感激地承认：无论谁输谁赢，参与游戏的每一个人都尽了全力，他们一起奋斗、公平竞争。

> 合作行为，是每一款优秀多人游戏的核心：积极主动、协调一致地创造积极体验。玩家不只是玩优秀的游戏，也是在造就优秀的游戏。

事实上，研究人员最近已经确认，**一起造就优秀游戏的能力，是人类的一种独特能力，甚至是人类唯一的独特能力。**发展心理学家迈克尔·托马塞洛（Michael Tomasello），《我们为什么合作》（*Why We Cooperate*）一书的作者，也是德国莱比锡马克斯·普朗克进化人类学研究所的共同主管，他用毕生时间来设计实验，研究哪一种行为和技能让人类有别于其他物种。他的研究表明，一起玩复杂的游戏、帮助别人学习游戏规则，是人之为人的本质，他称为“共享意向”（shared intentionality）。

根据托马塞洛的定义，共享意向指的是：“**与他人一起参加有着共同目标和**

意图的合作活动的能力。”有了共享意向，我们能主动将自己视为群体的一部分，有意识地、明确地就一个目标达成一致，理解为达成目标别人对我们有什么样的期待。托马塞洛的研究表明，和人类相比，即便是黑猩猩这样的智能社会物种，也没有共享意向。它们没有自然的本能和能力使注意力集中在同一对象上，不能协调小组的活动，评估和加强彼此的承诺，并努力实现一个共同的目标。

要是没有共享意向这一独特的能力，我们就无法合作，不知道怎样奠定共同基础、设定集体目标或是采取集体行动。据托马塞洛所说，小孩在很小的时候就表现出共享意向能力了。他的证据是：他们天生就能和别人一起玩游戏，要是有人不按有利于集体的方式玩，小孩能将其识别出来。

托马塞洛在马克斯·普朗克研究所做过一个重要实验：教一群两岁或 3 岁的小孩一起玩游戏，两岁的孩子玩骰子，3 岁的孩子堆积木。另一名实验人员控制一个木偶加入游戏，但他自己创下了一套规矩：以不正确的方式玩。托马塞洛和他的同事们报告，孩子们立刻对这种不好的游戏行为表示了普遍反感，并试图纠正木偶，好让游戏成功地进行下去，哪怕没有人指导他们这么做。从公布的研究结果来看，在 3 岁的孩子中，这种行为更加明显，但在两岁的孩子中也同样十分普遍。

> 我们能够一起造就优秀的游戏，而且我们几乎生来就倾向于这么做。我们有天然的欲望和能力进行合作、协调彼此的行为、有效地将自己融入群体，并主动创造积极的共同体验。

不过，迈克尔·托马塞洛认为，如果我们在一种没有足够机会培养并发展这种天生能力的文化中成长，它也会萎缩、变弱。他主张，如果希望发挥人类非凡的合作潜力，必须将自己沉浸在高度合作的环境中，我们必须鼓励年轻人尽可能多地加入重视合作的团体。幸运的是，随着在线多人游戏在全球流行文化中的地位越来越重要，实践天生合作能力所需的激励已经就位。**多人以及在线游戏，加强了我们建立并锻炼共享意向的能力。每当答应一起玩游戏，我们就是在实践人**

之为人的一项基本天赋。

合作模式与协同创作

这并不是暗示如今的在线游戏就是一个巨大的合作乌托邦。玩家们互相厮杀、肾上腺素喷涌的游戏环境，可以轻松地掩盖原本存在的协力合作基石。鲜活的暴力内容，再加上互联网的匿名性质，并不是一定会激发陌生人之间的情谊。这就是为什么随着普通的调侃、嘲弄等行为失去控制，有害的社交互动可以也确实能够侵蚀铁杆玩家社群，尤其是在彼此竞争的玩家之间。

即便是友好比赛，很多玩家也十分在乎自己会不会赢。他们寻求的是自豪时刻，一旦输了，就会深深地感到失望或愤怒。在这种情况下，共同造就优秀游戏的基本合作精神，并不能完全缓解失败带来的刺痛。不过，尽管有着这些潜在的不利因素，玩家文化还是坚持不懈地朝着共享意向增多的方向发展。过去几年，合作玩耍和协同创作系统，在游戏中始终保持着可喜的发展势头。

在合作模式中，玩家共同努力抗击电脑人工智能对手，他们互相加分，而不是彼此竞争。合作玩耍的经典例子是《摇滚乐队》以及第一人称射击游戏《求生之路》(*Left 4 Dead*)。虽然这两款游戏都有竞争元素，但它们的首要关注点是合作实现目标。就算是之前以单人玩家或玩家对玩家体验为号召的系列游戏，如今也更加强调合作模式了。

> **REALITY IS BROKEN 游戏化的力量**
>
> 《使命召唤：现代战争Ⅱ》(*Call of Duty: Modern Warfare 2*)以反恐为主题，是全世界卖得最快的娱乐产品，5天之内总计销售额5.5亿美元，超过了其他任何书籍、电影、专辑或游戏。它新增的“特别合作”模式备受赞许，内含23个极具挑战性的任务，专门要你和朋友一起合作玩耍。

游戏行业也日益注意到，合作模式代表了游戏文化的一项重大发展。它表明，

玩家意识到，多人一起应对挑战比彼此竞争做对手更开心。合作类游戏提供了优秀游戏所具备的一切情感奖励，同时又帮助玩家避免激活随激烈竞争而来的负面情绪：好斗、愤怒、失望或羞辱的感觉。出于这一原因，多轮调查和民意测验都表明，平均而言，3/4 的玩家喜欢合作模式甚于多人竞争模式。

游戏开发人员不仅设计更多的合作玩耍，还创造新的实施协调工具，帮助我们在合适的时间找到合适的人来合作。例如，Xbox 的 Live 平台能让玩家监控自己社交网络里有谁登录了游戏机，他们此时在玩什么游戏，他们的游戏库还有其他哪些游戏能和你一起玩。你可以浏览朋友的游戏成就记录，和自己的进行对比，以弄清对方能不能和你在特定的游戏或关卡里实现良好的配合。你还可以在手机或电脑上接收提醒，它们会通知你有朋友登录了 Xbox Live 玩游戏，或是他解锁了什么样的游戏成就。因此，Xbox 玩家非同一般地清楚，潜在伙伴特定时间在干什么、擅长什么游戏、有哪些可共享的游戏资源。氛围意识突出地放大了他们好好合作、美美玩上一局的能力。

与此同时，在协同创作系统中，玩家着手创作自己的数字内容，为了其他玩家的利益构建自己心爱的世界。以《小小大星球》（*Little Big Planet*）为例，这是近年来发布的一款以协同创作而闻名的游戏。在传统的“游戏模式”中，你跟朋友，最多可至 3 人，合作穿越游戏世界，一起收集游戏物品，如贴纸、小玩意儿、玩具、工艺品和建筑材料。你随时可以从“游戏模式”切换到“创作模式”，进入一个叫“Popit”的合作建设环境，根据已经收集到的物品和材料，设计自己原创的动作冒险地图。这是一套设计关卡的系统，你可以说它是相当于“谷歌文档”的游戏设计。它可以允许多人同时查看、编辑关卡，之后共享、发布给其他所有人。

创建自己的关卡并和其他玩家分享，是《小小大星球》的招牌卖点。但为了让玩家获得更多明确的合作机会，越来越多成功的系列游戏都开始提供类似的“增值”系统。例如，《光环Ⅲ》引入了新的“冶炼场”系统，邀请玩家通过自定义武器、车辆和工具，设计原创的多人关卡或“地图”。和《小小大星球》的“Popit”系统一样，玩家上传并分享彼此的自定义配置，凭借“冶炼”工具，创造数十亿幅不同的地图也不在话下。因此，《光环》社群不会再因为数量有限的游戏环境受到约束，玩家们可以无限地增加、翻新挑战，让游戏继续玩下去。

毫无疑问，设计一个美好的世界并不容易。所以，随着集体创造系统的不断增加，玩家们也不断新增自创说明，帮助别人创造更好的关卡和地图。以《光环》的“冶炼轴心”（Forge Hub）为例。这里的资源，是为了让玩家们成为更好的《光环Ⅲ》世界建设者而准备的。它提供了大量地图设计教程，并将玩家创作的地图分为不同的类型集合。它自然而然地扩展了10万多条共享知识和集体智慧，这些都是玩家自创游戏维基建立起来的。玩家不仅帮助彼此变成更好的玩家，还要让彼此变成更好的设计师。

REALITY IS BROKEN
游戏化的力量

短短1年，《小小大星球》的玩家们发布了超过130万个自创关卡。和这个宏伟的数字相比，官方发布的关卡少得可怜：45个。《小小大星球》的玩家集体将游戏空间扩大了近3万倍。一位游戏记者在游戏发布周年庆上评论说：“玩遍所有的关卡，仿佛要花几辈子的时间。”

但近年来，玩家合作文化里最不寻常的创新，大概还要算“大型”单人在线游戏的概念，它“颠覆”了传统的大型多人在线游戏的传统。乍听起来，这像是个不可能的悖论。既然从定义上来说，单人游戏就是一个人玩，那单人游戏又如何“大型”得起来呢?

发明这个词的是威尔·赖特（Will Wright），著名游戏《模拟城市》和《模拟人生》的创作者。他用这个词来形容自己2008年设计的游戏《孢子》（*Spore*）。它模拟宇宙，邀请玩家从一个单细胞生物入手，并逐渐演化出陆栖物种、物种部落、复杂文明，最终变成一个能够进入宇宙航行、设计星球的超级文明，从无到有地设计整个星系。

游戏化实践

《孢子》完全是单人玩的：一个人控制所有的模拟细节，一个人作战、交配、制作和探索。在本机模拟生态系统中没有其他玩家，该世界的一切都由人工智能控制。那么，它到底和普通的单人游戏有什么区别呢？它何以“大型”呢？每个玩家的游戏世界都有相当大的比例的内容，是由其他玩家创造并上传到生态系统大型数据库“孢子百科”（Sporepedia）里的，比如，你碰到的其他生物、你拜访的其他文明等。玩《孢子》的时候，你一上线，计算机就到“孢子百科”上检查新的有趣内容，并下载到你个人的《孢子》生态系统中，让你的游戏世界里不仅有你自己原创的贡献，还有其他许许多多玩家的贡献。

虽说和其他玩家没有直接互动，你们仍然彼此间接合作创造了《孢子》宇宙。你可以用其他玩家创造的物种随机地填充你的世界，也可以到“孢子百科”上去挑选你喜欢的品种。你甚至可以订阅“孢子播客”（Sporecast），它会把你的朋友或最爱玩家创造的新内容自动更新到你的游戏世界去。

玩家们利用“孢子百科”、论坛和维基来了解其他玩家的创造内容，以及如何改进自己的创作技术。他们并非在实时的游戏中合作，但归根结底，玩家们设计的游戏世界是合作的产物：每个玩家自己的创作，都会和来自其他玩家的数百、上千甚至数百万创作物以独特的方式混合在一起，具体数量取决于玩家进入游戏的时间长短以及选择下载的内容量。

像《孢子》这样的大型单人游戏表明，宏伟的内容再加上合作生产工具及成熟的内容分享平台，能够为实现我们所说的轻量级异步合作创造机会。它较少实时互动，但仍能产生超大规模的结果。到目前为止，来自 30 多个国家和地区的《孢子》玩家已经创造分享了 1.44 亿个生态系统物体，从生物、建筑到航空航天交通工具，无所不包。

合作者的3大全新超能力

当然，全世界非玩家群体的协作能力也在崛起。随着基础互联网能力的普及、移动技术的发展、Web2.0 的迅速扩张以及实践知识的众包，世界各地的人们连接越发紧密，从许多方面改善着合作、协调和共同创造的能力。从这个意义上来说，玩家只是大规模社会及技术合作趋势的一部分。

游戏化洞察

玩家发展合作技能，并由此带来了无穷的乐趣，较之世界上的任何群体，他们共同花了更多的时间来对其进行磨炼和运用。每一个白天黑夜，来自世界各地数以亿计的陌生人聚到一起，塑造、检验新的合作方式。他们一起玩得越多，在合作练习上所花的时间就越是接近 10 000 个小时，对集体所能完成的目标就越是乐观，因此，也就对更极端的合作挑战提出了要求。又因为玩家已经对超大规模的合作养成了日益庞大的好胃口，他们正联手推动游戏产业，开发以合作为核心机制的软件和平台。

整个行业不断创造新的合作、协调和共同创作方式，许多在线游戏玩家都培养起了一整套全新的合作超能力，远远胜过他们在现实世界非游戏环境下的表现。这些玩家站在第一线检测、改进我们的自我组织方式，放大彼此的个人能力，为共同利益做出贡献。

这带来了游戏对现实的又一重修补：

13号补丁：认知盈余的红利

与游戏相比，现实混乱而分裂。游戏帮我们做出更加协调一致的努力，随着时间的推移，它们还将赋予我们合作超能力。

超能力不仅仅是新的技能而已。它是一种超越了此前所有技能的技能，有效地改变了我们对力所能及的认知。“超能力”暗示，发生了某种超出传统学习和技能习得模式之外的事情。通常情况下，我们认为练习能让人从零技能水平发展到基本掌握，接着，如果继续练习下去，则能过渡到熟练水平，最终变成精通。但精通，意味着技能水平存在一个有限度而且可以到达的终点。那么，为什么要止步于精通呢？“超能力”提醒我们，我们正处在一种新能力门槛上，一种此前还没有任何人在任何地方精通过的新能力。这些新能力将发展到什么程度，没有人能说得清楚。

那么，这些新能力到底是什么样子的呢？在未来研究所进行的研究中，我开发了一套模型，说明拥有合作超能力的人如何工作。**它包括 3 种主要的新技巧和新能力，即高“乒商”、敏感的合作雷达和应急处置能力。**

非凡的合作者在网络环境中极端外向，哪怕他们在面对面的环境中性格内向或害羞。他们拥有一种我称为高“乒商”或高“PQ”的东西。在技术行业，乒（Ping），是一种计算机网络工具，将信息从一台电脑发送到另一台电脑，检查两者是否相通、是否能起作用。如果是，它会发回“乓”（pong）的信息，建立一段活跃的通信线路。非凡的合作者从不畏惧以“乒”的方式或通过电子手段请求他人参与。**当其他人“乒”接自己时，他们发回“乓”的可能性也极高。**因此，高乒商就构成了一种社会资本。

当然，对该在什么时候去“乒”谁有着良好的敏感度，也是很有帮助的。如果没有这种敏感度，就会变成发送垃圾参与信息的人。这就是为什么非凡的合作者会发展出一种内部合作雷达，也叫第六感，判断特定任务或使命由什么人来合作最合适。这种第六感来自于构建强大的社交网络，对其他人在哪里做什么以及擅长什么有一种基本认知。它不仅是一个内部系统，也是一个“氛围信息系统”。如 Twitter 的好友圈、Xbox360 的朋友排行榜、《后勤》空闲志愿者系统等，往往能增益合作雷达。**你的合作雷达越强，就越能迅速地将他人的能力用到正确的地方去。**

最后，世界上最非凡超众的合作者会使用一种我称为“**应急处置**”（emergensight）的超能力。它指的是在混沌的合作环境下茁壮成长的能力。合作努力的规模越大、范围越是分散，它就越可能变得混沌而难以预测。我们从物理和系统理论中知道：“更大”并不意味着“更多”，而意味着不同。这就是演生原理（principle of emergence）。在你达到某一规模之前无法预测到底会发生什么，局面很可能超出想象地复杂。当然，复杂性增大，混沌的可能也随之增大。

非凡的合作者善于适应复杂而混沌的系统，也能愉悦地在此类系统下工作。他们不在乎杂乱和不确定性，他们沉浸在自己的工作流之中，维持着高层次的视野，而不是在杂乱中茫然若失。他们有毅力，能将大量的信息噪声过滤掉，继续专注于对自己的工作有意义的信号。他们还不停地扫描着其他可能性：对计划外的机会和惊人见解，总是保持开放和洞察心态。如果更为宏伟的目标自动浮现出来，他们愿意绕过或抛弃原有目标。他们不断将视线放得更远，构建更宏伟的图景：想方设法地扩大合作，构建新社群，延长时间周期，迈向更宏伟的目标。

这 3 种工作方式构成了我眼中非凡合作者的最重要特点。这些特点结合起来，促使我们为大规模的开放事业发掘并贡献个人强项和专业技能。

游戏化洞察

目前，这些合作超能力的分布还不够广泛。它们主要集中在玩家身上，因为过去 10 年，玩家们一直在玩处于合作、集体智慧和协作生产技术前沿的游戏。但是，很明显，这些合作超能力在游戏环境之外也极其有用。它们可以用于现实世界各个不同领域的大规模事业当中：数据收集和分析、社会行动、风险评估、科学研究、新产品及服务创新、政府，等等。

事实上，如果这些合作超能力变得足够普遍，我们很容易想象，未来会出现更多立志解决超大规模问题的集体努力，如消除贫困、预防灾难性气候变化、减少恐怖活动、改善全球健康。但在利用这些超能力解决现实问题之前，我们先要让它们更普遍地分布在社会之中。实现参与者的多元化，合作才更加有效。我们要把这些合作超能力交到尽可能多的人手里，尤其是年轻人，他们代表了下一代的社会参与者，未来的问题要靠他们来解决。

出于这个原因，在设计商业游戏的过程中，碰到有助于建设合作超能力学习环境的项目，我总会受其吸引。我认为这些项目就是全球合作的实验室：通过在线空间让来自世界各地的年轻人聚到一起，检验并发展自己大规模的合作、协调和共同创作能力。

理解非凡合作者精妙手法的最佳途径，就是到真正的合作实验室去实地考察。让我们来看一看《丢失的指环》（*The Lost Ring*），这是我为 2008 年北京奥运会设计的一款平行实境游戏。

呼吁全民参与

奥运会已经残缺不全。2007 年，我首次受邀为 2008 年北京奥运会指导一款平行实境游戏的设计工作时，心里就是这么想的。我暗自思忖，对世界上 99.99% 的人来说，奥运会无非就是一场盛大的群众围观活动，没有真正的参与、没有积极的投入。我们观看比赛，但却并不真正参加比赛。

> 它不应该是这样。毕竟，奥林匹克的使命，是通过比赛将全世界联系到一起。“比赛”的英文是 play，也有游戏的意思。奥运会还意味着建立全球社群，但即便是最热心的奥运会迷，在运动会期间，也跟世界各地的其他人没有实地互动。我们并不置身各地精英运动员聚集的奥运村，相反，我们坐在家里观看比赛。如果全世界 99.99% 的人并不真正参与其中，我们怎么能指望通过奥运会把世界联系到一起呢？

如果我不是真心相信奥运会使命的话，其实这也没什么好烦心的。现代奥运会借助体育比赛这一平台，建立共识、汇聚全球关注、鼓励互相尊重、创造全球社群，它是为此努力时间最长、最著名的大型事业。要建立全球性合作实验室，我想不出比奥运会更合适的背景了。

这时，我突然想到：奥运会在一个密集的时间段把全世界连接到一起的传统，能从运动员延伸到玩家群体吗？如果能的话，那它就给了人数日增的大师级玩家，向全世界展示自己非凡能力的理想机会。和全世界最杰出的运动员一样，全球最优秀的玩家也能向我们展现从前不可想象的合作壮举。他们可以激励我们，将自己的合作能力发挥到极限。

于是，我接受了奥运会全球赞助商麦当劳和国际奥委会的邀请，加入旧金山顶级数字创意机构 AKQA，提前一年为 2008 北京奥运会预热造势。我们共同的目标是创造一款在线游戏，给世界各地的年轻人一个机会，在规模堪比现代奥运会的基础上实现合作。我们和一支 50 多人的创意开发团队一起，花了整整一年时间，帮电脑和视频游戏玩家把 2008 年奥运会变成一款他们也可以玩的游戏，一项他们也可以承担的协同努力。

以下就是《丢失的指环》如何改变奥运会现实的故事。

2008 年 2 月 24 日，“古代运动会的秘密”系列播客：这段播客的听众，大多数不会相信下面这段我要讲的故事。你或许会问，有史以来最伟大的运动会怎么可能被人遗忘了将近 2 000 年呢？我是伊莱·亨特，以下就是“奥林匹亚失落运动”的传奇故事。

2008 年 4 月 15 日，旧金山“奥林匹亚失落运动会”培训活动邀请函：古希腊人取缔了它，但我们还是要玩！

游戏化实践

2008 年 2 月 24 日，一个名叫伊莱·亨特（Eli Hunt）的虚构人物推出了名为“古代运动会的秘密”（Secrets of the Ancient Games）的系列播客。国际奥委会在自己访问量极高的官方网站上对其做了宣传，还配上了标题：“调查奥林匹克的奥秘，了解早期运动会的历史！”访问亨特网站的人发现，这些系列播客以所谓的“奥林匹克失落运动”为焦点。这是一项蒙着眼睛的运动，业余考古学家亨特相信，古希腊人在奥林匹克运动会上神秘地取缔了它，还试图销毁它存在的所有相关证据。

“奥林匹亚失落运动”的故事，只是一段古代传说吗？为了证明自己所言不虚，亨特提出了 3 个令人信服的证据：一块古希腊陶片（见图 13-1），绘有蒙着眼睛的裸体跑步者；一块年代可追溯回公元前 530 年的斑驳石板，刻有奥林匹克运动的训练说明，对运动技巧提出了奇特的要求：“信任、耐力、空间记忆和定向能力。”还有一位古代奥林匹克冠军的奖牌，奖牌的年代足足有 2 100 年。冠军的名字叫德米特罗斯（Demetros），历史学家在现存其他有关奥林匹克的文献中都不曾见过这个名字。更神奇的是，奖牌上称这位陌生的奥林匹克选手是“champion of la paigna megas”，意为“最重要比赛的冠军”。

图 13-1　虚构的陶片插画

在《丢失的指环》故事中，它的历史可追溯回公元前 740 年，据说描绘的是蒙着眼睛的奥林匹克运动员。

如果蒙着眼睛的比赛真的是古代奥林匹克运动会最重要的比赛项目，那么为什么历史学家以前从没听说过它呢？亨特向听众们提出了如下挑战：

> 真的有过这项失落的运动吗？如果有，它是怎么玩的呢？为什么说它是古代运动会里最重要的项目？如果这项失落的运动确实存在过，我们只能假设，古希腊人蓄意把它隐匿了起来。但他们为什么要这样大费周章地掩盖它呢？就算我拿出了自己的最新研究结果，人们恐怕也很难接受：现今我们对古代奥运会的了解是错误的。但如果我的看法是正确的，如果希腊人真的隐瞒了真相，那么，外面或许还有更多线索能让我们继续探索下去……

不到一天时间，在线玩家和博客社群就盯上了失落运动的神秘故事，立刻接受了亨特的挑战。他们不见得相信他的证据，但能感觉其中必然有些好玩的东西。又因为亨特提交的播客使用了7种不同的语言（英语、法语、德语、西班牙语、葡萄牙语、日语和汉语），所以，玩家来自世界各地。依靠各种翻译工具，玩家们创建了讨论区，架设了聊天室，组建了维基，并发电子邮件给亨特索要更多信息。他们打定主意要把“奥林匹亚失落运动”的神秘故事查个水落石出。

玩家顺着亨特在线播客提供的线索找到了其他博客和网站，这些网站用真正的历史资料和都市传奇编织了一张巨大的网，最后进入了真实世界。短短6个星期，玩家们发现了27件实体文物：若干图文并茂的神秘纸片，名为“丢失的指环法典”。每一张纸片上都包含了一定的信息，阐述失落运动的规则和目的。这些纸片可追溯回1920年，散落在5大洲的27个国家。纸片上的文字采用了世界语，显然是上一代失落的运动调查人员撰写并藏起来的，他们试图振兴这项古代运动，可惜努力失败。

玩家们是怎么找到这些藏起来的文物的呢？首先，他们学习了一种名为“圆石代码”（omphalos code）的古希腊航海速记法。这是伊莱·亨特第二段播客的主题。接着，他们合力在维基上翻译了27段圆石代码，将之转换为现代的GPS坐标。他们在自己的社交网络上托人再托人，把写有法典的纸片从现实世界的各个角落里找了出来，如约翰内斯堡的书店、里约热内卢的旅馆、班加罗尔的艺术画廊，等等。

每发现一张纸片，玩家们就自告奋勇地将上面的世界语翻译成不同的语言，游戏最初使用7种语言，后来又增加了荷兰语，因为有相当一部分玩家来自荷兰。如此，玩家们得以创造了一份“奥林匹亚失落运动”的完整记录。据翻译出来的法典透露，这项古代运动的正式名称是“人体迷宫”，绰号是“丢失的指环”。

> 通过一份份记载，玩家们得知这是一项16人的团队运动：一个是蒙着眼睛的跑手，另外还有15个“围墙手”。“围墙手”站在状如克里特迷宫的绳圈上，用身体摆出迷宫围墙。跑手看不见也感觉不到自己的路，但必须尽快从迷宫中央逃出去，而围墙手们则通过哼哼声来帮忙指引跑手。迷宫的规定尺寸使得团队没有足够的人手来做围墙，相反，他们必须抢在跑手前面，赶到跑手所在的迷宫位置“搭建”更多围墙。每

一支迷宫团队都要跟其他队伍竞争，看谁的跑手最快脱困。

玩家们解开了古代奥运会的谜题之后是怎么做的呢？他们做了所有真正玩家都会做的事：他们玩了起来。他们立志要把失落的运动带回 2008 年的奥运会，在世界各地都成立了游戏团队：在新加坡、东京、曼谷、上海、伦敦、巴黎、苏黎世、维也纳；在波特兰、纽约、旧金山、达拉斯；在布宜诺斯艾利斯和圣保罗；在约翰内斯堡和开普敦；在悉尼、墨尔本和惠灵顿。

一连好几个月，玩家们每个周末都聚集在不同的城市，振兴奥林匹亚失落运动，练习蒙住眼睛的迷宫赛跑。他们在 YouTube 上传了数百段训练视频（见图 13-2），在 Flickr 新增了上千张训练照片，既教别人怎样玩，也炫耀自己玩得多么好，同时还和其他失落运动的选手交换策略。

图 13-2　失落运动：59.15 秒跑完 7 圈

新西兰的一支失落运动团队在网上贴出的训练视频

（摘自 2008 年约书亚·朱迪金斯的视频）

随着各队培养起更好的团队精神，尝试出更多复杂的策略，他们的速度越来越快。很快，每个周末新的世界纪录都会从不同的地方冒出来：这个星期是维也纳，下个星期是纽约，再下周是上海。美国奥运会跑步冠军埃德温·摩西（Edwin

Moses）主动为失落运动的运动员们充当网上虚拟教练，通过电子邮件和在线聊天每周提出建议。世界各地失落运动的队员们互相鼓励，提高了各自的最佳成绩：刚开始训练时，各队每场赛跑平均耗时 3 分 30 秒，到夏天结束时，平均耗时缩短为 59 秒，世界最好成绩纪录为 38 秒。

2008 年 8 月 24 日，也就是 2008 年奥运会闭幕式那一天，距伊莱·亨特上传第一段播客 6 个月，全世界 100 名最佳电脑游戏玩家把自己对失落运动的知识付诸检验。北京、旧金山、萨尔瓦多、伦敦、东京和惠灵顿组成了 6 支最棒的人体迷宫团队，在自己主办的世界锦标赛上一决高下。因为最终的奖牌要跟真正的奥运会相吻合，这些玩家出身的运动选手们在“失落的运动奥运会”上角逐金（东京）银（旧金山）铜（惠灵顿）牌。这些还只是《丢失的指环》一部分的亮点罢了。

REALITY IS BROKEN 游戏化的力量

《丢失的指环》用了整整一年来开发，用了 6 个月来测试，最终创造了一个由 6 大洲数百个国家的公民组成的玩家社群：28% 的玩家来自北美，25% 来自欧洲，18% 来自亚太地区，13% 来自拉丁美洲，9% 来自大洋洲，还有少数来自迪拜、以色列和南非等地区。超过 25 万玩家参与，最活跃的参与者，如解谜人、翻译员、社交工程师、研究员和运动员等的数量超过 10 000 人次，和 2008 年官方奥运会社群的人数一样多。这些平行实境奥运会的玩家们一起创造了一项新的游戏纪录：在线观众超过 290 万。

实践超能力的合作实验室

对麦当劳和 AKQA 而言，《丢失的指环》是创新营销。他们不是单纯地播放一段麦当劳支持奥运会的传统电视广告，而是创造了一款品牌游戏，让玩家有机会积极地沉浸在奥运赛事当中。对国际奥委会而言，这是让古老的传统更贴近新生代玩家的机会。对于我来说，这是一个创造世界级全球合作实验室的机会。《丢失的指环》中每一个元素都以挑战玩家实践非凡合作、协调及共同创作为设计目的，原因也正在于此。

为了鼓舞全球合作，我们采用的策略是：游戏元素大规模分散化，使用多种语言，涉及地方化的网络社群，跨越遥远的现实世界地理位置，如此一来，任何一个人，甚至任何一个国家，都不可能单独体验游戏。

> 关键的在线游戏线索藏在区域性网站和社交网络中，比如，社交网络 Hi5 是阿根廷的热门网站；视频网站“六间房”在中国广受欢迎；Skyrock 则是法国的热门博客社区。此外，实体游戏物件更是藏在了世界上的几乎每一个角落。这些线索没有任何一样是多余的，每一条线索都为失落运动的历史补充了重要的信息。

因此，玩家需要共同努力来收集所有物件，并为其他玩家翻译。他们必须从根本上扩大自己的合作视野，通过多级扩展社交网络“乒”通道路，找到可以在正确的时间出现在正确地方的人们，或是将一种语言翻译成另一种，好让别人完成游戏链上的下一环，引领所有人走向最终的目标。

我们还采用了玩家所说的“混沌故事”讲述策略。我们没有向玩家呈现一个线索单一的故事，而是将它像七巧板那样分成数千个碎片，分散到多种不同的媒体平台上：播客段子（podcast），博客帖子（blog post）；视频，网络相片；来自游戏人物的电子邮件和 Twitter；甚至即时通信对话，与“游戏大师”所描绘的人物面对面互动。这种混沌的叙事模式，强迫玩家运用集体智慧和协同创作平台，主动理解游戏内容，为自己也为其他玩家。玩家把混沌的故事拼凑到一起之前，这个故事是根本不存在的，它只是一连串的证据、一系列的故事素材。实际讲故事的其实是玩家，他们往往会把故事发布在维基上，并代表游戏的“官方”版故事。

在《丢失的指环》一例中，玩家将混沌的故事拼凑起来，主要通过他们创办的“寻找丢失的指环”维基来合力完成翻译挑战。

REALITY IS BROKEN
游戏化的力量

到《丢失的指环》游戏结束时，该维基上共有 730 份音频、视频和图像文件以及 943 篇文章，这些全由玩家创建。网站的用户创建页面包括了时间轴，详细记录了在 6 个月的游戏过程中每一次的重大发现和事件；“法典”，将世界各地找到的 27 页手稿做了高分辨率扫描并翻译成 9 种语言译本；“迷宫训练报告”，则记录了重大训练活动的最佳成绩、视频和其他详细资料。

当然，除了混沌的故事，失落运动本身也设计了需要密切合作的元素。游戏规则就是合作，确保玩家在当地进行团队训练，提高团队的合作绩效，而不是在当地与其他运动员竞争。对擅长该游戏的团队来说，同步运动会提供类似团体舞的集体体验流。和我设计的所有现场动作游戏一样，我加入了一些有助于后叶催产素释放的触摸，如“围墙手”们手牵手或是互相紧紧搭着肩膀，以强化玩家的合作纽带。通过共同构建人体迷宫，他们共同创造出了巅峰体验。

但除去这些运动规则，真正需要人们紧密合作与协调的地方，还来自一点最简单的事实：以前从来没有人玩过这种人体迷宫运动。没有人知道它的规则，没有人一开始就擅长它。参与者们要一起互相敦促，掌握这项运动。他们必须以全球网络的形式一起工作，发现甚至发明这项运动的复杂细节，把自己了解的诀窍教给彼此，在线将这项游戏的奥秘传播给尽可能多的人。玩家开始安排训练课程，尽可能配合更多时区，好让参与者能同时在通常清醒的时间参加。他们自发决定，通过手机网络的流媒体现场转播自己的训练课程，好让其他城市的团队可以边看边学。这些都是非凡的协调活动。

最后，只有群体里的每个人都贡献一些有用的东西，大规模合作才行得通。每个人都需要得到机会，发挥个人强项并做出贡献。所以，在设计《丢失的指环》合作实验室期间，我的一个主要目标是架设系统，帮助玩家确认自身的独特优势，从而指引他们在游戏中做出最有效的贡献。因此，《丢失的指环》法典以传说中的 6 大力量为核心。这 6 大力量，分别以古希腊的一种美德为名，描述了为团队贡献价值的独特方式：

- Sofia（古希腊语中智慧、哲学之意）：我为我们的使命带来智慧、创造力和聪颖。我是寻求知识的人。
- Thumos（血气）：我为我们的使命带来勇气、活力和决心。我是探险者。
- Chariton（仁德）：我为我们的使命带来感情、人性和吸引力。我是联络人。
- Dikaiosune（正义）：我为我们的使命带来引导、方向和焦点。我是领航员。
- Sophrosune（节制）：我为我们的使命带来平衡、自控和开放态度。我是指导者。
- Mythopoeia（乐观）：我为我们的使命带来乐观精神、远见和艺术美感。我是发现真理的人。

法典里包含了 12 个小问题，帮助你判断自己的主要及次要突出优势，玩家从中选出最符合自己情况的陈述。例如：

- 我是一个原创的思考者。
- 我喜欢过冒险的生活。
- 我喜欢帮助别人。

以及：

- 我喜欢负责任。
- 我是一个公平和诚实的人。
- 我总能发现身边的美。

这些选项分别对应智慧、血气、仁德、正义、节制和乐观。尽管游戏说这 6 项优点来自古老的传说，但事实上，它们是直接从开创性的积极心理学研究里借来的。2004 年，马丁·塞利格曼和克里斯托弗·彼得森（Christopher Peterson）发表了文章《性格力量与美德》（*Character Strengths and Virtues*），将各类优势分为 6 组 24 类：

- 智慧和知识——认知优势，涉及知识的获取和利用；
- 勇气——情绪优势，包括面对内外阻力实现目标的意志力；
- 仁德——关心和善待他人的人际优势；
- 公正——为健康社群生活奠定基础的公民优势；
- 节制——对抗过度的优势；
- 超越——构建通往更大世界、带来意义感的优势。

塞利格曼和彼得森还和 VIA 性格优势研究所（Values in Action Institute on Character）[①]一起，设计了一份包括了 240 道题的量表，测量有助于我们成功和生活幸福的积极情绪优势。量表的目标是“帮助人们朝着自己潜力最大的方向发展”，它是目前世界最科学的测试。不过，很多人从来没有听说过它，更没有做过这套测试。

我希望玩家能在《丢失的指环》社群中找到自己的突出优势，因为我相信，要创造途径、让更多人为集体活动做出贡献，这种积极心理资源扮演着重要的角色。所以我以官方性格优势量表为模板，改编出了古代版优势问卷。我的奥运主题 12 问没有经过科学验证，也没有细分到 24 种优势，而是停留在 6 大类的层面。不过，作为优势入门简介，我认为它实现了一个重要目的：帮助玩家确认自己的合作优势，并在《丢失的指环》游戏中加以实践。

等玩家们完成了古代优势测试，判断出自己的主要及次要优势，游戏就邀请他们在自己的社交网络主页上张贴“优势”徽章。例如，“我是 Sofia”，并简短描述它的意思。这些徽章成为玩家跟踪其优势的视觉线索，也就是说，他们在培养自己的合作雷达。其后，伊莱·亨特和游戏中的其他任务便根据玩家的优势分配游戏任务：

- 让爱动脑筋的“sofia”玩家去调查古代奥运会真正禁止的运动项目，它们有哪些鲜为人知的事实；
- 让爱冒险的“thumos”玩家去真实世界追寻实体文物；
- 鼓励长于社交的“chariton”玩家充当游戏里的社交工程师，琢磨如

① 位于美国辛辛那提，是受到国际认可的非营利性组织，旨在为性格优势与积极心理学方面的科学研究与实践之间建立一座桥梁。——作者注

何扩展《丢失的指环》社群的社交网络。

连失落运动本身也专门针对每一种优势设计了特殊任务：

- Sofia：你是最优秀的工程师。研究迷宫计划，提前赶去设计和修建迷宫。
- Thumos：你是跑得最快的人。蒙住眼睛，去吧！
- Chariton：你是最好的教练。给你的团队打气，让他们开心吧。
- Dikaiosune：你是最好的队长。维持你的团队力量，把焦点放在跑得更快上。让你的人墙协调起来，共同努力！
- Sophrosune：你是最好的裁判。保证人人都遵守规则，记下取得最好成绩所用的时间。
- Mythopoeia：你最擅长讲故事。拍下游戏的视频和照片！传播其他城市的最佳成绩和消息，让你当地的团队及时跟进世界其他地区团队的训练方式。

有些玩家打算招募更多运动员参与失落运动训练活动，动员到了现场却没有看过在线故事的群体，对他们来说，优势测验和任务分配是绝佳的资源。有了它的帮助，有经验的玩家能为旁观玩家指点一条立刻做出贡献的有意义途径。这些工具指导新玩家进入很可能体验到成功、收获内在奖励的领域，让每一个潜力贡献者都找到满意的任务。

塞利格曼和彼得森经常说，**每当我们把个人的突出优势出色地运用到团队环境中，我们似乎是最幸福快乐的。**对于这一观点，我所见到的最准确证据是：《丢失的指环》玩家们热切地接受了自己的古代优势角色，在网上、也在现实生活中将之应用起来，让失落运动重返人间。

最初推出《丢失的指环》时，我们并不知道它会走向何方。我们给了玩家协同努力的原料——一系列的网络都市传奇，以及暗示有望复兴失落奥林匹克运动的神秘实体文件，但玩家们会去做吗？他们会怎么做呢？

用我们混沌、有着多种语言版本的故事，我们有信心造就一个全球范围的社群。但是，这个社群真的能让失落运动重返人间吗？他们真的能找到办法，让自己不仅掌握这项运动，而且达到奥林匹克选手级别的水准吗？在做游戏规划时，我们只试玩了几次失落运动，大部分是跟项目的创意团队一起玩的，我们的速度都很慢，而且笨手笨脚的。我们从没想象过玩家们能最终达到运动家级别的壮举。毕竟，要是玩家们不买账的话，这种壮举是连影子也没有的。失落运动从来没有真正存在过，或者说，要不是仰仗全球玩家的共同努力，它根本不会存在。

> 埃德温·摩西是一位真正得过奥运金牌的运动员，曾多次刷新400米栏的世界纪录。他和我们的创意团队坐到一起，观看各个大陆最优秀玩家训练的视频。各队的表现似乎给他留下了深刻的印象，他专门给各队发去了支持信息。后来，他还在一场流媒体在线直播中解答玩家的提问，对如何提高成绩、为争夺金牌做准备给出了认真的建议。最终，他和我们一起在日出中登上中国长城——这也是奥运会的一处指定活动地点，并亲自训练参加金牌争夺赛的北京失落运动团队。

最初构思蒙住眼睛的人体迷宫赛跑时，我从没想过玩家真的能把游戏玩到炉火纯青的运动员水平，更没想过这项运动能打动一位真正的奥运会冠军。但我们做到了，感谢所有玩家的合作努力。

REALITY IS BROKEN 游戏化的力量

《丢失的指环》玩家实现了两大非凡的合作成果：在“寻找丢失的指环”维基上探讨了古代失落运动的完整历史及其当代复兴，1 000 多名主要玩家合作撰写了长达 943 页的多媒体文档；构建了一个运动员社群，把迷宫赛跑玩至化境，仿佛是一辈子而不是短短 6 个月都在为此训练。这是玩家一方真正的崛起行为。伊莱·亨特的传说及散失的神秘法典，构成了复杂混沌的环境，玩家们则从中看到了机会，共同修建一条明确的合作之路：创造平行实境游戏史上的宏伟项目，为这一令人敬畏的横跨 6 大洲的壮举奠定基础。出于这个原因，我认为《丢失的指环》的主要玩家，是他们这一代人中真正的艺术家级合作大师，他们管理着维基、连续数个月协作配合、接受失落运动的训练。

要么合作，要么灭亡

我们生来都具有发展合作超能力的潜质。科学研究表明，从幼儿阶段，我们就表现出了合作、协调活动、强化团体纽带，也就是造就好游戏的能力和欲望。但如果我们不花足够的努力来实践合作，这种潜质就有可能丧失。

幸运的是，我们已经有了许多合作实验室来进行实践。除了像《丢失的指环》这样的全球性平行实境游戏，所有有着合作模式、协作生产机会的优秀网络游戏以及兴旺的维基文化，都为锻炼合作超能力提供了绝佳机遇。随着全世界优秀游戏的日益普及，我们会有比从前多得多的机会来培养这种超能力。

就算是传统上较少接触前沿网络游戏及游戏平台的发展中国家，情况也是如此。今天，游戏开发人员正专门针对印度、巴西和中国等技术限制较多的新兴市场开发在线游戏平台。例如，低价游戏机“智博”（Zeebo）号称是“针对未来10 亿人的视频游戏机”，它一改宽带网络接入方式，而使用手机网络连接低能耗的游戏终端。与此同时，手机专用的网络游戏也正在火热开发当中。手机的身影现已无处不在，连非洲大部分偏远村庄也用上了。

随着游戏产业继续强调合作、集体智慧和协作生产模式，合作超能力会在整个玩家文化中变得更加普及。再加上越来越多的人开始自认为是玩家，这些非凡的新技巧和新能力会变得寻常起来，不再为一小部分人所独有。更何况，玩家也想发展超能力。

那么，10 年之后，我们能用合作超能力干些什么呢？对世界各地的玩家而言，最宏伟的一个目标或许只是在 21 世纪生存下去。在 2006 年出版的《维基经济学》（*Wikinomics*）一书中，唐·塔普斯科特（Don Tapscott）和安东尼·威廉斯（Anthony Williams）论述了现实世界超大规模合作的突破指南，他们言辞恳切地呼吁：“**我们必须与大规模群体展开跨国界、跨文化、跨学科、跨企业的合作，否则只有灭亡。**”

“要么合作，要么灭亡。”恐怕是我们这个时代最迫切的呼声了。超大规模的合作能力，不仅仅是企业的一项竞争优势，也越来越多地成为人类生存所必需的技能。正如《维基经济学》的作者在该书的再版序言中提出：“大规模合作的杀手级应用可以拯救地球。”这里的杀手级应用指的是一种宝贵程序，它能证明大型系统的核心价值，促使大批用户使用它。比如说，电子邮件就是家庭网络的杀手级应用。

游戏化洞察

我坚信，培养合作超能力的核心价值，将由帮助玩家拯救现实世界的游戏来证明。游戏将帮助我们减少能耗，养活自己，保持健康，实现更好的自我治理，孕育新的事业，更好地照料彼此和我们的环境。

但这些根本性的变化不会一朝一夕就出现，要共同拯救 21 世纪，需要我们拥有更长远的思考、行为及合作视野。我们需要玩那些能将我们的集体承诺延长到未来几个月、几年甚至几十年的游戏。我们需要着手和未来一起玩。

REALITY IS BROKEN

第 14 章
超级合作者

- 现实已停滞不前，而游戏让我们共同想象并创造未来。
- 游戏，将成为地球生命的下一种突破性结构。只要团结一心，我们就可以利用游戏提高全球生活质量，为未来做好准备，让地球顺利进入下一个千年的全球性使命。

WHY GAMES MAKE US BETTER AND HOW THEY CAN CHANGE THE WORLD

我们生活在一个科学家称为“人类世”（anthropocene epoch）的地质年代，这个词的前缀“anthropo-”，是希腊语中“人类”之意；后缀“-cene”，是“新”或“近期”之意。这是人类对地球施加影响的年代。我们的影响有多方面的体现：增加了大气中的二氧化碳，砍伐了森林，侵蚀了大陆，导致海平面上升。我们或许从未想过要在这些方面再造地球，但我们的影响却已经活生生地摆在面前。现在，我们必须学会以更好的方式再造地球，这一回，我们要预先就有打算，讲求严格的纪律，设定明确的目标。

正如《地球的法则》（*Whole Earth Discipline*）一书作者斯图尔特·布兰德（Steward Brand）所说：“人类现在扮演了地球托管人的角色……我们现在的身份堪比神祇，必须精通此事。”

布兰德创办了著名的《地球索引》（*Whole Earth Catalog*）。这是一份“塑造环境的工具及构想”的反文化索引，出版于1968—1972年间。推出该索引时，他写道：“我们的身份堪比神祇，必须精通此事。”1996年，他又与人共同创办了旧金山恒今基金会（Long Now Foundation），为了地球、为了人类物种的延续，致力于面向未来一万年的长期思考和责任。布兰德说，如果我们想尽可能长久地待在这个星球上，就必须更好地从策略上影响我们的生态系统。“我们要强迫自己学习星球的技艺，是的，技和艺。既强调它技能的一面，又强调它艺术的一面。”

我们不仅必须掌握改变我们生态系统运作方式的能力，还必须找到合适的方法去改变它。这不是一件轻松的事情。

> 布兰德写道："在地球系统里发挥作用的力量，如天文数字般庞大，又难以想象地复杂，我们面对的问题和解决方案需要几十年和几代人的不懈努力。我们每个人都要用一生的时间承担起责任，弥补之前无所作为而造成的损失，预防气候、生物、社会领域灾难的发生。

对我们所有人来说都很幸运的一点是，玩家居然在这一使命上抢了先机。

不要只争"朝夕"，要"寄望百年"

玩家掌握星球技艺已经好些年了。事实上，有一类电脑游戏就叫作"上帝视角游戏"（god games），是一系列世界及人口管理模拟游戏，让单机玩家拥有戏剧性地塑造地球演变过程的能力。

- 威尔·赖特的《模拟人生》给了玩家影响游戏人物日常生活的神祇般力量。
- 席德·梅尔（Sid Meier）的《文明》（*Civilization*），让玩家从距今 6 000 年的青铜时代开始指导文明（如阿兹特克人、罗马人、美洲人、祖鲁人）的走向，直至太空时代或公元 2100 年。
- 彼得·莫利纽克斯（Peter Molyneux）的《黑与白》（*Black & White*）邀请玩家控制一座偏远岛屿上的整个生物群落，通过恩威并济的生态干涉，让岛上的部落快乐地崇拜或在恐怖中屈从。

这些上帝视角游戏的共同点是，它们鼓励玩家实践 3 种对真正的星球技艺至关重要的技能：长远的眼光、生态系统思维和试点实验。

长远的眼光，意味着在远远大于日常生活规模的层面上工作。上帝视角游戏的玩家必须从非常长远的未来考虑自己此刻的行动：整个模拟人生、一个文明的崛起和衰落，甚至人类历史的整个进程。

生态系统思维，是指将世界看成多个相互联系、相互依存的环节构成的复杂网络。良好的生态系统思维，就是要学习、钻研怎样预测生态系统某一部分改变对其他部分真实、长远的影响。

试点实验，指的是采用多种策略和解决办法，设计、运行小型试验，以便找出最合适的行动。当你成功地检验了一项策略，就可以扩大其使用范围，发挥更大的影响。由于上帝视角游戏的玩家们希望将成功最大化，他们不会设计一种方案，死守着不变。相反，他们会仔细地感受整个系统，探测、推敲，直到找出能可靠地将成功最大化的策略。

3 种思考和行为方式结合起来，正好跟布兰德在《地球的法则》中所提出的建议相吻合。布兰德说，不要只争“朝夕”，要“寄望百年”。他建议：“要微妙、试探性地参与，朝着正确的方向不断前进。如果我们在正确的时间采取了正确的行动，说不定一切都会顺利。”

让每个人都拥有改变世界的力量

当然，我们无法利用现有的商业电脑游戏来测试环境，解决我们面临的实际问题。我们所处的复杂生态系统里发挥作用的力量数之不尽，而这些游戏对其做了根本性的简化。但在尝试开发鼓励群众大规模参与改造世界时，我们可以从最成功的上帝视角游戏里挖掘一条重要线索。具体来说就是，它们改变了玩家看待周围世界以及自身能力的方式。

以有史以来最宏伟的上帝视角游戏《孢子》为例。《孢子》明确地与星球技艺的概念联系在一起，立场鲜明地让玩家认为自己拥有改变现实世界的能力。

游戏化实践

在《孢子》中，玩家控制一种独特物种完成 5 个演化阶段：从第一阶段单细胞起源，变成第二阶段的社会化陆栖生物，接着形成第三阶段的部落，然后建设第四阶段技术复杂成熟的文明，最终进入第五阶段，展开星际空间探索。每个阶段都可以进入宏观视角，让玩家对整个复杂系统进行控制。玩家可以操纵细胞的 DNA，提高其生物智能；可以在部落中组织劳动分工，发展全球经济；可以通过贸易、军事行动或精神宣传获取国家利益；可以到其他星球殖民，并将其他星球变成自己的宜居生态系统。他们可以在自己喜欢的任一阶段多花时间，试点不同的策略，改善物种、改造环境。

游戏玩起来很有趣，也很值得玩，但它不仅仅是帮我们解闷、逗我们开心。赖特曾在多个场合说过，这款游戏是要激发玩家的创新意识，鼓励他们采用能够拯救现实世界的全球性长远眼光来看待问题。

2008 年《孢子》刚发行不久，科普杂志《种子》（*Seed*）就为赖特和著名天体生物学家吉尔·塔特（Jill Tarter）举办了一次公共沙龙。沙龙的主题是：像《孢子》这样的游戏，如何锻炼年轻人扮演更积极的角色、对现实世界重新设想。

塔特： 我一直在想，这一代人有这么多美好的机会利用玩游戏来接受教育，他们自然期待能够像操纵游戏世界那样操控现实世界。我们该如何为两者架起一座桥梁呢？我们如何把他们变成地球上社会化运作的人类成员呢？……怎样通过游戏来变得善于生活、善于改变世界、掌握再造环境的技能，我渴望理解这一切。

赖特： 嗯……如果说我想增强人类某一方面的能力，那就是想象力了，它恐怕是我们最强大的认知工具。我认为，游戏放大了玩家们的想象力，就如同汽车放大了我们的腿脚……人类的想象力真的很了不起。我们能够为周围的世界建立模型，检验我们的假设场景，并在某种意义上模拟现实世界。我认为，这种能力或许是人类最重要的一个特征。

为什么赖特认为，放大我们的想象力在人类历史的这一刻是如此重要呢？这是一个事关生死存亡的问题，纯粹而简单。《孢子》这个名字本身就是一条重要的线索：在生物学中，孢子的定义是：“一种适合扩散、在不利条件下长时间生存的生殖结构。”这是对人类目前状况的完美隐喻。

人类正进入一个地球条件越发不利的时期：不稳定的气候、极端的天气、资源日益枯竭的环境。我们需要适应才能生存，需要从星球的整体范围内设想解决方案，并将之尽量推广、扩散开来。我们要把自己想象成孢子。

对成功完成了游戏所有 5 个阶段的玩家，《孢子》发出了明确的行动号召。《孢子》具备游戏开发人员称为“胜利首要条件”的东西：代表游戏最终成就的超级目标。《孢子》胜利的首要条件是，把自己的单细胞生物发展成超级成功的星际航空文明，最终完成一个具体的星系目标：到达星系中央的超大黑洞。

到达黑洞的玩家会获得一根“生命权杖”，允许他们把《孢子》星系里的任何行星变成充满活力的多样化生态系统：有可呼吸的大气、持续供应的食物链、充沛的水资源，存在各种动植物，这也难怪玩家说它是“创世工具”。“生命权杖”是一条捷径，把不适合居住的星球变得宜居起来。有了生命权杖，玩家会得到一条特殊的信息，一份特别的使命：

> 你已经走了很远的路，克服了许多障碍，创造性的努力没有白费。你英勇无畏的努力已经证明，你配得上进入生命的下一阶段。这种力量，现在就交到你手里了。是的，没错，力量，创造和传播生命、智慧以及对全宇宙认识的力量。请明智地使用这种力量。这是在另一颗行星从头开始的绝好机会：从索尔（Sol）那里寻找第三块磐石吧。

Sol 是拉丁文“太阳”的意思，《孢子》社群把游戏里最后的这条信息理解成再造我们自己的地球之意。显然，地球就是太阳的第三颗行星。

归根结底，《孢子》的胜利就是回归现实世界。游戏告诉玩家：“你玩这款游戏，就是要准备好成为真正的造物主、地球生命的守护神。”当然，不是让他们成为地球工程、大气科学或生态规划方面的专家，而是为他们种下行星级创造力和积极性的种子。正如赖特在《孢子》的沙龙活动上所说：

> 我们现在面临的所有真正棘手的问题，都是行星级别的问题，它在推动人们采用全球意识、保持长远眼光方面，很有价值。我认为，游戏最有用的一点就在这里……我觉得，100 年，甚至 200 年的长远视野，

> 才是我们需要观察的时间线。因为现在发生的大部分超级糟糕的事情，都是短期思维的结果。

依靠游戏引导我们对未来保持集体关注、提出全球化视角的挑战，可以打破短期孤立思维的认知链。

对未来保持集体关注

像《孢子》一类的上帝视角游戏，成功地让我们踏上了这趟旅程。现在，有另一种不同流派的游戏，能让我们前往需要去的地方：大型多人预测游戏，或简称预测游戏。

预测游戏集集体智慧和行星级模拟于一身。它们要求玩家重新设想、改造我们的进食方式、运输方式、获取水源的方式、设计城市的方式、制造一切的方式，甚至为生活提供电力的方式。它们旨在创造有能力的多元化社群，调查我们所面临的长期挑战，提出富有想象力的解决方案，协调各方努力，将我们的最佳设想付诸行动。这是一个我称之为大型多人预测的过程，未来预测游戏是帮助尽可能多的人参与此过程的完美工具。

这是游戏对现实的又一重修补：

> REALITY IS BROKEN
> **14号补丁：超级合作者**
> 现实凝滞在眼前，而游戏让我们共同想象和创造未来。

大型多人预测是怎样运作的呢？要理解这一过程，不妨从给预测游戏带来灵感的那个项目说起。

《没有石油的世界》，一个大型多人预测游戏

> 你知道这对你不好，总有一天你会退后的。4 月 30 日，加入《没

有石油的世界》，在那一天到来之前先玩玩看。

——游戏公告

2007年4月，世界的石油用完了。也不是彻底用完了，只是用光了相当大一部分。全球石油日均需求量开始超过每天的产能，石油短缺出现。人们开始挖掘石油储备，但全球供给和需求之间的差距仍然越来越大。美国是受害最严重的国家之一。在危机的最高潮，22%的美国人无法获得天然气，1/10的美国公司因为能源成本升高、运营能力萎缩而倒闭。

为了应对石油危机，出现了两种主要战略：第一，我们可以共同减少石油日均需求量，以便与现有供给量保持均衡；第二，我们也可以更积极地争夺可用石油，和自己的邻居争、和其他的公司争、和其他的省市争、和其他的国家争。

当然，这种情形并没有真的出现，至少对大多数人来说并没有真的出现。但对2 000名在线玩家来说，这一石油用光的场景为持续6周、改变人生的实验奠定了基础：他们一起协同模拟，如果石油需求真的最终超出了供给，会出现怎样的情况，以及我们会共同为它做些什么。这个项目叫作《没有石油的世界》，它是第一个鼓励普通人对未来做出预测的大规模尝试活动。

游戏化实践

怎样玩《没有石油的世界》

《没有石油的世界》其实非常简单。这是一个“如果……会怎么样”类的游戏。

如果今天爆发石油危机，会发生些什么呢？普通人的生活会发生什么改变？为了在危机里求生存，你会怎么做？你将如何帮助别人？让我们来玩一玩，找出结果。

创造你在石油危机里的人生故事，并通过电子邮件、电话、照片、博客帖子、视频、播客等形式与我们分享。

接着请登录worldwithoutoil.org，加入我们的公民“神经中枢”，跟踪事件进展，分享解决方案。每一天，我们都会为你更新有关石油危机的新闻，所有头版头条均是来自全国甚至全世界的最佳故事。

石油危机会对你的家庭、工作、城市和生活有什么样的影响，没有哪个专家会比你更清楚，所以，把你知道的一切告诉我们。因为，改变未来的最好办法，就是先拿它来玩一玩。

在美国公共广播公司（Corporation for Public Broadcasting）的资助下，加利福尼亚州圣何塞市的独立作家、互动开发人员肯·埃克隆（Ken Eklund）第一个构思出了《没有石油的世界》。该游戏由独立电视服务公司（Independent Television Service）出品。之前，独立电视服务公司宣布出资 10 万美元，用于创新教育网络游戏，埃克隆听说之后，提交了自己的设想。公司邀请我担任在线游戏提案的评审委员。

> 埃克隆在提案中写道："要是需求最终超过供给，石油的可用情况以及世界到底会发生什么，今天没有一个人说得清楚。在很大程度上，它取决于普通人将如何应对这场危机。到目前为止，还没有人想过要问问他们会怎么做。《没有石油的世界》将提前唤起群众的智慧。危急关头，玩家们一起合作，将草根洞见融入街头力量，想出最佳的预防和协调办法，共同为真正的石油短缺危机献计献策。"

埃克隆把游戏设计成了一个大型多人思考游戏：玩家用 6 个星期来想象这场危机会对本地社区、所属产业及自己的生活产生怎样的影响。他们会利用网络社交媒体进行高度个人化的预测；会利用"平行实境仪表盘"来获取虚拟场景的每日更新，如虚拟的新闻报道、视频报道、石油危机的经济指标，以便更详尽地做出个性化预测。

游戏还强烈鼓励玩家在这场模拟实验中更进一步，每天都花些时间，假装模拟的石油短缺真正出现了。如果模拟的场景是真的，上班、做饭、会见朋友和家人将变得有多困难呢？游戏要玩家们检验自己迅速、剧烈地适应潜在石油危机的能力。玩家们可以跳出单纯的想象，真正着手改变，检验自己的适应性解决方案。现实里的每一天，代表模拟实验里的一个星期，这促使玩家考虑长期的影响和战略。游戏本身要持续进行 32 天，因此，假设的场景相当于是 32 个星期。

《没有石油的世界》让玩家直接置身可能出现的未来，帮助他们为最糟糕的结果做好准备，或是预防最糟糕结果的出现。游戏还为石油匮乏假想场面创造了一份集体记录，这一记录类似未来生存手册，是对教育家、政策制定者、各类组织有着巨大价值的报告。我愉快地接受了埃克隆的邀请，加入了项目团队，担任游戏的“参与建筑师”。我的工作是，帮助每一名玩家找到为集体努力做出有意义贡献的途径。

当然，我们首先要吸引一群玩家才行。根据我对在线社群和集体智慧的了解，我将目标设定为 1 000 人。对我来说，1 000 名参与者是保证在线游戏趣味性的关键阈值：玩家足够多元化，有足够的参与者能承担宏伟使命，产生混沌的互动，并获得复杂而惊人的结果。

项目推出前 6 个星期，我们开始在网上和公开场合放话。我们请朋友和同事写和它有关的博客；我在为“严肃游戏峰会”[①]做主题演讲时宣传它；独立电视服务公司接触了美国各地的教育工作者和媒体创作人。除此之外，游戏再没有其他的营销计划或推广预算了。它只是一份开放的公开邀请，邀请人们模拟未来，一切免费。

那么，来玩的都是些什么样的人呢？他们的人数不过 1 900 多人，比我们最初的目标多了一倍，男女人数比例相当，代表了美国所有的 50 个州和其他十多个国家。大多数玩家的年龄为二三十岁，但从青少年到老年，每个年龄段都有。最活跃的玩家，为我们的游戏带来了惊人的、多元化的关注焦点和实际的专业知识。举例来说：

- “巅峰先知”（网名），一个自称“业余农民”的田纳西人，预测新鲜食品供应链会崩溃，于是决定训练其他玩家种植粮食，提高他们的粮食自给自足能力。
- “头号标签”（网名），一名驻扎在伊拉克的士兵，他用博客记录了游戏中的每一天，并以在石油危机中展开战争为题，写了 32 篇系列感想文章。
- “安达”（网名），旧金山艺术学院图形设计专业的大学生，创作了 11 幅日式风格的系列网络漫画，表现自己和朋友怎样彼此帮助渡过石油危机，以及石油危机对他们毕业后找工作带来了什么样的影响。

① 旧金山的年度会议，持续时间为两天，以教育、训练、解决真正问题的游戏为着眼点。——作者注

- “有组织混沌”（网名），底特律通用汽车厂的调度员，贡献了 50 份博客帖子、视频和博客，她预测自己很快就会失业，而不管是否出现石油危机。因此，游戏结束时，她决定回到现实学校，为后石油经济寻找新的职业生涯而做准备。

在预测社群准备就绪以后，让绝大部分玩家在为期 6 周的实验期间保持投入，就变成我们成败的关键了。因为，说到预测未来，我们最初冒出的念头总是最宏观的、最普遍化的，因此没有太大用处。即便是经验丰富的预测者，也需要用上一段时间，才能钻研出最有趣的细节，拆解出最出人意料的可能。因此，我们采取了几项战略，让玩家主动而投入地调查假设场景的不同方面。

第一，每个游戏日，我们都会增加一段新信息。比如，依赖石油的供电公司轮流断电；航空公司取消航班，大幅提高机票费用；因为无法按时运输，地方商店的货架上空空如也，出现食物短缺。反过来，玩家可以告诉我们，应付家里供电不稳定有哪些难处；因为机场意外关闭，商务旅客滞留他国；从前利用不足的城市公共交通现在人满为患；在家办公的日子猛增；自行车盗窃案激增，形成了新的自行车黑市；因为城市郊区和农村地区天然气短缺，孩子们时不时地在家上学；为应对粮食短缺，邻里之间共同开伙吃饭。

第二，鼓励人们持续参与的另一个重要工具是我们的平行实境仪表盘。它包括了一幅覆盖 38 个不同地区的地图，如波士顿大都会区、辛辛那提 – 哥伦布大都会区、大湖区、高原区、南大西洋区等，每一个地区都有自己的“电力表”，反映当地生活质量、经济实力和社会稳定性的起起落落。“电力表”与玩家行动的积极性直接挂钩。他们所做的预测越是积极、越是采取合作策略，越是可以主动减少整体的日均石油消耗量，整个地区的指标就越好。然而，如果玩家选择想象一连串的黑暗事件，认为激烈的拼抢竞争会占上风，报告在采用低能耗生活方式时碰到了太大困难或艰辛，指标就会反映出混乱加剧、苦难扩散甚至经济崩溃的局面。指标为玩家的故事和场景更新之间，创造了清晰的反馈循环。

第三，《没有石油的世界》可观的在线受众规模，也为玩家讲述精彩故事提供了强大的动机。每一名活跃的预测者，额外对应着 25 名围观并跟帖的群众。

这种思想意识的放大，让玩家感到自己的努力更有意义。

> **REALITY IS BROKEN 游戏化的力量**
>
> 《没有石油的世界》产生了超过 10 万份在线媒体制品，包括玩家撰写的 2 000 多篇未来预测核心文档，10 000 多篇对游戏及其调查结果进行反思的博客帖子和文章。一位评论家说，这是“新闻、策略、实践主义和个人表达飞速发展的网络”。

起初，大多数玩家主要关注的是，在新的稀缺环境下，地方、区域和国际之间争夺石油资源，造成了怎样的局面。他们朝着黑暗的方向想象，预测可能出现的最糟糕情况和最严重的威胁。他们提到了天然气盗窃、暴动、粮食短缺、普遍的掠夺、失业、学校停课，甚至世界范围的军事活动。在更加个人的层面上，他们还描述了个人承受的压力、焦虑，甚至家庭危机。

但在 32 个星期的体验中，平衡发生了变化。游戏进入到一半的时候，玩家们的暗黑想象用完了，开始关注潜在的解决方案。他们开始设想最佳结果：合作减少石油消耗量的新办法，关注当地社群和街道基层建设，减少通勤时间，从地理上重组大家庭，花更多时间追求新的美国梦，即以可持续性、简单、强健社会纽带等为理念的幸福生活。

游戏开始时弥漫着末日将近的基调，但却以明确而审慎的乐观主义收场。最佳假设场景并非听凭天意的结果，当然更不是必然出现的结果，相反，它是值得众人努力追求、需要通过奋斗才能实现的结果。从暗黑想象到乐观主义的转变过程，并没有人有意怂恿。实际上，这是一种非常合理的预测策略。

研究人员早就指出，美国人有一种特别的疏忽，不相信最糟糕的事情真的会出现，因为我们的文化系统性地训练我们要关注积极面。正是因为这一疏忽，我们才更容易遭受灾难性事件，比如卡特里娜飓风或是 2008 年房地产市场的崩溃。社会学家卡伦·塞卢罗（Karen Cerulo）在《从未见过这种事》（*Never Saw It*

Coming）中说，就集体而言，看不到消极未来是我们文化的最大盲点。一位书评家在评论塞卢罗这本书时说：“不管是个人层面，还是制度、社会层面，我们都爱一厢情愿、一意孤行。”**我们很擅长积极思维，但总爱回避最糟糕的场景，如此一来，如果不幸场面真的出现，那么我们更容易遭受折磨，难以适应。**

《没有石油的世界》给玩家提供了一个进行危机思考的空间，造就了寻找解决方案的紧迫感。这种思维框架还为玩家在游戏后期讲述的希望故事，带去了庄严和现实感。我们后来把这些故事编成了一本指南，《从 A 到 Z：石油之后的世界》。它包括了玩家们设计的最有趣的社群解决方案，能让你体会一下大型多层面的协作预测是怎么一回事。我从文档里挑选了一些最喜欢的主题：

- “没有石油之后的体系结构”——从国家架构公约参与者的角度论述，如何在一个没有石油的世界里设计、建设家园。
- “没有石油之后的团体”——来自牧师、公使及其他精神领袖的讲道和祈祷，为如何在石油危机中心怀同情而提供指引。
- “没有石油之后的邻里”——指引你如何与现实中最靠近的邻居构建更强的个人关系，他们是最有可能在石油危机中伸出援助之手的人。
- “没有石油之后的母亲”——从小孩子目前的角度反思，如何在一个没有石油的世界里照料子女。
- “没有石油之后的赛车”——汽车比赛粉丝们探讨纳斯卡赛事的未来，以及与替代动力车辆如电力车辆、人力车辆等的合作关系。

事后，一位评论家说道：“这些预测质量惊人，玩家切中了一件复杂主题的心脏。”我觉得“心脏”是这里的关键词，因为玩家们讲述的未来故事都是他们自己最在乎的：他们所处行业的未来、宗教的未来、城市未来，以及子女的未来。

游戏结束后，创意总监肯·埃克隆回顾了它取得的成绩：“《没有石油的世界》不仅提高了人们对石油依赖性的认识，还激起了我们的民主想象力。它把这个议题变得真切起来，让人们真正地参与，并在生活里真正有所改变。通过游戏，玩家们把自己变成了更优秀的公民。”玩家的事后报告也清晰地表明了这一点。

一名玩家报告说：“说真的，《没有石油的世界》改变了我的生活。

我真的随身带着布袋去商店了，开始走更多的路、少开车、随手关灯，而且我真的开始回收再利用了。我的朋友、家人和同事都注意到了这些差异。我怀着最严肃的态度说：整件事让我变成了一个不同的人。”

另一位玩家则写道：“这对我来说真是一次不可思议的经历。我学会了许多东西，还开始从新的角度思考日常生活，哪怕是件很小的事情……你们的故事和建议给了我希望，好点子不断涌现，人们彼此帮助，因此，必要的知识和技能得以保存，供人们在最需要的时候使用。你们告诉我，外面有许许多多真正了不起的人……你们带我走过了这一旅程。”

现在，整个模拟活动过程都保留在 Worldwithoutoil.org 的时间机程序上，你可以从游戏第一天一直体验到第 32 天。游戏里每一天的信息都拷贝了下来，所以，你可以看到合作究竟是怎样展开的。如果你想和家人、同事、同学或邻居进行游戏，网站上也有相关的指导意见。事实上，我们已经多次小规模进行模拟活动，帮助个人和社群做好准备，帮助他们寻找没有石油之后的生活解决方案。

很多人都问我，或许你也想知道，玩家为什么会参与呢？为什么会有人想要玩像《没有石油的世界》这样严肃的游戏，而不去玩幻想的游戏、逃避的游戏、让人完全感觉良好的游戏呢？我问过自己相同的问题。在《没有石油的世界》推出之前问过，在游戏当中以及游戏结束后问过，甚至在我们已经证实玩家玩得很开心、受众们也觉得这一项目很有吸引力之后，我仍然问过。

游戏化洞察

通过把现实的问题变成自愿的障碍，《没有石油的世界》激活了我们以前不曾激活的兴趣、好奇心、动机、努力和乐观态度。在虚拟的游戏环境下，我们可以改变自己在现实中的行为，因为做出改变的决定，没有带来任何负面压力。我们是被纯粹的正面压力激活的，我们渴望着以更满足、更成功、更具社交性、更有意义的方式投入游戏。

我也坚信，很多玩家都愿意做在现实世界里真正重要的事情，正如他们愿意在游戏世界里付出真正重要的努力一样。一名玩家说得好：

> 回过头来看《没有石油的世界》，我认为它是我玩过最好、最有趣的多人游戏。通常，游戏会用掉大量本来能在现实生活里做有用事情的时间，但《没有石油的世界》教会了我很多，降低了我的电费，还让我把注意力放在对我来说重要的事情上。

玩家们准备也愿意接受来自虚拟环境之外的挑战。与此同时，要是游戏能帮助人们在现实世界里变得有所不同，一般不玩游戏的人也会很乐于玩它。然而，玩这个游戏的人仍然不多，2 000 名玩家没有办法和《孢子》的超过 100 万名玩家的活跃社群相提并论。但《孢子》是行星模拟兼上帝视角游戏里的佼佼者，是 20 多年来全世界最顶级的计算机程序员、最有创意的游戏设计师、最才华横溢的艺术家合作的产物（《模拟地球》是此类游戏的始祖，1990 年上市发行）。而我们的未来预测游戏，基本上还处在雅达利游戏机上的《乓》阶段，运营预算也只有《乓》的水平。我们是简陋的《乓》，却在跟《孢子》竞争。这算不上一场势均力敌的较量。

但随着这个领域吸引到越来越多优秀的程序员、编剧、设计师和艺术家，随着越来越多的人接触到这些游戏并学会如何玩耍，随着我们将投资数百万美元而不是现在的区区几千块来开发未来世界，我们建设未来世界的技能会逐渐成熟。过去 30 年，我们建设虚拟世界的技能就是这样发展起来的。有了足够的重视和投资，我们会逐渐把未来环境创造得如同现在的虚拟世界一样诱人。

《没有石油的世界》改变了很多玩家的生活，对我来说，它也是一次改变人生的经历。它向我证明了一个概念：**有了合适的游戏，我们真的可以拯救现实世界**。这个项目唤起了我对未来的最大希望：游戏开发人员的贡献，很快就足以赢得诺贝尔奖。

自那以后，我走到哪儿都在宣传这一目标，期待并鼓励其他游戏开发人员加入我的使命。当然，每当我在游戏行业内外提出这个建议时，总有人表示怀疑。游戏怎么可能在现实世界里实现足够夺得诺贝尔奖的成就呢？

诚然，就算找到了一个类似《没有石油的世界》这样大有潜力的好项目，夺得诺贝尔奖也是相当大的野心了。但想想看：1921 年，爱因斯坦拿到诺贝尔物理学奖之后说过一句名言：“**游戏是调查研究的最高形式**。”多个版本的爱因斯坦传记都引用过这句话，在各种名言集锦里也常常见到它的身影，但有意思的是，它的源头暧昧不明。似乎没有人记录下爱因斯坦说这句话的背景：他什么时候说的、在什么地方说的以及他的意思是什么。为什么一位受人尊敬的物理学家会说，游戏是调查研究的最高形式呢？难道不应该是科学吗？这是一个不解之谜，我在业余时间花了很多工夫琢磨它。

尽管我不确定自己揭开了这个谜，但我有一套理论，直接来自于《没有石油的世界》这个项目。我们从多位传记作家那里知道，爱因斯坦是个玩家，尽管有时是出于无奈才玩的。他对国际象棋游戏爱恨交织了一辈子。他在孩提时代曾热情地玩它，尽管成年以后基本放弃了，甚至还有一次，他态度坚决地对《纽约时报》说：“我不玩任何游戏。完全没有时间。除了工作，我不想干任何需要动脑筋的事情。”不过，很多朋友和同事都回忆，自己曾和爱因斯坦下过无数局象棋，尤其是在他的晚年岁月。

历史学家们认为，爱因斯坦在学术事业巅峰期不下象棋，完全是因为他太喜欢下棋，喜欢到了分心的地步。他曾说：“象棋以它自己的方式拴住了主人，捆绑了心灵和大脑。”换句话说，他只要一开始思考象棋，就没法停止。为什么呢？正如许许多多的国际象棋大师指出，其中最大的原因可能是，这种游戏有着令人难以置信的吸引力，思考的时间越长，魅力越大。

象棋的中心问题是构建完美、清晰而克制的局面：你怎样调配自己手下 16 种拥有不同能力的资源，俘虏对手最宝贵的资产，同时又保护好自己的资产呢？它可以通过无穷多种不同的策略来实现，每一种策略努力都会改变问题的未来可能性。一位著名的国际象棋大师就说过：“象棋无止境。”

> 每一名棋手下完第一步棋之后，会有 400 种不同的棋面；下完两步棋后，有 72 084 种棋面；下完三步棋后，有超过 900 万种棋面；下完四步棋后，有 2 880 亿种不同的棋面。棋局的潜在数量，比宇宙里的电

子数量还多。

象棋的可能空间如此庞大而复杂，单个人是不可能完全理解并探索的，即使像许多棋手那样，穷尽一生的时间来研究。幸运的是，象棋既是两个人的游戏，也是一种大型多人项目。全球棋手社群通过数百年的合作，尽可能彻底、尽可能富有想象力地探索并记录了它的问题空间。事实上，当代棋手只要下棋，就会记录棋局、分享策略，将成功的方法加以正式化，并为了他人的进步公布出来。哪怕经过了数百年的共同游戏，象棋社群仍然在继续争取更好地理解问题，发明更多惊人的、成功的方法，在脑子里记录下庞大的对弈可能性，一局一局地将人类对象棋的认识推动向前。

下象棋不只是随便下下而已，它已成了整个问题解决网络的一环。这意味着加入一场大规模的协同努力活动，熟悉一个本来深奥复杂的可能空间。我想，爱因斯坦说游戏是调查研究的最高形式，意思就是这样。**有了足够多的人玩游戏，它就变成了对问题的大型合作研究，在极端规模上检验可以对特定的可能空间采取什么样的行动**。我相信，这就是预测游戏的发展方向。

> 预测游戏可以帮助我们确认现实问题，展开大规模、多角度的研究。它们令人信服地提出问题，帮助我们汇集大规模、多策略的记录以解决问题。有了它们，我们可以在一个安全的空间里探索每一步行动可能带来的后果，帮助我们预测其他人有可能采取的大范围多人行动。

这正是我们想通过《没有石油的世界》达成的目标。我们定义了一个问题：石油短缺，又没有增加供给的可行手段；目标也很清楚：要解决供给和需求之间的不平衡；而可以采取的战略无穷无尽。我们要求玩家根据自己的独特视角设计策略，要求他们在本地测试不同的行动，并报告所得结果，因为每个人的地理位置、年龄、人生历练和个人价值观都不一样。玩家的所有故事和解决方案，就代表了针对同一问题的大规模多人视角。这的确是调查研究的最高形式了。

更何况，在一个气候变化、地缘政治紧张、经济不稳定的世界，很多问题都需要用我们的集体想象力来解决。**如果在面对现实问题时，我们也能培养起玩家在游戏中的那种共同智慧，那么我们就能实践更出色的星球技艺。**我们将提高对所面临的挑战的整体认识，我们将建设一个全球性的社群，把所有准备好在未来采取正确行动的人集合起来。

《没有石油的日子》结束时，玩家们的乐观态度让我震惊。在无比黑暗的预测场面里过了将近一个月，我们的玩家却对未来以及自己影响未来的能力，产生了更好而不是更糟的感觉。他们体验到了能力进步、适应性增强的感觉，对未来怀有更大的希望。换句话说，他们成了未来学家贾迈斯·卡西奥（Jamais Cascio）所说的“超强希望者”（Super-empowered hopeful individuals，SEHI）。

超强希望者的全球使命

“超强希望者”不仅对未来感到乐观，而且也有能力更好地改造世界。按卡西奥的说法，放大并聚合个人影响公共利益能力的网络技术，是“超强希望者”的自信来源。

卡西奥创造“超强希望者”这个说法，是跟另一个词相对的，这就是《纽约时报》专栏作家托马斯·弗里德曼（Thomas Friedman）在论及网络时代恐怖主义时所提到的“超强愤怒者”（Super-empowered angry men）。弗里德曼说，奥沙马·本·拉丹是想要造就希望，以恐怖方式在世界上留下痕迹的超强愤怒者。而卡西奥则回应说：

> “超强愤怒者”论点的核心是，某些技术可以让个别人或是小群体展开针对平民或基础设施的大规模攻击，这种攻击在过去10年需要整支军队的资源才可能实现……但这些技术并不仅仅只是带给愤怒者力量。与此对应的，“超强希望者”论点的核心是，这些技术还可以让个别人或小群体展开大规模的社会公益行动，这种行动在过去10年需要大型非政府组织或企业才可能实现。

游戏化洞察

超强希望者不会坐等周围的世界自我拯救，他们发明并传播自己的人道主义使命。更重要的是，较之动作缓慢、规避风险的组织，他们可以“靠更少的人数，以更快的速度，实现更为巨大的影响”。当然，在理想的世界里，超强希望者能团结起来，扩大其努力规模，避免浪费精力，他们从彼此的失误中学习，放大彼此创造奇迹的能力。无组织的超强希望者很难迈出太大的步子，但组织起来的超强希望者能够改变一切。

所以，《没有石油的世界》项目完成后一年，卡西奥和我在未来研究所合作，尽可能找到了数百万名超强希望者，并为他们提供了一个有组织的平台和一款新游戏——《超构建》(*Superstruct*)。它的目标很简单：玩游戏，创未来。

《超构建》，创造组织的未来

每一年，未来研究所都会进行一次 10 年预测。确认此后 10 年有哪些新的经济力量、社会实践、不断变化的社会现实将影响龙头企业、政府和非营利性组织的运作方式，并确定这些机构所面临的挑战。我们在未来研究所最喜欢说的一句话是:“10 年是一个很好也很有用的期限，足够长远，能预期真正的改变; 也足够靠近，让人有尽在掌握的感觉。”

每一次的 10 年预测都有明确的主题，即一个引导性的提问。2008 年，10 年预测项目主管凯斯·维安（Kathi Vian）确定了下一年预测的引导提问：人类组织规模的未来如何？很明显，我们正迈入一个充满了极端规模挑战的 10 年：经济崩溃、流行病泛滥、气候变化、全球恐怖主义蔓延、粮食供应链断裂，等等。我们知道，为了生存下来，为了有所作为，必须再造当前的组织。

维安在我们最初的集体讨论会上写道：“我们知道，原有的人类组

> 织方法不够用了。它们不适应我们现在所居住的高度互联互通的世界。它们不够快，合作性不够强，不够敏捷。我们需要为将来的世界设计更好的合作方式，我们需要网络化的组织，能更好地解决问题，更迅速地采取行动，做出更积极的响应，放弃让我们陷入麻痹的做事和思考套路。”

所以，我们想寻找：企业、政府和非营利性组织该怎样合作，让彼此在危机中更具弹性？现有的组织该怎样合作，以解决这些星球级别的问题？这些组织如何动员渴望参与改造世界的超强希望者？我们想找到这些问题的答案。

出于直觉，**我们认为，如果要在未来 10 年生存，需要全新的合作、协调和共同创造方式**。所以，我们想找一种新的战略说法来讨论超大规模的革命性合作方式，一种能完全扭转我们对未来 10 年看法的说法。我们考察了多种措辞，可一等“超构建”（superstruct）这个词冒出来，我们马上知道，就是它了。

> superstruct，及物动词，意为：在另一个结构上修建；在地基上竖立。

“超构建”是工程和建筑领域的常用词汇。要超构建一座建筑，就是扩展它，让它更具适应性的意思。“超构建”不只是把东西造得更大。它指的是在现有基础上，让它转向新的方向，超越目前的限制。这也就是说，要以灵活的连接方式通往其他结构，使之相辅相成。因此，“超构建”也就是战略上的发展，创造新的方式，以便设计之前难以想象的全新的强大结构。这样看来，“超构建”好像真的切中了我们想在 10 年预测中探讨的扩展和改造过程。但要研究一个目前还不存在的过程，采用什么办法最好呢？

我读研究生时主修的，是名为“人类表演学”（performance studies）的社会学，它采用的核心方法之一就是，实际去做或从事你所研究的事情。因此，我们打算修建一座“超建筑”。我们决定，将 10 年预测项目开放给公众，以进行“超构建”。我们将进行为期 6 周的在线实验，把它开放给所有想加入我们的人，并以此进行最初的 10 年预测研究。

自然而然地，我们把这个实验叫成《超构建》，并把它设计成大型多人预测游戏的形式。我们希望全世界都来帮助我们预测超大或规模宏伟的未来组织形式，从而在真正的全球威胁中生存下来，并解决星球级别的现实问题。我们承诺，将玩家们得出的集体预测结果，作为我们年度研究报告及来年春天会议的基础。

项目的核心创作团队由项目主管凯斯·维安、策划指导贾迈斯·卡西奥、我以及游戏指导组成。我们用了 6 个月的时间，跟另外 10 多名未来研究所的研究员及设计师合作，提出了 2019 年的场景，研究了游戏的主题，创造了身临其境的内容，设计了游戏方式，建立起了网站。

游戏化实践

游戏于 2008 年 9 月 22 日上线，并通过一家名叫全球灭绝意识系统（Global Extinction Awareness System）的虚拟组织发出了新闻稿。新闻稿发布于 2019 年 9 月 22 日。

即时发布：2019 年 9 月 22 日，人类还有 23 年可活，全球灭绝意识系统开始为智人倒计时。

根据为期 1 年的超级计算机模拟所得结果，全球灭绝意识系统重置了智人，即人类的“生存时限”，从“无限”缩短到 23 年。

全球灭绝意识系统公司的总裁奥黛丽·陈说：“生存时限确定了大比例人口遭受灾难性崩溃的时间点，从这个时点开始，该物种很难再复原。确认了 2042 年这一生存时限，全球灭绝意识系统公司也就告知了人类为地球做出实质性改变的最后期限。”

根据奥黛丽·陈的说法，全球灭绝意识系统公司最新一次模拟利用了超过 70PB 的环境、经济和人口数据，用 10 种不同的概率模型做了交叉验证。他们的模型发现了 5 种“超级威胁”的终极组合，代表了环境、经济和社会风险的一次巨大碰撞。

全球灭绝意识系统公司研究总监埃尔南德斯·加西亚说：“每一种超级威胁都对世界的适应能力构成了严峻的挑战，而当它们一同出现，就很可能对物种的生存能力造成不可挽回的压倒性破坏。”

全球灭绝意识系统公司在做出公告前通知了联合国。联合国秘书长瓦伊拉·维基耶弗赖贝加发表了以下声明：“我们感谢全球灭绝意识系统公司所做的工作，我们会严肃认真地对待他们的最新预测。”

全球灭绝意识系统公司敦促公民、家庭、企事业单位和政府互相讨论，着手制订计划，以应对超级威胁。

我们选中了这样一个有意挑衅的场景作为起点，有以下几个原因。

第一，我们希望玩家提出唤起人类敬畏的解决方案。所以，我们必须提出一个能唤起人类敬畏和惊奇感的场景，一个宏伟的“如果……会怎样”假设。如果一天早上你醒来，发现全世界最值得信赖的超级计算机计算出整个人类将濒临灭绝，就像如今的老虎、北极熊和大熊猫一样，你会怎么做？

第二，我们想学到新东西，所以必须推动玩家设想从未想过的主意。我们的目的，是创建一种远离玩家日常关注点的预测背景，好让他们自由自在地发挥极端创造力，抛出“离谱”、出乎意料的想法。

第三，我们想给玩家们一个清晰的目标，一种在游戏中衡量成功的方式。全球灭绝意识系统公司的生存时限给了我们实现两者的完美途径。我们向玩家们发出挑战，要他们共同合作，将人类的生存时限从 2042 年尽可能延长到我们能够接受的程度。生存时限每增加一年，就代表游戏中的一块重要里程碑。生存时限的延长，是以游戏中的算法为依据的。它会考虑积极玩家人数、完成了多少游戏使命以及解锁了多少成就等因素。

为了让游戏围绕 5 个具体的预测主题展开，我们确定了玩家在生存时限中能发挥重大影响的 5 大关键领域，这就是 5 大超级威胁，它们对人类生存提出了极端的挑战。但它们不只是威胁，也是机遇，更是组织机构和超强希望者之间协调努力和创新的关键领域。如果你希望在我们 2019 年的游戏世界里创造奇迹，必须从超级威胁里选出一种，用你想得出的最惊人的点子解决它。以下就是 5 大超级威胁：

- 检疫隔离：民众健康状况下降和各种流行性疾病的出现，包括当前的呼吸窘迫综合征（respiratory distress syndrome）危机。挑战：面对各种流行疾病，我们如何才能保护并改善全球健康？
- 大饥荒：全球粮食系统即将崩溃，将会出现世界范围的短缺。挑战：我们如何才能以可持续性更强、更安全的方式养活自己？
- 能源斗争：在整个社会从依赖石油转向使用太阳能、风能和生物能的过程中，可能会出现巨大的政治经济动荡，现有的生活彻底瓦解。挑战：我们该如何重塑创造能源、消耗能源的方式？

- 数据违法活动：破解、干扰、恐吓或以其他方式利用在生活中越发依赖的通信、传感和数据网络。挑战：在一个全球联网的社会，我们该如何提高安全性？
- 大流亡：由于气候变化、经济动荡和战争，3 亿难民和移民失去了安全的栖息地，被迫离开家园，社会组织和政府面临巨大的难题。挑战：我们该如何跨越传统的地理政治边界，该如何进行自我治理，更好地照料彼此？

为了帮助玩家迅速掌握这一复杂假设场景的细节，我们为每一种超级威胁拍摄了视频短片和一系列描述事件的新闻标题。我们还发布了一份在线报告，报告时间定在 2019 年，概述了每一种超级威胁可能造成的困境，它们将如何相互影响、彼此放大。在这份报告中，我们强调了人类有能力克服超级威胁的乐观态度。

> 人类有着克服巨大障碍的悠久历史，每一次承受劫难之后，通常都会变得更加强大。事实上，一部分人类学家认为，人类智慧的出现就是上一轮大冰河时期带来的结果。在这一环境压力极大的时期，对数量极为有限的早期智人提出了灵活性、预见性和创造性的要求。历史一次次地证明，在人类这一物种适应环境、改造环境的能力面前，所有言之凿凿称人类文明的末日即将到来的预言全都落了空。
>
> 全球灭绝意识系统公司并不认为也不相信恐怖的未来不可避免。这或许是预测最重要的基本原则，它并非命运。如果我们现在就采取行动，灵活性、预见性和创造性地采取明智的行动，就能够避开最终的威胁。说不定，经过这一时期的磨炼，我们甚至会变得比以前更加强大。

报告和视频短片都以相同的行动呼吁作为结束：请加入我们，一起创造人类的未来。我们宣布，志愿者可到名为“超构建”的社交网络集结。我们用博客、Facebook、电子邮件和 Twitter 向公众发出邀请。我们的核心信息是：在重塑世界运作方式的过程中，人人都可以发挥作用。最终，我们吸引了 8 647 名超强希望者，在超构建实验中为未来献计献策。

但处理超级威胁之前，玩家还有一项重要的使命：动手创造自己的未来。像现在所有的社交网络一样，我们的 2019 社交网络要求你填写一份个人资料表。但我们的个人资料很独特：主要关注的是生存能力。你能带来哪些特别的技能、资源和社群来迎接这些超级威胁呢？你能为重塑世界贡献什么样的独特素质呢？我们鼓励玩家乐观地想象未来的自己，同时也告诉他们要尽量契合实际。这很关键。我们说，不要编造一个虚拟人物，我们的游戏是要你真正发挥作用，而不是角色扮演。我们想知道，到 2019 年，你真正有可能变成什么样的人。不妨心怀远大梦想，但要保证它立足于现实。

以下是我们的个人资料表。你会怎样回答这些问题呢？记住：它问的不是今天的你，而是将来你可能会变成的那个人。

游戏化实践

2019年你的世界

你住在哪里？

你和谁住在一起？

你做什么？你在哪儿工作？

对你而言最重要的东西是什么？

你是怎么变成这样的人的？过去 10 年你有最特别的转折点吗？

你独特的优势

你对什么东西懂得比大多数人都多？说一说你的技术和能力。你认识些什么人？说一说你所属的社群和团体，你的社交和事业网络里有什么样的人。

第一个任务是帮助玩家融入未来的。它要求玩家生动地想象 2019 年，他们的工作和人生是怎么样的，它也帮助他们确认了可用于抵挡超级威胁的具体个人资源。究其核心，《超构建》是为了让个人、组织和社群在创造更美好的地球的长期努力中，找到新的角色。为了实现这一目标，我们必须帮助玩家，把他们当前的技术、资源、能力直接跟将来的需求联系起来。

如果你想问一个普通人，他们个人能否解决经济问题、预防饥荒、阻止疫病流行，他们恐怕连从哪儿开始都不知道。所以，我们给了玩家一个特别的着手点：在他们自己的社群、团体和社交网络当中，根据他们最熟悉的东西提出解决方案。

最后，这个任务让我们掌握了一些玩家的具体数据。我们让玩家透露了一些他们在 2008 年的现状（当然是保密的），以帮助我们将其预测和想法投入假设场景。2008 年的数据不会出现在他们的公开资料中，只在研究过程中才有用，我们会根据他们的现实年龄、住址和职业来交叉对照其未来设想。超强希望者怎样看待自己？认为自己最有把握解决什么样的项目？对此，我们希望多做了解。那么，是什么人来参与《超构建》呢？

> 在 8 000 多名参与活动的预测者当中，绝大多数年龄介于 20~40 岁，其余的则呈钟形曲线分布。最年轻的玩家年仅 10 岁，他对未来粮食问题特别感兴趣，尤其是“实验室长出的肉”，实际上，这正是一种新兴的食品技术；年纪最长的玩家 90 岁，她最感兴趣的是未来的教育。
>
> 我们的玩家来自全美 50 个州的 49 个，以及全世界 100 多个国家。玩家的职业惊人的多样化，包括总工程师、技术总监、创意总监、码头工人、酒店门房、博物馆馆长、天体物理学家、大气科学家、数学家、护士、管道工、摄影师。此外，还有很多大学生、研究生，高级管理人员、军人和公职人员。

这些不同的参与者能为游戏带来什么样的专业知识呢？玩家确认了各个领域的专业知识，涉及范围非常广：劳工行动、运输和物流、机器人；特种咖啡、漫画业、钢铁业、林业、时尚业；旅游、医疗、新闻；化工领域、照料护理、电子商务；咨询、国防、人力资源；辩论、人权、纳米技术。我们请玩家利用这些技能和资源来迎接 5 大超级威胁，以一种非常特别的方式解决超级威胁：发明超级结构。

游戏化实践

如何发明超级结构（superstructure）

这是一个生存游戏，我们需要你生存下去。我们正面临着超级威胁，但我们需要适应。

人类文明的现有结构已不足以应对现有威胁，我们需要一套全新的超级结构，带领人类进入下一阶段。你是可以帮忙的。现在就来建设超级结构吧。这是你给人类留下的馈赠。

问：什么是超级结构?

答：超级结构是一种建立在现有团体和组织之上的高度协作网络。

超级结构有 4 项关键特征：

1. 超级结构能让两个或两个以上从来没有合作过的不同组织结合到一起。
2. 超级结构旨在解决现有组织无法解决的庞大而复杂的问题。
3. 超级结构能驾驭下属单个团体的独特资源、技术和活动。人人都贡献出不同的东西，并一起创造解决方案。
4. 超级结构从根本上是全新的，它听起来像是个从前没有人尝试过的念头。

问：什么样的团体能走到一起形成超级结构呢?

答：任何团体都可以。无论营利性或非营利性组织、专业或业余组织、地方或全球性组织、宗教或世俗组织、在线或线下组织、有趣或严肃组织、大型或小型组织，都可以。

任何现有社群都可以加入超级结构！下面是一些例子：公司、家庭、住在同一栋楼或同一街区的人、工业和贸易组织、非营利性组织和非政府组织、年会或庆典、教会、地方或国家政府、在线社群、社交网络群体、粉丝团、俱乐部、团队。

问：我应该怎样创建新的超级结构呢?

答：从一个你本来就属于其中的社群入手。你的社群可以为解决一个或多个超级威胁做出怎样的独特贡献呢？你希望和谁合作实现这一点呢?

等你准备好分享自己的想法，创建一篇新的维基文章。使用维基的字段来描述你的全新超级结构，如名称、格言、使命、我们需要什么人、我们如何运作、我们可以取得什么样的成绩等。

问：我已经做好了超级结构。接下来呢?

答：写好对自己的超级结构的基本介绍后，邀请其他超强希望者以及你的朋友、同事、邻居和其他人际交往圈子里的人加入。

如果你公开了自己的超级结构，要时刻留意让你的维基接纳新成员，观察超级结构如何演变。如果你的超级结构只对私人公开，一定要经常回来核准新成员，好让他们帮你建设超级结构。你的超级结构成员们可以一起编辑维基，直到它确切描述了你认为超级结构应有的运作方式。但千万别止步于此！

等你创建好自己的第一个超级结构，要做的事情还多着呢。你可以为其他超级威胁创建超级结构，也可以根据自己最初的超级结构设计衍生超级结构；还可以创造竞争的超级结构，或是更大的超级结构，吞掉现有的超级结构。不停地构建下去，用你的伟大设想震惊我们！

发明超级结构最重要的规则是，它应该不同于现有的任何组织。它应该是人、技能和工作的全新组合，同时也是一种看似可以解决问题的方法，能让通常与饥荒、流行病、气候变化、经济崩溃或网络安全等挑战无关的人创造奇迹。

创造超级结构是这款游戏的核心元素，也是玩家获取生存能力点数（总计 100 点）的方式，玩家的点数总和则成为生存能力总分。超级结构越是设想周到、解释清晰、富有创造力、令人惊奇，玩家赚到的点数就越多。玩家还可以加入其他玩家的超级结构，并为之献计献策来赚取点数。生存能力总分到底是怎么一回事呢？我们对玩家做了如下描述：

> 你的生存能力得分会出现在你的生存资料当中，范围是 0~100。你刚加入时，分值为 0。高于 0 的得分，意味着你对人类物种的生存变得越来越重要。如果得到了 100 分，你就是人类未来的绝对核心了。

换句话说，我们的计分制并不是要大家竞争，而只是代表个人的进步。以下是对部分高分超级结构以及创造它们的超强希望者的简要描述。

游戏化实践

我们有电啦，收集能源的衣服

你不需要再从能源公司购买电力了，可以自己供电。你每天所穿的衣服，可以帮助你收集并储存能源，给你的笔记本电脑、手机、MP3 供电，或是为你供热取暖。

想想看：外套上有能收集能源的太阳能电池板，晚上你穿着它就能为你提供电热。使用太阳能嵌板的头巾可以收集能源，为你的 iPod 供电。流苏裙可以利用风能发电，将之存储在小型电池里，你可以将之卸下，为任何东西供电。附有声波采集器的皮带，则能把环境噪音变成能源。

我们正在创造和收集各种可穿戴的能量来源设计。我们会把这些设计原型制造出来，在“我们有电啦”时装发布会上展出。我们需要你帮忙分享和改进这些设计，好让更多的人能随身收获自己的能量。

创建“我们有电啦”超级结构的是超强希望者“索尔斯派”（Solspire），在现实生活中，她叫蔡琳·沙姆希玛（Pauline Sameshima），是华盛顿州立大学教学与学习部门的助教。她带领自己的设计班创造出了一系列真正的原型，还举办了即兴校园时装发布会，展出了各种融合了上述可穿戴能源技术的服装。他们的超强希望者使命是：利用快速原型开发和设计创新，解决能源斗争的超级威胁，帮忙创造未来的能源。

游戏化实践

种子取款机，免费取回你的粮食

粮食不应该花钱，种子也不应该花钱。这就是创造这一超级结构的原因：建立一套种子 ATM 取款机网络，任何需要种子的人都能轻松前往取款机，得到免费的种子。

我们想实现的是：传播自种粮食概念，为大型自由粮食网络奠定基础。我们设想建立一套安全的种子取款机网络，安装在世界各地的银行附近。不过，从设计原型的角度看，我们采用了一种很简单的捷径方案：口香糖贩卖机。我们在贩卖机里装满种子，设置成不要钱免费取用或是只要一分钱。我们会把它们安装在杂货店和农贸市场外面。

发明这一超级结构的是超强希望者豪尔赫·古伯特（Jorge Guberte），25 岁，巴西圣保罗的数字艺术家。他跟食品行业或农业没有直接联系，却对饥荒超级威胁提出了一个完全出人意料的极端解决方案。他的超强希望者使命是：让获得粮食成为基本民权，创造我们在未来养活自己的新方式。

游戏化实践

民主中非共和国，难民之国

迪卡（DCAR），民主中非共和国的简称（The Democratic Central African Republic），是一个“准国家实体”，位于中部非洲的争议地区，有 1 600 万人口。与该地区相邻的诸多国家已经丧失了继续战斗拼抢的决心，但又容不得对方将之吞并。

因此，在这一无序地区开展人道活动，必须履行国家的诸多基本职能，如身份服务、发行类似护照的证件、发行通用电子货币、在有人实现对该地区的控制之前尽可能维持民众的生活。

最终，经过了四五年的利用电子民主软件和生物识别手机的过渡期治理后，迪卡逐渐实现了半官方的准国家状态。它不能断然宣称自己拥有完整的主权，但从技术的角度看，这一地区从前各个政府的外壳已经将其合法地位交给了迪卡的难民议会，只要没有人组建一支军队，似乎就没有人在乎难民们在领土争议解决之前进行自我组织、搞好个人生活。

任何人都可以支持迪卡。你一定要记住，难民跟我们一样，获得政治权利以过好自己的生活是非常重要的。因为，即使不受压迫，难民的日子也很难过！

如果你想更多地参与进来，请挂出迪卡的旗帜，告诉人们，“迪卡”事关重大。

创造迪卡超级结构的是超强希望者“何夏尤特”（Hexayurt），即世界著名救灾专家维奈·古普塔（Vinay Gupta）。他也是轻型廉价住宅“何夏尤特”的发明者，其目的是为难民提供可持续性的住处。他希望针对当前的非洲难民危机，解决大流亡的超级威胁。他的超强希望者使命：帮忙创造和平与政府结构的未来。

这些设想本身无一能够重塑世界的运作方式。但跟玩家们创造的其他 500 多种超级结构一起，它们有力地证明了全新的现实：**在极端规模上解决问题可以动员普通人的参与；规模不一的所有人类组织都可以按照惊人的方式合并与重组；持续改造不仅可行，也是未来 10 年人类进化势在必行的事。**

我们把《超构建》当成实时预测实验，进行了 6 个星期。最终结果是什么呢？游戏结束后，玩家把自己的努力成果清点、组织成了一套解决方案目录，名为《超级结构总目录》，戏仿了斯图尔特·布兰德的《地球索引》，你可以点击 Superstruct.com 访问。

除了给 550 个超级结构编好目录，玩家还针对超级威胁创造了 1 000 多份生动的第一人称报告，以视频、照片、博客、Twitter、Facebook 信息及播客的形式更新。这个世界保存在了网上，为其他预测者、决策者、教育工作者和感兴趣的个人提供了探索和分析的资源。

我们架设了传统的讨论区，供玩家探讨自己的超级结构适合采用的策略。玩家在 500 多个不同的论坛主题里大鸣大放，如“在线下的世界结成网络：我们如何接触不上网的人？”；“我们怎样利用自行车：除了锻炼，如何利用自行车来解决一些大问题？”；“为艺术而艺术：艺术在 2019 年有什么作用？在巨大的危机时期，艺术能扮演怎样的角色？”这些论坛提供了足够多的阅读材料，包括数十份未来预测报告，这些全都保存在网上，供公众浏览。

有 19 名玩家获得了 100 分的生存能力，相当于在《孢子》里获得了生命权杖，或是在《魔兽世界》里练满了 80 级。我们邀请这 19 名玩家作为“超强希望者 19 人”，希望他们与未来研究所继续合作。除此之外，所有参加游戏的玩家，都成了未来研究所超级结构下的一员。

最后，我们的 10 年预测团队用了 6 个月来分析预测游戏的结果。当年的 10 年研究报告名为《未来 10 年的超构建》，我们在其中深化了在虚拟场景里探讨的主题，分析了玩家们阐释的最有希望的超级构建方法。之后，我们更在未来研究所的网站上公布了这些资料，包括一套“超构建策略卡”、一份超构建生态系统可视化地图、未来 50 年地球技艺的 3 种不同假设场景。

哦，对了，为了免得你好奇，我再补充一点：从游戏中全球灭绝意识系统公司的观点来看，我们的玩家做得有多好呢？ 6 个星期的游戏结束时，玩家们把人类的生存时限推到了 2086 年。他们每集体赚到 1 000 生存能力点数，该时限就往后推迟一年。也就是说，玩家们为我们争取了 44 年的时间——足够再生育整整两代超强希望者，和我们一起并肩解决这些问题。

我们的一位玩家发了一篇 Twitter，对整个经历做了最好的总结。它集中体现了未来研究所希望依靠这款游戏达成的目的。他写道：“这是我最喜欢的未来理想，因为它是第一个让我觉得个人也能有所作为的未来。”

游戏化洞察

《超构建》旨在唤起玩家共同创造未来的可能性，这是面对超级威胁、提高集体参与度的关键一步。但要世界产生真正的改变，仅仅传播超级力量感和希望感还不够。我们必须在玩家当中建立真正足以改变世界的能力，帮助他们培养具体的未来技能，让他们获得所需的实用知识，提高他们真正有所作为的可能性。

超强希望和合作创造力，必须跟切实的学习、实际能力发展结合起来。不仅在电脑和视频游戏技术普及的地区要这样，在世界最贫困的地区，如非洲的大部分待发展地区，也要量身定制改变世界的游戏，因为这些地区迫切地需要创造未来的技术。

这两点关键的见解，促使我设计了最新的一款游戏《召唤》（*Evoke*）。

《召唤》，改变世界速成班

《召唤》旨在呼吁世界各地，尤其是非洲的年轻人，开始积极地应对世界面临的最迫切问题，如贫困、饥饿、持续能源、清洁的水源、自然灾害的预防、人权，等等。《召唤》由世界银行的学习机构世界银行学院（World Bank Institute）出品，人们称它是“改变世界的速成班”，其设计目的是帮助玩家在短短 10 个星期里投身改变世界的活动。它可以在电脑上玩，但主要针对手机做了优化，因为手机是非洲最普遍的社交技术。

《召唤》的世界设定在未来 10 年。故事以绘本小说的形式来讲述，沿用了非洲秘密超级英雄网络的冒险桥段（见图 14-1）。该超级英雄网络由“秘密社会创新者”（stealth social innovators）构成，是我们专门为游戏发明的概念。

当然，社会创新是一个真正的概念，也是应对世界范围内贫困问题的一个日益重要的方法。它指的是，用企业家的思维和工作方式来解决通常依靠政府或援助机构的社会问题。社会创新的重要原则是，任何人在任何地方都可以开办自己的项目或商业活动，尝试解决社会问题。社会创新还指的是“社会企业家精神”（social entrepreneurship），强调的是承担风险了解当地环境、放弃千篇一律的标准化解决方案，寻找突破性创新。

图 14-1 《召唤》的第八段情节截图

（雅各·格拉泽，世界银行学院，2010 年）

秘密社会创新又是怎么一回事呢？在《召唤》的世界里，解决社会问题的社会创新者要在公开场合保守秘密身份，以便利用全球想象力，让自己的解决办法真的有机会疯狂地传播开来，就像蝙蝠侠和蜘蛛侠那样，华丽而神秘。《召唤》的超级英雄，以应用被发展专家称为“非洲独创性”的创新方法而著称。

埃里克·赫斯曼（Erik Hersman），博客 AfriGadget 的技术专家兼编辑，也是“非洲独创性”的主要倡导者。他出生于苏丹，现居肯尼亚。赫斯曼对这个概念做了如下描述：

> 一个马拉维男孩用旧自行车零件和钣金造了一架风车；一个肯尼亚人用废旧金属、木材和铜线组装出了一台焊接机；一个埃塞俄比亚企业家用旧迫击炮弹造出了一台咖啡机；一个马拉维科学家发明了以糖和酵母为原料的微型发电厂；一名南非青年用塑料袋、绳子和救生绳造出了一部滑翔降落伞。虽说你可能很难从报纸的国际新闻版看到这些故事，但放眼整个非洲大陆成千上万的村庄、货仓、工业区、街边店和家庭，这样的传奇故事每天都在发生。非洲人因陋就简，用自己的创造力克服

生活中的挑战。

包括赫斯曼在内的许多专家认为，能解决当今发展中国家最棘手问题的人，必定有能力解决未来世界任何地方出现的任何危机。事实上，如今非洲擅长解决问题的人之所以能超越世界其他地区，可以拿出更多廉价、高效、可持续性强的解决方案，完全是因为他们没有别的选择。他们面临庞大的障碍，资源又如此有限，所以，他们的解决方案就必须比其他地方设计的传统方法更具创造力、更足智多谋，有着更强的适应性。

《召唤》希望帮助玩家融入“非洲独创性”这股新兴的文化潮流，积累其社会创新技能，以便有机会成为未来世界的超级英雄。那么，游戏到底是怎么玩的呢？在为期 10 周的“学期”里，玩家要完成 10 大任务，进行 10 轮远征，每个星期的挑战都围绕一道新的“紧急召唤”展开。

在这个游戏世界里，其中的一道召唤就是对创新的紧急呼吁：处在危机中的城市向位于非洲的秘密问题解决网络发去的电子求救信息。例如，游戏的最初两段情节是这样的：《召唤》网络接到召唤，请求帮助东京预防瘟疫，帮助能源基础设施崩溃的里约热内卢进行重建。看到在线传来的紧急召唤之后，游戏鼓励玩家在现实生活中做出回应，在本地小规模地解决紧急危机，获取第一手实际经验。让我们来看看《召唤》的前两项任务。

游戏化实践

紧急召唤：粮食安全

每天有超过 10 亿人在忍饥挨饿。这个星期，你有了拯救他们并改变他们命运的力量。你的目标：保证你社区内至少一个人的粮食安全。请记住：粮食安全不是临时帮忙，提供一顿饭。它是应对饥饿和粮食短缺的长期解决方案。以下是一些帮你入手的设想：帮助别人办个自家菜园；志愿在本地社区的菜园服务；发明一种方法，让你社区里的人能更方便地与他人分享食物；为当地农民创造一种资源。

紧急召唤：动力转换

如今，全球只有不到 10% 的电力是通过可持续能源生产的。这个星期，请发现自己改变这一数字的力量。你的目标：为每天使用的一种东西设计供电新方法。观察你的周围：每天都要用到的某样东西、要做的某件事情，可以使用什么不同的动力，如风能、太阳能、动力能，等等。也许是你的手机，也许是你晚上看书的灯。你的解决方案应该比现在所用的电力来源更廉价或可持续性更强。

为了帮助玩家集思广益，为这些挑战性任务提出创造性解决方案，我们为玩家提供了秘密“调查文件”，上面记录了非洲及世界其他地方已经出现过的社会创新，通过这种方式，来激发玩家的“非洲独创性”，鼓励他们采取行动。

为了获得完成任务的奖励，玩家必须分享一篇博客文章、一段视频或一组照片，记录自己所做的努力，说明自己学到了什么知识。其他玩家负责审核任务证据，证明它配得上奖励“召唤”力：比如，鼓舞 +1，知识共享 +1，洞察力 +1。完成所有的 10 项任务之后，玩家会建立起一份改变世界活动的个人资料，比如博客帖子、视频、照片，以及他们独特的创造未来属性，以交互展示他们得到的所有“召唤”力。与此同时，玩家还要完成 10 轮在线远征。这些个人远征的用意是，帮助玩家发掘自己独特的“出身故事”。

> 游戏的说明解释道：“在漫画书里，出身故事揭示了一个人怎样变成超级英雄：他们的力量来自何方，谁启发了他们，什么事情开启了他们改变世界的道路。在你着手改变世界之前，你也需要弄清自己的超级英雄出身。”

随着时间的推移，玩家的远征日志就成了改变世界职业卡，用于描述他们的秘密身份。远征日志包括回答以下问题：“你比大多数家人和朋友了解更多、做得更好的 3 件事是什么？”“你有哪三种能让你脱颖而出的人格特质或能力呢？”远征日志还请玩家回答：“如果你今天有能力说服 1 个人或 100 个人、100 万个人做一件事，这个人是谁？你会请他做什么事呢？”以此来表现玩家最容易受什么使命的召唤。通过完成这些内省的远征，玩家不仅了解了自己的强项、绘制了自己的未来，还为一项多媒体业务方案奠定了基础，他们可以用它来吸引合作者、导师与投资者。

第一个提出社会创新游戏设想的，是世界银行学院资深教育专家罗伯特·霍金斯（Robert Hawkins）。最初邀请我担任这个项目的创意总监时，霍金斯对我说："对这种游戏的需求非常之大，我们不断听到非洲大学的人说，他们需要更好的工具来动员学生投入现实问题，培养他们的创造、创新和创业能力。这款游戏需要响应这一需求，充当创造目前和未来就业的引擎。"事实上，这款游戏是为了向非洲英语地区的大学生提供"创造未来的职业培训"。

《召唤》的玩家不仅可以学习现实技能，还可以获得现实中的荣誉和奖励。在 10 周内成功完成 10 项在线任务的玩家将得到一份特殊的荣誉：世界银行学院颁发的"社会创新家"官方认证。顶级玩家还将获得资深社会创新家的指导和奖学金，到华盛顿特区举办的《召唤》年度峰会上分享他们的未来愿景。

REALITY IS BROKEN 游戏化的力量

2010 年春，在《召唤》首次试运行期间，我们招募了来自 150 多个国家的 19 000 多名年轻人，包括撒哈拉以南非洲地区的 2 500 多名学生，让它成了非洲迄今为止最大的在线合作解决问题社区。

短短 10 周，这群创始玩家集体完成了 35 000 多项创造未来任务，记录在《召唤》网络上。更重要的是，他们在最终挑战中提出了 100 多种社会创新，并计划在世界银行学院种子基金的支持下开办创新型企业。

这些因为《召唤》而获得创办灵感的企业包括：

- **召唤加油站**：一个由南非开普敦高中生创立并管理的试点计划，旨在为人们提供种植粮食、增加收入源的知识和技能。该项目目前正在开普敦最穷困的社区蒙瓦比什公园（Monwabisi Park）进行测试。这是一个非正式定居点，即寮屋营地，住着两万多名流离失所的人，12 年来都过着没有自来水、下水道、舒适的房屋和平整的道路的生活，得不到健康保健和就业。
- **太阳能船**：由约旦年轻女性创办、针对年轻女性的项目，目标是将亚喀巴湾的 120 艘玻璃船改为以太阳能为动力以节省燃料，减少红海珊瑚及海洋生物污染，让海滩变得更清洁，并降低船只成本。

- **星火图书馆：**由美国的一名建筑系研究生开办的企业，在撒哈拉以南非洲地区设计和尝试一种新的众包图书馆。为了从星火图书馆里借阅图书，你首先要贡献一段本地或个人知识，帮忙建立有关环境、文化习俗和自然资源的本土传统知识数据库。

撰写本章内容时，《召唤》正以之前取得的成功为基础，计划开发更多“学期”的课程。游戏的新“学期”将把关注度和动员力量集中在单一主题，如能源、粮食安全或妇女权利等。与此同时，游戏的第一“学期”，即《召唤》的核心课程，将翻译成针对中东的阿拉伯语版、针对拉丁美洲的西班牙语版、针对中国的汉语版，等等，以便接触到更多学生。为了方便在网络尚未普及的非洲地区玩《召唤》，第一学期的各章节内容编译成了一部绘本小说，所有的任务和远征都采用了课后练习的形式。鉴于发展中国家的大部分年轻人都使用手机，因此短信互动可以确保这些“使用纸笔”的玩家仍能接入全球《召唤》网络。

这些改动的目的是什么呢？是为了保证，随着时间的推移，地球上的每一名年轻人都能接受问题解决和星球技艺的教育，自由、免费地接入全球网络，与立志改变世界的潜在合作者、投资者及导师建立联系。

《漫长游戏》，可持续 1 000 年的游戏

那么，《没有石油的世界》《超构建》《召唤》这类游戏，在未来会有怎样的发展演进呢？

《超构建》结束时，在网上的流媒体“超级结构荣誉”广播中，未来研究所的所有游戏大师都有机会从中选出自己最中意的超级结构并颁奖。我挑选的超级结构名为《漫长游戏》（*Long Game*），创立者是玩家 Ubik2019，他也是游戏里最活跃的玩家之一。在我看来，《漫长游戏》代表的是，到 21 世纪末，创造未来游戏有望实现的高度：针对志向最为高远的全球发展活动宏伟合作实验室。

在现实生活中，Ubik2019 名叫吉恩·贝克尔（Gene Becker），是惠普高性能

移动产品开发部门的前任全球总监，现为新兴技术咨询公司闪电实验室（Lightning Laboratories）创始人及执行理事，为全球 2 000 多家公司和初创企业提供服务。就如何在全球范围内培养主动精神、如何利用新的网络技术进行创新，贝克尔为《超构建》带来了极为敏锐的感知力。以下是贝克尔对一种新型超级结构的设想。

> 《漫长游戏》是一款可持续 1 000 年的游戏，可以借此培养长期思维观念。我们需要什么样的人：超强希望者，他们相信长期思维观念，相信在生活中采用游戏方法能帮助我们变成更好的人、做出更好的行动选择、实现更好的结果、避免 2019 年有望遭遇的超级危机，让地球上所有人都有机会为人类物种留下有意义的馈赠。
>
> 我们可以做到什么：如果你今天投资 1 美元，扣除通货膨胀和税收后平均年回报率为 3%，1 000 年之后，它将价值 7 000 万亿美元。想想看，你未来 30 代的后人能用这笔资金做些什么？你又该如何告诉他们，你希望他们怎样支配这笔财富？
>
> 如果我们采用这种复利方式，对非金融资本，如智力、自然、社会、家庭、遗传等进行投资，又会有怎样的结果？把如此丰厚的礼物赠送给未来的人类……

一款持续 1 000 年的游戏，加上对我们最重要资源的金融和非金融投资，这样的游戏究竟是怎样运作的呢？

游戏化实践

在《超构建》实验中，我们集体讨论了不同的设想，讨论焦点主要集中在结构上，而非主题、故事或内容。比方说，我们想象整个世界每年都腾出一天来玩游戏，就类似某种全球假期。当然，和所有优秀游戏一样，是否参与其中，决定权在你手里。但这款游戏的超级目标会是，到 1 000 年快结束的时候，动员接近 100% 的人一起玩。

热心玩家想花多长时间为全球游戏节做准备都行，休闲玩家则可以简单地到游戏网站上露个面，在游戏节当天玩上几分钟、几小时、甚至全天 24 小时也行。

整个全球游戏节代表游戏里的一步“动作”。我们还想象，或许《漫长游戏》可以按每局 50 轮动作来玩。所以，如果你一辈子都在玩《漫长游戏》，至少可以经历完整的一局甚至两局。

每 10 步动作代表一个更盛大、更重要的时刻，类似每 10 年来的一次重要升级。第 25 步和第 50 步动作是每一轮游戏的中场和结束标志，自然更加重要，它是玩家努力了 1/4 个世纪后所达到的高潮。

那么，游戏里做出每一步动作，具体意味着什么呢？我们设想了一系列事件的组合：建立共同基础的社会礼仪和绕圆圈游戏；众包式挑战和集体壮举。它们采用传统的大家一起修建谷仓的形式，将全世界的精力和注意力放到单独的一个问题或一种转型上，为未来创造共同动力、集体确定来年有游戏挑战和主题的预测演练。

当然，没有人能活上 1 000 年，看到游戏的开头和结尾。但游戏将成为人类的一条纵贯线，以有形的方式把我们今天的行动和后代子孙未来的行动联系起来。它会营造一种敬畏和惊奇感，激发我们去想象这种规模庞大的冒险会产生怎样的结果，我们该怎样在游戏里发挥尽可能有意义的影响，从而让我们的一生留下持久的痕迹。

玩家花一辈子玩一款游戏，这种情况不难想象。《魔兽世界》的很多玩家已经玩了将近 10 年，《光环》的玩家亦然。还有无数的人穷尽一生的时间来掌握象棋、扑克或高尔夫这样的游戏。

人类社会已经成功地将一款游戏保持了整整 1 000 年，在这一方面，我们已有历史先例：古希腊人每隔 4 年举办一次奥林匹克运动会，1 000 年里几乎不曾中断。《漫长游戏》尚未诞生，但它或许正是世界现在需要的东西。

立志动员地球上的每一个人参与同一款游戏，并不是一个恣意妄为的目标。实现这一目标，意味着对整个地球和社会进行重大改造。

它要求全世界的每一个村庄都能通过个人电脑或手机接入互联网，让所有人都真正能为游戏做出贡献。普及互联网本身就是一个值得追求的远大目标。如今，全球大约 1/4 的人能够以可靠的方式每天上网。等到非洲偏远村庄、印度贫民窟或尼加拉瓜的每一户家庭，以及全世界的所有人都能接入《漫长游戏》，也就意味着教育、文化和经济实现了进一步的发展。

此外，对于地球上每一个玩同一款游戏的人来说，需要实现跨越地理和政治边界的通信自由。举例来说，如果想让朝鲜的每一名公民都能玩到《漫长游戏》，先要做些什么呢？

如果我们有意参与设计《漫长游戏》，如果我们建立了全民参与的途径，它一定会成为一款优秀游戏，通过它，玩家们能把我们带入下一个阶段，实现全新规模的合作、协调和共同创造。正如凯斯·维安在介绍《超级结构 10 年预测》时说："放宽眼界。以千年的长远视角来观察未来 10 年。从原子、活体细胞、生物群、国际社会和全球经济的突破结构上聚焦世界的进步。在这条漫长的演进之路上，不断尝试更复杂的惊人的重组实验，创造下一种令人难以置信的结构形式。未来将会焕然一新。"

游戏化洞察

游戏，将成为地球生命的下一种突破性结构。当然，我们不能保证这种演进会沿着某条既定的路径前进，它只是顺应环境，朝着提高生存能力的方向发展。但所有的历史证据似乎都表明，合作可以改善人类的生存能力，只要我们不断创造一起合作的新方法，未来也将继续如此。

最初，人类发明了语言，之后发明了农业和城市，再之后是贸易、民主政府和互联网，它们都在更大、更复杂的规模上维系着人类的合作与生活。成为人类以来，我们几乎一直在玩各种精彩的游戏。现在，是时候在极端的规模上玩它们了。团结一心，我们可以攻克一个或许是最值得尝试、规模也最为庞大的障碍：**利用游戏提高全球生活质量，为未来做好准备，让地球顺利进入下一个千年的全球性使命。**

结语

游戏化，重塑人类的文明

不管我是在哪儿得到幸福
在哪儿成就伟业
在哪儿了解真正的秘密
在哪儿拯救世界
在哪儿产生强烈感觉
在哪儿助人为乐
我也都能在现实里做到

未来学家　艾利泽·尤多斯基

人们可以想玩什么游戏就玩什么游戏，可以创造任何想象得到的未来。这就是书中阐述的宏伟设想。为什么优秀的游戏能让人变得更好？它们如何帮助我们改变世界？这是我们正在研究的主题。

一路上，我们从全世界最成功的电脑和视频游戏开发人员那里，一点点地收集了 30 多年来的行业秘密，又将这些秘密与过去 10 年积极心理学研究领域的重要科学结论做了比较，辨明了新兴平行实境游戏设计中最关键的创新，跟踪了游戏设计怎样创造出全新的极端规模合作途径，着手解决现实世界的宏大问题。

创造全新的超级合作

我们了解到，精彩的游戏不仅仅是不必要的障碍，更是提高自我激励、唤起兴趣和创造力、帮助我们全心投入工作的不必要障碍（1 号补丁：主要挑战障碍）。我们了解到，游戏是抑郁的直接情绪对立面：它是精力充沛的活动，玩家对自身能力的乐观态度（2 号补丁：保持不懈的乐观）。这就是哪怕其他一切都失败了，哪怕我们愤怒、厌倦、焦虑、绝望、孤独或漫无目的时，游戏也能让我们转入积极状态的原因。

通过明确、可操作的目标和鲜明生动的结果，我们发现了游戏设计师怎样帮助我们进入幸福生产力的状态（3 号补丁：更满意的工作）。我们看到游戏如何把失败变得有趣，训练我们把时间和精力放在真正可以达成的目标上（4 号补丁：更有把握的成功）。我们看到它们如何帮我们建立社会持久力，以更招人喜欢的方式唤起我们的行动（5 号补丁：更强的社会联系）；把我们放在更宏伟的背景下，让我们全力以赴，感受真正的意义（6 号补丁：更宏大的意义）。

如果我们想继续学习如何改善现实生活质量，还需要继续开发商业游戏的此类洞见。游戏行业一直在努力证明自己是绝佳的研究实验室，帮助我们寻找可靠、有效的新方法来优化人类幸福。

我们还探讨了平行实境游戏怎样重塑我们多方面的现实体验，如商业飞行、公共教育、医疗保健、家务劳动、健身习惯，乃至社交生活。

我们看到了这些游戏如何帮助我们更享受现实生活，而不是急着想要逃避（7 号补丁：全情投入）。我们思考了点数、关卡和成就如何激励我们熬过最艰难的环境，鼓励我们更努力地精通自己本来就喜欢的事情（8 号补丁：人生的升级）。我们看到游戏如何成为社群的跳板，培养我们的社会参与能力，在博物馆、老人院、繁忙的城市人行道等各种空间将我们联系起来（9 号补丁：和陌生人结盟）。我们甚至看到了大型群体游戏为我们接受科学建议、过上更好的生活如何提供便利，比如每天想到死亡、多跳舞，等等（10 号补丁：幸福的黑客）。

面对自己试图加以解决的问题，这些初期的平行实境游戏或许无法代表完整、全面、收放自如的解决途径，但它们生动地展示了现今的可能性。随着越来越多的顶尖组织和最有前途的创业公司开始试水平行实境领域，这一实验性的设计空间将成为技术和社会创新越来越重要的源头。

最后，我们探讨了如何让超大型游戏，为我们最重要的集体努力制造更大的参与带宽，帮忙拯救现实世界。

我们看到了成功动员数以万计的玩家免费参与解决现实问题的众包游戏，如治疗癌症、调查政治丑闻（11 号补丁：可持续的参与式经济）。我们看到了社会参与式游戏为玩家在现实世界中创造了志愿任务，让人产生英雄感、满足感，它和在线游戏任务一样容易达成，从而帮助玩家真正地拯救生命、实现真实的愿望（12 号补丁：人人时代的华丽制胜）。

我们了解到，年轻人在电脑和视频游戏上所花的时间越来越长，到他们 21 岁时，平均已经用去 10 000 个小时。我们又了解到，这 10 000 个小时的游戏时间足够让我们精通一件事：合作、协调、共同创造新的东西（13 号补丁：认知盈余的红利）。我们看到预测游戏如何把普通人变成超强希望者：训练我们采用长期视角，实践生态系统思维，对大规模的多策略进行试点，解决行星级别的问题（14 号补丁：超级合作者）。

> 超级大型游戏代表了合作的未来。很简单，它们有最大的把握解决我们这个时代最复杂的问题。在人类历史上，它们前所未有地给了更多人为宏伟事业而奋斗、直接参与改变整个世界的机会。

游戏的4大永恒真理

在锤炼这 14 项补丁的过程中，我们发现，较之最优秀的游戏，现实在 14 个方面都有所不足，支离破碎。

> 现实太简单，令人沮丧；它毫无生产力，希望渺茫；它分裂不连贯，琐碎不重要；它难以融入；它毫无意义，吃力不讨好；它孤独，隔膜；它难以忍受；它不可持续，缺乏雄心壮志；它混乱而分裂，卡在现状里不能自拔。

这就是所有的现实。但至少从一个极其重要的角度来看，现实同样也更好：现实才是我们的命运。我们天生关心现实，我们身体里的每一个细胞、大脑里的每一根神经，都关心现实。我们是 500 万年无数遗传适应的结果，而每一种遗传适应，都是为了帮助我们在自然环境里生存，在现实的世界里蓬勃繁荣。

我们人生中最紧迫的使命，即地球上每个人都要承担的使命，是在清醒的每一刻里，全力以赴地深深地投入现实。这并不是说我们不能玩游戏。它的意思只是，我们不能再把游戏看作是逃避现实的消遣。那么，我们又该怎样认识它呢？我们应该像古吕底亚人那样想。

让我们再次回顾那段深具刺激性的历史。希罗多德解释古吕底亚人为什么会发明骰子游戏：因为他们一天用来玩骰子游戏，隔天再吃饭，通过这种方式，他们一起扛过了一场持续 18 年的大饥荒。说到怎样玩游戏、为什么玩游戏，今天的我们和古吕底亚人有 3 个关键的共同点。

第一，对饥饿受苦的古吕底亚人来说，游戏是提高现实生活质量的途径。这是它们的首要功能：在艰难时期提供真正的积极情感、真正的积极体验、真正的社会联系。对如今的我们来说，这仍然是游戏的首要功能。它们让我们在现实生活里过得更好，它们比现有的其他任何工具都能更好地实现这一目的。面对无聊、焦虑、孤独和抑郁，没有人能够免疫，而游戏却能快速、低廉、效果显明地解决这些问题。生活很艰难，游戏却让它更美好。

第二，大规模地组织人群同样艰难，而游戏则让它变得更轻松。骰子游戏为古吕底亚人提供了参与的新规则。参与规则很简单：这些日子玩，那些日子吃。但这两条简单的规则，至少像希罗多德想的那样，帮助古吕底亚王国上下协调了稀缺资源、协力合作熬过了 18 年的漫长饥荒岁月。正是这种日常的游戏机制，维持了王国的团结，拉长了努力的持续时间。

游戏化洞察

日复一日，我们同样在利用游戏创造更好的参与规则，扩大我们的合作范围。我们越来越认识到，在奠定共同基础、集中整体注意力、鼓励长期努力方面，游戏有着无与伦比的力量。

游戏是创造全新城市及社会基础设施的途径，它们是协调各方努力的脚手架。不管置身什么社群，在世界的哪一个角落，我们都可以将这份努力投入到任何我们想要改变的事物上。游戏帮助我们共同努力，实现更多的成就。

第三，游戏并不依赖于稀缺或有限资源。不管我们的资源多么有限，都可以无休无止地玩游戏。此外，我们玩游戏时，消耗更少。这大概是希罗多德故事里最受人忽视的一点教训。对古吕底亚人来说，游戏其实引入并维持了一种可持续性更强的生活方式。他们不可能按照原来的速度消耗自然资源，所以，新的游戏促使他们采用了可持续性更强的习惯。

今天，我们刚刚开始意识到这种可能性。我们开始怀疑物质财富是不是真正的幸福之源，我们开始寻找避免因对物质的无尽需求而耗尽地球、耗尽彼此的方法，我们希望能增加经验、关系和积极情绪方面的财富。我们越是观察游戏带来的真切而完整的可再生奖励，就越是懂得：游戏是一种可持续的生活方式。

我们从古吕底亚人那里分享了有关游戏的3条永恒真理：优秀的游戏可以发挥重要的作用，改善真实生活的品质；优秀的游戏支持大规模的社会合作与公民参与；优秀的游戏帮助我们过上可持续的生活，变成更具适应性的物种。

但是，在玩游戏上，我们又跟古吕底亚人有着关键的不同之处。他们用骰子游戏做了很多事情，但唯独没有用它来解决饥荒，至少，我们从希罗多德那里所了解的是这样。游戏缓解了个人的痛苦，解决了社会混乱的问题，解决了减少消耗稀缺资源的问题，但它们并没有解决粮食供应匮乏这个问题，它们没有把最聪明的头脑联合在一起，实验并开发获取或制造食物的新方式。

今天，游戏的演化程度已经足够高，能够维持第四项关键功能了。今天的游戏大多包含严肃的内容，可以引导我们把注意力放在身边最紧迫的现实问题上。我们把真正的问题包装在游戏里：科学问题、社会问题、经济问题、环境问题。**我们通过游戏，为人类面临的最迫切挑战创造新的解决方案。**古吕底亚人只有骰子游戏，而今天，我们正在开发一种更为强大的改变世界的游戏，以解决现实问题、带动真正的集体行动。

> 游戏有 4 条永恒真理：第一，优秀的游戏可以发挥重要的作用，改善真实生活的品质；第二，优秀的游戏支持大规模的社会合作与公民参与；第三，优秀的游戏帮助我们过上可持续的生活，变成更具适应性的物种；第四，优秀的游戏引导我们为人类面临的最迫切挑战创造新的解决方案。

游戏，塑造可持续的生活方式

那么，古吕底亚人最终碰到了什么样的结果呢？要是希罗多德的话信得过，他们的故事就有个出人意料的快乐结局。

> 希罗多德写到，玩了 18 年的骰子游戏后，古吕底亚人发现饥荒仍然看不到头。他们意识到，只是袖手等待、分散精力，恐怕还是无法在饥荒里存活。他们必须乘势而起，直接克服障碍。因此，他们决定一起玩最后一回游戏。
>
> 希罗多德告诉我们，他们把王国的人口分为两半，通过抽签的方式来决定哪一半人留守本国，哪一半人出发寻找新的定居之所。
>
> 这最后一轮游戏让古吕底亚人实现了华丽制胜，以出乎意料但效果显著的方法，胜利解决了饥荒问题。

事实证明，古吕底亚的粮食资源能轻松维持全国一半的人口渡过饥荒，我们从其他历史文献中知道，古吕底亚王国不光继续存在了好几个世纪，而且蓬勃发展。同时，根据希罗多德的说法，愿意出海寻找新家园的古吕底亚人，在如今意大利的托斯卡纳地区成功定居，并发展出了日后高度发达的伊特鲁里亚文化。

当然，如今我们知道，伊特鲁里亚人对罗马文化产生了最重要的影响。历史学家广泛认同，正是伊特鲁里亚人最初发展出了城市规划和土木工程的伟大技能，也是他们在艺术、农业和政治上取得的成就，为改变世界的罗马帝国以及我们所知的大部分西方文明奠定了基础。

但是，玩游戏的古吕底亚人，对人类的文明进程真的有这么大的影响吗？意大利各地的人们出于民族骄傲情绪，竞相声称伊特鲁里亚人是当地土生民族，并非外来移民。同时，和希罗多德撰写的许多历史片段一样，这段伊特鲁里亚人的起源故事遭到了一些人的怀疑。古吕底亚人的饥荒和游戏故事太奇怪了，许多现代历史学家都认为这是一个神话或寓言，虽有事实根据，但并不尽然是事实。

然而，新近的科学研究最终确认了古吕底亚人故事的几个关键细节：他们所面临的饥荒、最终的大规模迁徙，都曾真正存在过。

> 今天，地质学家认为，公元前 1159 年到公元前 1140 年间出现过一次全球性的气候变冷，他们通过树木的年轮确定了 19 年的时间年限。年轮是树木在生长季节时产生的一个层，在干旱和饥荒年代，树木的年轮会比正常年份窄很多。通过对比石化树的年轮，地质学家得出结论：在公元前 12 世纪，全球气候变冷，导致了持续 20 年的饥荒和干旱，欧洲和亚洲的情况最为严重。历史学家现在相信，希罗多德描述的古吕底亚人碰上了持续 18 年的饥荒，恐怕就是这次全球变冷所致。
>
> 与此同时，2007 年，意大利都灵大学遗传学家阿尔贝托·皮亚扎（Alberto Piazza）领导的一支团队获得了人类遗传学上公认的突破性发现。该研究小组分析了托斯卡纳地区 3 种不同人群的 DNA，这些人都是伊特鲁里亚人的直系后裔。研究人员发现，较之其他意大利人，伊特鲁里亚人的 DNA 与近东人的联系更近，而且，最关键的是，他们还找到一种特别的遗传变异，只有现在的土耳其人与之共有，而土耳其人所在的地区正是当年的古吕底亚王国。皮亚扎在报告研究小组的发现时说："我们认为，研究提供了确凿的证据，证明希罗多德是正确的，伊特鲁里亚人确实是从古吕底亚来的。"

既然当代科学证据确认了希罗多德记叙的两条关键细节，古吕底亚人的传奇就有了新的意义。突然之间，初看惊人的论断似乎变得更有道理起来：西方文明的诞生，多亏了古吕底亚人团结一致一起玩游戏的能力。

事实证明，骰子游戏不仅能让人们在艰难时期过得更快乐，它们还让整个社会团结一心，朝着集体商定的目标共同努力；它们训练古吕底亚人，哪怕在最艰巨的挑战面前也保持乐观精神；它们构建了强大的社会结构，不断提醒每一个古吕底亚人：人人都是更宏伟事业的一部分。正是古吕底亚人凭借良好的游戏技巧和能力，在灾难性的气候变化中生存下来，最终重塑了自己的文明。如果当年他们曾经做到，那么，今天的我们同样也能做得到。

30 多年来，我们一直在一起玩电脑游戏。从那时算起，我们在优秀的预备性游戏上已经积累了 18 年的经验。现在，我们已经拥有了合作超能力，拥有了互动技术和全球通信网络，拥有了人力资源——超过 5 亿的玩家。古吕底亚人利用游戏技巧和能力改造世界 3 000 多年以后，我们正准备效法他们的老路。我们已经为人类的下一轮华丽制胜做好了准备。

游戏化，让现实变得更美好

我们再也不能抱残守缺，固执地认为游戏独立于我们的现实生活和工作。问题不在于它浪费了游戏造福现实的潜力，而在于，它根本就不是真的。游戏并不会让我们从现实生活里分心，它们用积极的情绪、积极的活动、积极的体验和积极的优势填补了现实生活。

游戏不会带我们走向文明的灭亡，它们会带领我们重塑人类文明。我们今天及以后所面临的巨大挑战，就是将游戏更紧密地整合到日常生活当中，把它们当成协力重塑地球的努力平台。如果我们肯真心尝试驾驭游戏，以创造真正的幸福和重塑现实的力量，那么，“现实变得更美好”就不再只是一句空话，而是真的有可能发生。如果确实如此，我们的未来将焕然一新。

游戏清单

如何玩

以下游戏清单旨在帮助你更深入地了解书中提到的游戏，并亲自上阵一试身手。如果你想更积极地参与到改造世界的玩家社群中来，这些资源能为你指出方向。

如何找到更多资料

若想看到更多案例研究，或者想对新推出或即将推出的平行实境游戏、预测游戏、幸福黑客、群体游戏及合作实验室有更多的了解，请访问本书网站：www.realityisbroken.org。

如何参与

如果你希望创作、测试、赞助或委托制作一款能产生积极影响的游戏，如改善玩家生活、解决现实问题或改造世界，请加入社交网络 Gameful：www.gameful.org。其他致力于类似使命的组织还有 Games for Change（www.gamesforchange.org）、Games Beyond Entertainment（www.gamesbeyondentertainment.com），以及数码游戏化学习学术会议（www.glsconference.org）。

玩什么

本书介绍的多款平行实境和改造世界游戏都可以在网上或手机上免费使用。有些现在已经下线的游戏，也做了在线文档供公众浏览。由于本书提到的很多游戏在本书出版时仍为测试或原型阶段，它们的可用性或许会有所变化。我们将及时跟进，并在本书网站上公布其最新消息。

以下游戏按字母顺序排列，并附上了在书中出现的章节。

《活力》（*Bounce*）

（第 9 章）这一跨代沟对话游戏（试玩版）由加州大学伯克利分校新媒体中心的艾琳·简（Irene Chien）、肯·戈德堡（Ken Goldberg）、简·麦戈尼格尔、格雷格·尼迈耶（Greg Niemeyer）和杰夫·唐（Jeff Tang）开发，英语和西班牙语版见 http://heidegger.ieor.berkeley.edu/bounce/。

《家务战争》（*Chore Wars*）

（第 7 章）本款家务管理游戏（试玩版）由（凯文·戴维斯）设计，可在 www.chorewars.com 上参与试玩。

“出来玩”游戏节（Come Out & Play Festival）

（第 9 章）欲知该年度手机及社交街头游戏节于何时、何地举办，请访问 www.comeoutandplay.org。

《陌生人的安慰》（*Comfort of Strangers*）

（第 9 章）本款社交街头游戏由英国开发人员西蒙·埃文斯和西蒙·约翰逊设计。欲了解玩法，可访问 http://swarmtoolkit.net，也可到以下网址观看纪录短片：http://vimeo.com/1204230。

《残忍的善意》（*Cruel 2 B Kind*）

（第 10 章）本款善意行刺游戏由简·麦戈尼格尔和伊恩·博格斯特设计，纪录短片可见 www.cruelgame.com，还可以在该网站下载游戏工具包。

《云中日》（*Day in the Cloud*）

（第 8 章）这款机舱内游戏由美国维珍航空公司和谷歌应用套件开发。你可以访问 www.dayinthecloud.com，尝试游戏的存档版，哪怕你并不置身飞机客舱！

《召唤》(*Evoke*)

(第 14 章) 这一社会创新游戏由简·麦戈尼格尔和齐亚什·蒙瑟夫 (Kiyash Monsef) 创作，世界银行学院及 Natron Baxter Applied Gaming 开发。你可以访问 www.urgentevoke.com，加入其中。

《非凡》(*Extraordinaries*)

(第 12 章) 这一微志愿游戏由雅各布·科尔克 (Jacob Colker) 和本·里格比 (Ben Rigby) 设计。如欲加入或参与设计非营利任务，可以访问 http://app.beextra .org/home。

《折叠》(*Fold It!*)

(第 11 章) 本游戏由华盛顿大学计算机、工程和生物化学系共同开发。你可以访问 http://fold .it/portal，解决蛋白质折叠谜题。

《四方》(*Foursquare*)

(第 8 章) 这一社交管理游戏可在 www.foursquare .com 上注册，也可以在智能手机的软件商店里搜索“四方”手机应用程序。

《免费稻米》(*Free Rice*)

(第 11 章) 此款非营利性游戏由联合国世界粮食计划署运营，可上 http://freerice.com 玩游戏救助饥荒。

《意外的幽灵》(*Ghosts of a Chance*)

(第 9 章) 这款实验性游戏由史密斯森美国艺术博物馆设计，可到 www.ghostsofachance.com 浏览过往存档，也可注册玩 90 分钟的简化版。

《后勤》(*Groundcrew*)

(第 12 章) 组织自己的特工，解决社会问题，可到访 http://groundcrew.us，如欲对平台背后的公司及其创始人乔·埃德尔曼有更多的了解，可访问 http://citizenlogistics.com。

“躲猫猫”游戏节（Hide & Seek Festival and Sandpit）

（第 9 章）如欲跟踪英国开发和公开测试的移动平台社交心流体验和游戏，请访问 www .hideandseekfest.co.uk。

《调查你处议员的开支》（*Investigate Your MP's Expenses*）

（第 11 章）请访问 http://mps-expenses.guardian.co.uk，跟进《卫报》对英国议员的政治调查，并使用众包工具参与。

《喷气人》（*Jetset*）

（第 8 章）这款机场游戏由 Persuasive Games 开发，可上 www.persuasive-games.com/games/game.aspx?game=jetset 浏览更多游戏截屏，并下载 iPhone 应用。

《迷失焦耳》（*Lost Joules*）

（第 12 章）这款智能电表游戏项目由 Adaptive Meter 赞助，欲了解更多信息可访问 http://lostjoules.com。

《丢失的指环》（*The Lost Ring*）

（第 13 章）这款游戏由麦当劳、AKQA、简·科麦戈尼格尔和国际奥委会共同创作，如欲了解更多情况，请访问玩家维基 http://olympics.wikibruce.com/Home，还可以到以下网站观看互动案例 http://work.akqa.com/thelostring/。

《耐克 +》（*Nike+*）

（第 8 章）浏览所有《耐克 +》挑战，注册并加入这款跑步游戏，请访问 www. nikeplus.com；此游戏需要一款廉价的“耐克 +”传感器和 iPhone 或 iPod 才能玩。

Plusoneme

（第 8 章）如欲给你认识的某人灵感 +1、友善 +1、幽默 +1，或者其他各种积极属性 +1，请访问 http://plusoneme.com。游戏的设计者是克莱·约翰逊。

《学习的远征》(*Quest to Learn*)

（第 7 章）可访问 http://q2l.org，下载世界第一所以游戏为基础的公立学校课程及作业样例。游戏由 Institute of Play 开发。

《孢子》(*Spore*)

（第 13 章）免费为《孢子》星系做贡献，创造你自己的《孢子》生物，请访问 www.spore.com。

《超好》(*Superbetter*)

（第 7 章）如果要将这款疾病或损伤恢复游戏的规则与朋友及家人分享，请访问 www.superbetter.org。

《超构建》(*Superstruct*)

（第 14 章）这款未来预测游戏，由未来研究所创作，如欲了解相关文档，请访问 www.superstructgame.org。如需进一步了解游戏情况、下载游戏结果，请访问博客文档 http://iftf.org/search/node/superstruct。

《墓碑得州扑克》(*Tombstone Hold'Em*)

（第 10 章）这款墓地扑克游戏由简·麦戈尼格尔为 42 Entertainment 公司创作，如欲了解游戏规则，请访问 www.avantgame.com/tombstone。

《绝密舞蹈》(*Top Secret Dance-off*)

（第 10 章）这款舞蹈冒险游戏由简·麦戈尼格尔开发，第一代原型可以到 http://topsecret.ning.com 参观。未来版本将在 www.realityisbroken.org 发布。

《没有石油的世界》(*World Without Oil*)

（第 14 章）这款预测游戏由 ITVS 发布、Writer Guy 出品。如需按游戏进度重放模拟过程或是下载教案，请访问 http://worldwithoutoil.org。

译者后记

多年前，我在一家网络游戏报做小编。那时候最热门的网络游戏还是《传奇》和《反恐精英》，编辑部的男同事们上班时打《传奇》、写攻略，下班打《反恐精英》当消遣，或其他同类游戏。我对网络视频游戏的初步了解，应该始于这个时期。

按照本书作者划定的标准，我是再标准不过的“休闲”游戏玩家了。像《魔兽世界》、《星际争霸》以及新出的《暗黑破坏神》这类大型多人在线游戏，我从来不碰，一来是没有时间，二来，我的那台老旧计算机也运行不了复杂的游戏程序。

但我喜欢玩各种小游戏。这几年流行的《植物大战僵尸》、《愤怒的小鸟》和《水果忍者》，都曾让我流连忘返。最近比较中意的游戏是《傲气雄鹰Ⅱ》，只要一有时间，不管是等人还是候车，随时都会掏出手机来暴打一阵。休闲小游戏的特点是简单、上手快、重复操作、不怎么需要动脑子，对于经常做翻译翻到欲哭无泪、常感觉脑髓用光的我来说，最合适不过了。

我自认为是个推崇自律精神的人，所以，有时候我对自己玩小游戏玩到欲罢不能带着深深的鄙视。这个“我”也会像传统的家长一样喋喋不休：有时间玩游戏，你怎么不去多看看书？就算不看书，去锻炼锻炼身体也是好的。就算不锻炼身体，躺在床上闭目养神、休息一下也可以啊！但现实中的我，仍然非把一个游戏打到爆机不可，至少是部分爆机。在《傲气雄鹰Ⅱ》打过了正常难度级别而更难的级别又难以通关之后，我就基本上厌倦它了。

也出于上述原因，本书中提到的《魔兽世界》

《孢子》等大型游戏里的术语，我虽然尽力查过资料，但不敢保证全都理解和翻译准确，还请各位玩家读者多包涵，并提出宝贵的意见和建议。

因为本书内容较多，再加上时间仓促，还有其他一些同事及好友参与了本书的翻译、资料检索及整理工作，他们是李佳、李征、张志华、张才学、唐竞、向倩叶、廖昕、侯高林和甘雪芹。在这里我谨致以最衷心的感谢。

碍于译者水平，疏漏在所难免，如果各位读者在阅读过程中感觉译文理解有困难，或是发现了任何翻译上的错误，不妨一同探讨。

未来，属于终身学习者

我这辈子遇到的聪明人（来自各行各业的聪明人）没有不每天阅读的——没有，一个都没有。巴菲特读书之多，我读书之多，可能会让你感到吃惊。孩子们都笑话我。他们觉得我是一本长了两条腿的书。

——查理·芒格

互联网改变了信息连接的方式；指数型技术在迅速颠覆着现有的商业世界；人工智能已经开始抢占人类的工作岗位……

未来，到底需要什么样的人才？

改变命运唯一的策略是你要变成终身学习者。未来世界将不再需要单一的技能型人才，而是需要具备完善的知识结构、极强逻辑思考力和高感知力的复合型人才。优秀的人往往通过阅读建立足够强大的抽象思维能力，获得异于众人的思考和整合能力。未来，将属于终身学习者！而阅读必定和终身学习形影不离。

很多人读书，追求的是干货，寻求的是立刻行之有效的解决方案。其实这是一种留在舒适区的阅读方法。在这个充满不确定性的年代，答案不会简单地出现在书里，因为生活根本就没有标准确切的答案，你也不能期望过去的经验能解决未来的问题。

而真正的阅读，应该在书中与智者同行思考，借他们的视角看到世界的多元性，提出比答案更重要的好问题，在不确定的时代中领先起跑。

湛庐阅读 App：与最聪明的人共同进化

有人常常把成本支出的焦点放在书价上，把读完一本书当作阅读的终结。其实不然。

时间是读者付出的最大阅读成本

怎么读是读者面临的最大阅读障碍

“读书破万卷”不仅仅在“万”，更重要的是在“破”！

现在，我们构建了全新的“湛庐阅读”App。它将成为你“破万卷”的新居所。在这里：

- 不用考虑读什么，你可以便捷找到纸书、电子书、有声书和各种声音产品；
- 你可以学会怎么读，你将发现集泛读、通读、精读于一体的阅读解决方案；
- 你会与作者、译者、专家、推荐人和阅读教练相遇，他们是优质思想的发源地；
- 你会与优秀的读者和终身学习者为伍，他们对阅读和学习有着持久的热情和源源不绝的内驱力。

下载湛庐阅读 App，
坚持亲自阅读，
有声书、电子书、阅读服务，
一站获得。

CHEERS

本书阅读资料包

给你便捷、高效、全面的阅读体验

本书参考资料

湛庐独家策划

- 参考文献
  为了环保、节约纸张，部分图书的参考文献以电子版方式提供
- 主题书单
  编辑精心推荐的延伸阅读书单，助你开启主题式阅读
- 图片资料
  提供部分图片的高清彩色原版大图，方便保存和分享

相关阅读服务

终身学习者必备

- 电子书
  便捷、高效，方便检索，易于携带，随时更新
- 有声书
  保护视力，随时随地，有温度、有情感地听本书
- 精读班
  2~4周，最懂这本书的人带你读完、读懂、读透这本好书
- 课　程
  课程权威专家给你开书单，带你快速浏览一个领域的知识概貌
- 讲　书
  30分钟，大咖给你讲本书，让你挑书不费劲

湛庐编辑为你独家呈现
助你更好获得书里和书外的思想和智慧，请扫码查收！

（阅读资料包的内容因书而异，最终以湛庐阅读App页面为准）

倡导亲自阅读

> 不逐高效，提倡大家亲自阅读，通过独立思考领悟一本书的妙趣，把思想变为己有。

阅读体验一站满足

> 不只是提供纸质书、电子书、有声书，更为读者打造了满足泛读、通读、精读需求的全方位阅读服务产品——讲书、课程、精读班等。

以阅读之名汇聪明人之力

> 第一类是作者，他们是思想的发源地；第二类是译者、专家、推荐人和教练，他们是思想的代言人和诠释者；第三类是读者和学习者，他们对阅读和学习有着持久的热情和源源不绝的内驱力。

CHEERS

以一本书为核心

遇见书里书外，更大的世界

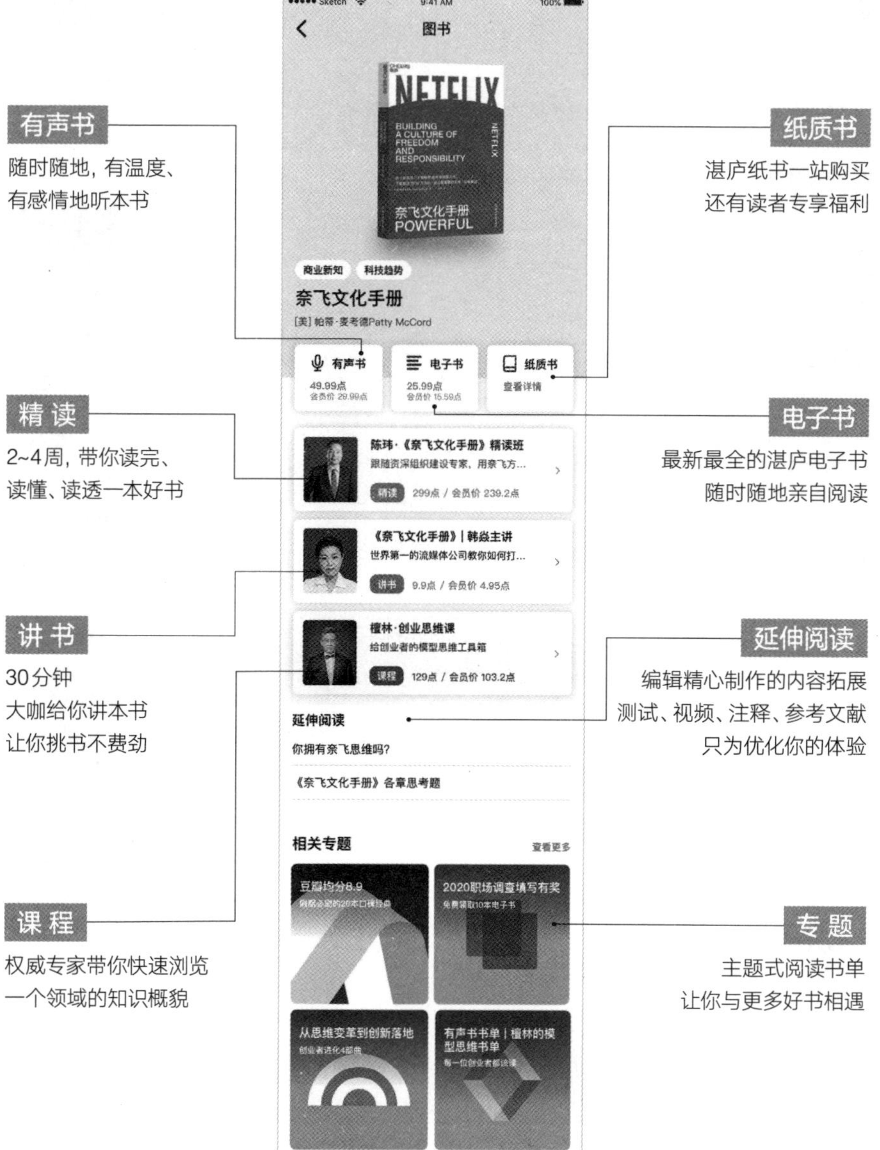

有声书

随时随地，有温度、
有感情地听本书

精 读

2~4周，带你读完、
读懂、读透一本好书

讲 书

30分钟
大咖给你讲本书
让你挑书不费劲

课 程

权威专家带你快速浏览
一个领域的知识概貌

纸质书

湛庐纸书一站购买
还有读者专享福利

电子书

最新最全的湛庐电子书
随时随地亲自阅读

延伸阅读

编辑精心制作的内容拓展
测试、视频、注释、参考文献
只为优化你的体验

专 题

主题式阅读书单
让你与更多好书相遇

湛庐文化获奖书目

《爱哭鬼小隼》
国家图书馆"第九届文津奖"十本获奖图书之一
《新京报》2013年度童书
《中国教育报》2013年度教师推荐的10大童书
新阅读研究所"2013年度最佳童书"

《群体性孤独》
国家图书馆"第十届文津奖"十本获奖图书之一
2014"腾讯网·啖书局"TMT十大最佳图书

《用心教养》
国家新闻出版广电总局2014年度"大众喜爱的50种图书"生活与科普类TOP6

《正能量》
《新智囊》2012年经管类十大图书，京东2012好书榜年度新书

《正义之心》
《第一财经周刊》2014年度商业图书TOP10

《神话的力量》
《心理月刊》2011年度最佳图书奖

《当音乐停止之后》
《中欧商业评论》2014年度经管好书榜·经济金融类

《富足》
《哈佛商业评论》2015年最值得读的八本好书
2014"腾讯网·啖书局"TMT十大最佳图书

《稀缺》
《第一财经周刊》2014年度商业图书TOP10
《中欧商业评论》2014年度经管好书榜·企业管理类

《大爆炸式创新》
《中欧商业评论》2014年度经管好书榜·企业管理类

《技术的本质》
2014"腾讯网·啖书局"TMT十大最佳图书

《社交网络改变世界》
新华网、中国出版传媒2013年度中国影响力图书

《孵化Twitter》
2013年11月亚马逊(美国)月度最佳图书
《第一财经周刊》2014年度商业图书TOP10

《谁是谷歌想要的人才？》
《出版商务周报》2013年度风云图书·励志类上榜书籍

《卡普新生儿安抚法》(最快乐的宝宝1·0~1岁)
2013新浪"养育有道"年度论坛养育类图书推荐奖

图书在版编目（CIP）数据

游戏改变世界（经典版）/（美）简·麦戈尼格尔著；闾佳译. —北京：北京联合出版公司，2016.9（2023.9重印）
ISBN 978-7-5502-8687-0

Ⅰ.①游… Ⅱ.①简…②闾… Ⅲ.①计算机网络–游戏–研究 Ⅳ.①G898.3

中国版本图书馆CIP数据核字（2016）第226754号
著作权合同登记号
图字：01-2016-6850

上架指导：网络趋势/畅销书

游戏改变世界（经典版）

作　　者：［美］简·麦戈尼格尔
译　　者：闾　佳
选题策划：湛庐文化 Cheers Publishing
责任编辑：杨　青　徐秀琴
封面设计：湛庐文化 Cheers Publishing 梁庆博
版式设计：水玉银文化 syyart@163.com

北京联合出版公司出版
（北京市西城区德外大街83号楼9层　100088）
石家庄继文印刷有限公司印刷　新华书店经销
字数314千字　710毫米×965毫米　1/16　22.25印张　2插页
2016年9月第1版　2023年9月第18次印刷
ISBN 978-7-5502-8687-0
定价：59.90元
